Richard Gutzwiller

Die Geheime Offenbarung

Richard Gutzwiller

Die Geheime Offenbarung

Der Herr der Herrscher

media
maria

Bibliografische Information: Deutsche Nationalbibliothek.
Die Deutsche Nationalbibliothek verzeichnet diese Publikation in der Deutschen Nationalbibliografie; detaillierte bibliografische Daten sind im Internet über http://dnb.ddb.de abrufbar.

Die kirchliche Druckerlaubnis erteilte:
Chur, den 10. Januar 1951
+ Christianus Caminada, Bischof von Chur

Das Buch ist erstmals erschienen bei der Verlagsanstalt Benziger & Co. AG, Einsiedeln 1951.

DIE GEHEIME OFFENBARUNG
Der Herr der Herrscher
Richard Gutzwiller
Media Maria Verlag, 3. Auflage 2024

ISBN 978-3-9479313-2-3

www.media-maria.de

INHALT

VORWORT

In den weltanschaulichen Auseinandersetzungen der Gegenwart geht es nicht so sehr um Einzelfragen und Teilwahrheiten, sondern um die Grundlegung zu einer Gesamtschau. Die Grundlage des Christentums ist aber die lebendige Persönlichkeit Jesus Christus. Was man von Jesus denken und glauben soll, ergibt sich zwar nicht ausschließlich, aber doch vor allem aus der Bibel, besonders aus dem Neuen Testament. Denn dieses ist eine Sammlung der ältesten und wertvollsten Quellenschriften über Jesus Christus und ist außerdem das inspirierte Buch der Offenbarung und damit der Selbstmitteilung Gottes.

Die Christusgestalt ist in den verschiedenen neutestamentlichen Büchern die gleiche. Und doch ist in den verschiedenen Schriften der Aspekt, unter dem Christus gesehen und gezeichnet wird, verschieden. Wir haben bereits das Christusbild des Matthäusevangeliums dargestellt.[1] In diesem neuen Band soll die andersgeartete Christusgestalt der Geheimen Offenbarung zur Darstellung kommen. Es gilt für die Benutzung dieses Buches das Gleiche, was im Vorwort zum Matthäusbuch gesagt wurde: Es ist ständiges Lesen des biblischen Textes erforderlich, denn es handelt sich lediglich darum, das im Text Enthaltene klarer hervortreten zu lassen. In einer Zeit, in welcher das Verständnis für Geschichte besonders lebendig geworden ist und in welcher Schwarmgeister und Sektierer dieses Verständnis missbrauchen,

---

1 Gutzwiller, *Jesus der Messias*, Einsiedeln 1949.

um willkürliche Deutungen der Apokalypse zu geben, sollte diese Darstellung nicht ohne Nutzen sein.

Die Auseinandersetzung mit anderen Auffassungen und Deutungen der Apokalypse wird in den folgenden Kapiteln nicht ausdrücklich vorgenommen. Aber der Kenner der Literatur über die Geheime Offenbarung wird in der positiven Darlegung dieses Buches die Stellungnahme des Verfassers zu den verschiedenen anderen Deutungen unschwer erkennen. Es sollte der ganze Apparat zurücktreten, um das Ergebnis umso stärker hervortreten zu lassen. Ein besonderes Gewicht wird, wie in der Behandlung des Matthäusevangeliums, so auch in dieser Deutung der Apokalypse auf deren Gefüge und Aufbau gelegt.

Möge auch dieses Buch helfen, Christus den Menschen näherzubringen.

EINFÜHRUNG

INHALT

AUFBAU

SYMBOLE

BAUSTEINE

INHALT[2]

Die Apokalypse zerfällt inhaltlich in drei Teile.

Der *erste Teil* handelt in sieben Sendschreiben von der damaligen und jeweiligen Gegenwart:

Die *damalige* Lage der Kirche bildete den unmittelbaren Anlass zur Abfassung des Buches. Die sieben Sendschreiben an die kleinasiatischen Gemeinden sind wirkliche Briefe an wirkliche Gemeinden und nehmen Stellung zu den besonderen Schwierigkeiten der jeweiligen Gemeinde. Sie bilden damit neben der Apostelgeschichte und den Paulusbriefen, vor allem den beiden Korintherbriefen, eines der wertvollsten Dokumente urchristlicher Kirchengeschichte. Die Christen hatten nach außen den Zweifrontenkrieg gegen Juden und Heiden zu führen. Der Kampf der Juden gegen die Kirche dauerte immer noch fort. Aus der Anklage gegen Stephanus und aus dessen Verteidigungsrede war ersichtlich, dass es vor allem um »heiligen Ort und heiliges Gesetz« ging (Apg 6,13). Inzwischen war das Gesetz außer Kraft gesetzt und »der heilige Ort«, der Tempel sowie auch Jerusalem, zum großen Teil zerstört. Darum waren die Verbitterung und der Hass der Juden gegen die Christen groß und leidenschaftlich. Johannes nennt die Juden »eine Synagoge Satans« (Offb 2,9). Gefährlicher aber war der Kampf der Heiden gegen die Kirche. Verfolgungen waren zwar nichts Neues, aber sie waren bisher, selbst unter Nero, doch immer nur auf bestimmte Gegenden oder Provinzen und Länder beschränkt geblieben. Jetzt, unter Domitian, war zum ersten Mal eine organisierte und zielbewusste Christenverfolgung im ganzen Reich im Gange und wurde mit

[2] Vgl. vor allem E. B. Allo O. P., *Saint-Jean, L'Apokalypse*, Paris 1921.

allen Machtmitteln des römischen Staates durchgeführt. An sich war im Pantheon für alle Kulte Raum unter der Bedingung, dass man nicht den Alleingültigkeitsanspruch erhob und dass man sich vor allem der Macht Roms ein- und unterordnete. Je mehr diese Macht äußerlich und innerlich unsicher wurde, desto mehr versteiften sich die Cäsaren auf ihre Machtansprüche und ließen sich selbst als Vertreter des römischen Genius göttliche Ehre erweisen. Nun hatten zwar auch die Juden den alleinigen Anspruch Jahwes gegenüber allen anderen Göttern, diesen »Nichtsen«, erhoben und hatten die Unterordnung ihres Jahwe-Glaubens unter der römischen Macht nie anerkannt. Aber ihr Glaube war wesentlich an ihr Volkstum gebunden mit Jerusalem und seinem Tempel als Mittelpunkt und war somit für Rom ungefährlich. Ganz anders die Christen. Der Alleingültigkeitsanspruch ihres Erlösers Christus erstreckte sich grundsätzlich auf alle Völker. Ihre Religion wollte Welt- und Menschheitsreligion werden und ihre Kirche Weltkirche. Diese Kirche hatte außerdem eine gesellschaftliche Struktur, die ihre Macht und ihr Recht weder von Rom ableitete noch Rom unterordnete, sondern die als souveräne Macht neben dem souveränen Staat Gültigkeit beanspruchte. Die Einordnung des *ius sacrum* ins *ius publicum* wurde von den Christen nicht anerkannt. Daher die Intoleranz des sonst so toleranten Römischen Reiches und seiner Kaiser gegen den Christenglauben. Ein Kampf auf Tod und Leben brach aus. In dieser gefahrvollen Zeit lebte von den Aposteln nur noch der greise Johannes und auch er war auf die Insel Patmos verbannt. Der Existenzkampf musste somit ohne die Führung der Apostel durchgehalten werden.

Zum Kampf nach außen kamen die Schwierigkeiten der Gemeinden im Inneren. Schon unter Paulus waren die ersten Ansätze von Irrlehren sichtbar gewesen. Sie hatten sich inzwischen entwickelt, sodass im Inneren der Kampf gegen die Häresie, vor allem gegen die Gnosis, geführt werden musste. Zur Irrlehre kamen die moralischen Zerfallserscheinungen. Nicht nur das äußere Gepränge alter heidnischer Tempel und Kulte mit ihrer Prachtentfaltung und ihren berauschenden Feiern machte auf die Christen immer wieder Eindruck, sondern die sittlich zersetzende Ansteckung durch das alte Heidentum war alles andere als überwunden. In den Sendschreiben wird aber noch eine tiefere Schicht freigelegt. Johannes zeigt, dass hinter dem Ganzen der Feind schlechthin stand, die Macht Satans. Immer wieder ist in den Briefen von ihm die Rede. Aber andererseits wird gezeigt, dass auch Christus, der Satan überwunden hat, in der Mitte der Gemeinden steht als der Siegreiche, der den Seinen die Siegesverheißung gibt. So standen die Christengemeinden und die gesamte Kirche Christi in einer Auseinandersetzung mit Juden und Heiden, mit Häresie und Unmoral und mit der Macht der Dämonie, die in allen Einzelgegnern wirksam ist.

In dieser Gefahr schrieb der letzte noch lebende, unmittelbare Jünger Jesu, der Lieblingsjünger des Herrn, seine Briefe an die Gemeinden, um wenigstens schriftlich zu helfen, wo er mit persönlich lebendigem Wort nicht mehr helfen konnte. Seine gesprochenen Worte wären verklungen. Seine Briefe sind geblieben. Sie bilden nicht nur eine unschätzbare Erkenntnisquelle zur Beurteilung der damaligen Kämpfe, sondern sie haben Gültigkeit für alle Zeiten. Denn die Bibel ist nicht ein Geschichtswerk, das uns nur über Vergangenes berichtet, sondern sie ist Offenbarung, lebendiges Wort Gottes an jede Zeit und jeden Menschen.

Die *jeweilige Gegenwart* bildet somit den zweiten Inhalt der johanneischen Sendschreiben. Hier wird ein Grundgesetz sichtbar, das in allen Schriften des Johannes, im Evangelium wie auch in den drei Johannesbriefen und in der Apokalypse, Gültigkeit hat. Es ist das Gesetz der Durchsichtigkeit.[3] Johannes schreibt jeweils von etwas Konkretem, Lebendigem, unmittelbar

[3] Zum Ganzen vergleiche meinen Aufsatz: »Die Durchsichtigkeit in der Apokalypse«, *Schweizer Rundschau*, Oktober 1949.

Wirklichem, das aber zugleich sichtbarer Ausdruck von etwas anderem, Hintergründigem, ist. Man muss somit, um Johannes richtig zu verstehen, die Sache, die Gestalt und die Begebenheit sehen, von denen er schreibt, und doch zugleich durch die Sache, Gestalt und Begebenheit hindurchsehen auf das andere, Zweite, das er zugleich meint. Der Mensch Jesus ist ein wirklicher Mensch aus Fleisch und Blut. Seine Worte sind menschlich gesprochene Worte, seine Wunder an konkreten, lebendigen Menschen gewirkt. Und doch ist es noch etwas anderes, das durch die äußere Gestalt seiner Menschheit, seiner Worte und seiner Werke hindurchschimmert: Er ist Gott. Sein Wort ist vom Vater gesprochener Logos. Sein Werk ist Zeichen des unsichtbaren Wirkens des *creator spiritus* (»Schöpfer Geist«), sodass immer wieder Vater, Sohn und Geist als der unsichtbare, geheimnisvolle, dreifaltige Gott im Sichtbaren aufstrahlen. Wenn Christus auf der Hochzeit zu Kana Wasser in Wein verwandelt, geht es um eine wirkliche Hochzeit, wirkliches Wasser und wirklichen Wein. Und doch schimmert durch das Ganze die mystische Hochzeit zwischen dem Mensch gewordenen Gott und dem neuen Israel, der Kirche. Und das Wasser des bloß Menschlichen wird durch den Mensch gewordenen Gott in den Wein des Göttlichen verwandelt. Und alles ist weiterhin Zeichen des himmlischen Hochzeitsmahles, von dem der Herr in den Gleichnissen spricht. Oder wenn er am Jakobsbrunnen mit der Samariterin redet, geht es um wirkliches Wasser, nach dem er dürstet. Und doch deutet er mit seinem Wort an, dass all das nur Symbol des Wassers ist, das nach den Prophetenworten in Fülle ausgegossen wird im messianischen Reich, das Wasser der Gnade durch die Fülle des Geistes. Im Gespräch mit Nikodemus spricht er vom wirklichen Wind, der über die Wipfel der Bäume streicht, und doch zugleich vom Geist, der weht, wo er will. Im Anschluss an die Frage des Volkes nach dem Manna spricht er zuerst vom wirklichen Brot, das den Menschen nährt, dann von sich selbst als dem »Brot des Lebens« und schließlich von der Eucharistie, in welcher beides sich geheimnisvoll verbindet, weil er selbst unter der Brotsgestalt die Seinen nähren wird. Die Tempelreinigung ist ein wirkliches Geschehen und doch zugleich durchsichtig als ein geistiges Säubern des geistigen Tempels Gottes, Israel. Wenn er Lazarus von den Toten auferweckt, ist es ein wirklicher Mensch, der wirklich tot war und wirklich lebendig wird. Und doch ist das Wunder zugleich Zeichen des Todes und der Auferweckung Christi selbst. Wenn Johannes berichtet, dass am Kreuz den beiden Schächern die Beine zerbrochen wurden, nicht aber Christus, so deutet er selbst durch das Prophetenzitat an, dass hinter diesem wirklichen Geschehen das fehlerlose Opferlamm sichtbar wird, dessen Beine nicht zerbrochen sein dürfen. Und wenn im gleichen Bericht gesagt wird, dass aus der geöffneten Seite des toten Christus Blut und Wasser flossen, ist auch dieses Geschehen durchsichtig, hin zum ersten Adam. Denn wie aus der Seite Adams im Schlaf Eva geboren wurde, so wird aus der Seite Christi, des zweiten Adam, im Schlaf des Todes die neue Eva, die Kirche, geschaffen, und zwar aus dem Herzblut des Herrn, dem Blut, das in der Eucharistie die Kelche füllt, und aus dem Wasser, das in der Taufe die Seelen läutert. Durch das ganze Evangelium geht diese Durchsichtigkeit.

Das gleiche johanneische Gesetz gilt für die Apokalypse. Ihre Symbolsprache ist überhaupt nur auf diese Weise verständlich. Es geht immer um sichtbare, unmittelbare Wirklichkeiten, aber zugleich um das Hintergründige, das dahintersteht. Das gilt auch für die sieben Sendschreiben. Sie handeln von sieben wirklichen Gemeinden mit ihren Schwierigkeiten, die örtlich und zeitlich bedingt sind. Und doch stehen dahinter und sind durch sie hindurch alle christlichen Gemeinden der Zukunft sichtbar. Die damalige Gegenwart wird zur jeweiligen Gegenwart. Darum spricht auch Johannes selbst in den Briefen durch alttestamentliche Symbole. Er nennt Balak und Bileam und Isebel, also Gestalten, die im Alten Testament Wirklichkeit waren, in den kleinasiatischen Gemeinden eine neue Wirklichkeit erfahren und in allen Christengemeinden immer wieder Wirklichkeit werden. Die Symbole bleiben; die Gestalten, die sie ausfüllen, wechseln. Und so ist auch das, was Johannes zu tadeln und zu loben hat, zu allen Zeiten zu finden. Es bleibt der Kampf gegen die Juden. Denn die Judenfrage wird ungelöst bleiben bis zum Ende der Tage, weil sie nach Gottes Willen erst dann gelöst werden soll. Die Christenheit und die Menschheit soll sich mit Israel immer wieder auseinandersetzen. Auch die Verfolgungen durch das Heidentum bleiben. Der säkularisierte Staat hat die Nachfolge des antiken Rom angetreten. In immer neuen Abwandlungen führt er aus seinem Willen zur alleinigen Macht den Kampf gegen die Kirche und will immer wieder die Religion nur als Nimbus seiner eigenen Majestät gelten lassen. Der Kampf gegen die Häresie bleibt, denn die Gnosis ist in ihrem Wesen immer vorhanden als der Versuch, die Offenbarung in Philosophie umzudeuten, das Wort Gottes in die Kategorien menschlichen Denkens und menschlicher Systeme zu pressen. Die Anfälligkeit der Christen für moralischen Zerfall bleibt. Denn der Christ steht in der Welt und ist darum immer wieder der Gefahr der Verweltlichung ausgesetzt – wobei Welt den typisch johanneischen Klang hat. Vor allem aber bleibt immer der Kampf Satans und aller seiner dämonischen Hilfskräfte und Hilfsmächte gegen die Kirche. Es bleibt aber auch und vor allem und immer Christus inmitten seiner Gemeinden als der Sieg verheißende Sieger. Und immer wieder wird sein Sieg durch das Opfer erkämpft. Er ist das geschlachtete Lamm, *victor quia victima* (»Sieger durch das Opfer«).

So ist dieser erste Teil der Apokalypse zugleich Geschichte und Theologie der Geschichte. Zugleich ernste Warnung und Mahnung und doch auch beglückende Verheißung. Zugleich nüchtern realistisches Aufzeigen von Licht und Schatten, Leben und Tod und doch zugleich alles überstrahlender Optimismus aus dem Glauben an den verklärten Herrn, Trost der Frohbotschaft.

Der *zweite Teil* der Apokalypse behandelt den Ablauf der Geschichte von damals bis zum Ende.

Die Geheime Offenbarung ist in erster Linie nicht ein eschatologisches Buch, sondern eine Theologie der Geschichte. Es geht zwar um wirkliche Geschichte, denn es soll ja das berichtet werden, »was nachher geschehen soll«. Aber es handelt sich dabei nicht um die Aufzählung einzelner Ereignisse. Die Offenbarung ist nicht Prophetie in diesem engeren Sinne des Wortes, also nicht Voraussage künftigen Einzelgeschehens, das für bestimmte Zeiten und bestimmte Orte vorausgesehen und vorausverkündet wird, sondern sie ist Prophetie im alttestamentlichen Sinne, das heißt Kundgabe göttlichen Willens im Namen Gottes. Darum ist die Aufzählung der Ereignisse nicht chronologisch, sondern theologisch. Johannes berichtet, wie Augustinus formuliert, nicht *alia et alia*, sondern *aliter et aliter*, das heißt, das gleiche Geschehen wird von verschiedenen Seiten her beleuchtet, und zwar immer im Licht der Offenbarung.

Es ist also *Theologie der Geschichte*. Weil es sich um Theologie handelt, geht alles *von Gott aus*. Es sind nicht Reflexionen des Sehers oder Bilder seiner Fantasie, sondern es sind Worte, die Gott ihm mitteilt, und Bilder, die Gott ihm zeigt. Ausdrücklich beruft sich Johannes immer wieder darauf. Vor jedem neuen Bericht steht eine Vision Gottes, um immer wieder zu betonen, dass das Geschaute von Gott her kommt und nicht vom Menschen.

Theologie der Geschichte ist es weiterhin in dem Sinne, dass alles *zu Gott hinführt*. Immer wieder hört man Hymnen der Verherrlichung Gottes. Die ganze Apokalypse endet in der Anschauung der Herrlichkeit des Herrn. Und nicht zufällig wird dort alles mit den Bildern des Paradieses gezeichnet. Anfang und Ende der Bibel, das alte und das neue Paradies, und Anfang und Ende der Größe Israels, des alten und des neuen Jerusalem, klingen in eins zusammen, sodass alles Geschehen umgriffen und umfasst ist von dem einen Gott, der Himmel und Erde erschaffen hat und der den neuen Himmel und die neue Erde schafft. Und es ist der dreifaltige Gott, der Vater, der durch das *Verbum* die Welt erschaffen und durch seinen Geist das Chaos in den Kosmos verwandelt hat. Es ist der Vater, dessen Herrlichkeit das neue Jerusalem erfüllt, der Sohn, der als das geschlachtete Lamm, als der Geopferte und Opfernde vor dem Throne Gottes steht, und der Geist, der als belebender und befruchtender Strom vom Vater und vom Sohn ausgeht. So ist die Apokalypse als Theologie der Geschichte eine *theologia gloriae*, denn alles Geschehen geschieht zur Verherrlichung Gottes.

Und es ist endlich, weil es Theologie der Geschichte ist, ein Geschehen *durch Gott,* denn alles vollzieht sich nach dem Plan Gottes. Gott allein besitzt das Buch mit den sieben Siegeln, in welchem dieser Plan aufgezeichnet ist. Und Christus allein kann die Siegel öffnen, den Plan kennen und bekannt geben, denn er ist es, der ihn verwirklicht. Es ist ein Geschehen *per Christum Dominum.* Alles ist in diesen Plan einbezogen: das, was geschehen soll, die Bestimmung der Zeit, wann es geschieht, und die Orte, wo es geschieht. Selbst das Übel als Naturkatastrophen, Kriege, Krankheiten und dergleichen und der Widersacher, Satan mit seinen Hilfskräften, sind in diesen Plan einbezogen. Alles steht im Dienste Gottes und ist Durchführung seiner Pläne, sei es als Warnung und Mahnung oder als Strafe oder zur Vermehrung der Zahl der Seligen, zum Wachstum der Bewohner des neuen Jerusalem. Gott ist es, der die Seinen beruft und durch das Siegel seines Namens alle Erwählten zeichnen lässt. Auch die in der ganzen Apokalypse immer wieder auftretenden Engel und ihre verschiedenen Funktionen zeigen, dass alles Geschehen sich im Auftrag Gottes vollzieht. Denn sie sind ja, wie schon der Name besagt, die von ihm gesandten Boten. So geschieht alles aus Gott, für Gott und durch Gott. Der ganze Bericht wird zu einem *logos theou*, zu wirklicher Theologie. Kein Wunder, dass Christus bei seiner Wiederkunft den Namen trägt: »Wort Gottes«.

Ein Zweites wird in dieser Geschichtsbetrachtung deutlich: *Geschichte ist Heilsgeschichte.* Es geht in der Apokalypse nicht um die Geschichte dieses oder jenes Volkes, sondern um das Heil der Menschheit. Wenn von Rom die Rede ist, so steht hinter Rom die christusfeindliche Staatsmacht überhaupt. Und wenn von Jerusalem die Rede ist, wird dahinter die Kirche sichtbar als das Reich Christi, das Volk der Erwählten. Christus ist der Heilsbringer. Dieses Heil hat er schon gebracht und gewirkt durch sein Opfer am Kreuz. Er ist das geschlachtete Lamm. Aber sein blutiger Opfertod ist verklärt durch die Heil bringende Wirkung, die von ihm ausgeht. Selbst wenn er wiederkommt in Herrlichkeit, wird er mit dem durchbohrten Herzen sichtbar sein, aber im Lichtglanz himmlischer Würde und in der Macht und Majestät des Richters. Er ist der Herr der ganzen Welt. Immer wieder ist die Rede von allen Völkern, die zu ihm aufschauen, die ihre Reichtümer ins neue Jerusalem tragen werden. Ihre Erwählten und Besiegelten werden das eine Volk Gottes sein.

Wohl handelt die Apokalypse auch von Unheil und von Unheiligem, von Unglück und Katastrophen, von Krieg, Hunger und Tod, von unheimlichen, wilden, dämonischen Mächten, von über- und untermenschlichen Ungeheuern. Und es ist die Rede von Unzucht, Gräueln, Gotteslästerungen und satanischem Tun. Aber auch das Unheil und alles Unheilige ist in den Heilsplan des heiligen Gottes einbezogen und dient darum letztlich zur Heiligung der Menschen und zur Verherrlichung des heiligen Gottes.

Darum ist in der Apokalypse auch räumlich gesehen nicht nur vom Geschehen auf der Erde die Rede, also von Menschheitsgeschichte, sondern von einem Geschehen im Himmel, auf der Erde und unter der Erde nach dem Wort des Apostels Paulus, dass vor Gott alle Knie sich beugen müssen *coelestium, terrestrium et infernorum* »damit alle im Himmel, auf der Erde und unter der Erde ihr Knie beugen vor dem Namen Jesu« (Phil 2,10). Die Apokalypse zeichnet immer zuerst den Plan, das Geschehen im Himmel, dann erst die Durchführung auf der Erde und die Widerstände, die aus unterirdischen Abgründen aufsteigen. Und alles wird schließlich dann ein Ende finden, wenn die Abgründe sich endgültig schließen und Erde und Himmel sich vereinigen im neuen Jerusalem des neuen Himmels und der neuen Erde. Also wenn alles Unheil zu Ende, alles Unheilige getilgt ist und nur noch der heilige Gott von den durch das Blut des Lammes Geheiligten und Erwählten gepriesen wird.

Der zweite Teil der Apokalypse zeichnet demnach in dem Buch der sieben Siegel den göttlichen Heilsplan im Himmel in der Vision der sieben Posaunen und dessen Ausführung auf der Erde und in sieben Zeichen die letzten Hintergründe dieses Geschehens. Es ist eine Offenbarung von gewaltiger Größe, unerhörten Ausmaßen und göttlicher Tiefe der Gedanken. Eine Theologie der Geschichte, die dem besinnlichen Leser den eigentlichen Sinn des Geschehens erschließt.

Der *dritte Teil* der Apokalypse ist mit dem zweiten und ersten innerlich zu einer Einheit verbunden und berichtet die Vollendung des Geschehens, »die Stunde des Gerichts« (Offb 14,7), »das ewige Evangelium«, die Frohbotschaft des künftigen Äons.

Schon gleich zu Beginn der Apokalypse steht der Hinweis auf das Ende, auf Christus, der kommen wird auf den Wolken des Himmels, den jedes Auge schauen wird, der Anfang und Ende zusammenfasst, weil Gott Alpha und Omega, Anfang und Ende aller Dinge ist. Im ersten Teil sind ebenfalls immer wieder

Hinweise auf das Ende in den Siegesverheißungen und Lohnversprechungen, die den Abschluss der einzelnen Briefe bilden und den Abschluss des ganzen Weltgeschehens andeuten. Der zweite Teil findet im dritten seine Krönung: Die Weltgeschichte ist nicht das Weltgericht, aber sie endet mit dem Weltgericht. Der Inhalt des siebten Siegels und der siebten Posaune ist im zweiten Teil der Apokalypse nicht ausgeführt. Der dritte Teil ist die Ausführung. Die Kirche hat im Himmel begonnen als die lichtumflossene Gestalt. Sie ist auf die Erde herabgestiegen wie in die Fremde und in die Wüste. Erst wenn sie wieder hinaufgestiegen ist in den Himmel, ihre eigentliche Heimat, hat ihre zeitliche Geschichte ihr Ende gefunden in der Zeit ohne Ende. Satan ist vom Himmel herabgestürzt auf die Erde. Auch seine Geschichte des Antichristentums ist erst zu Ende, wenn sein zweiter Sturz in den eigentlichen Abgrund der Finsternis erfolgt. Satan ist auf der Erde durch Christus gebunden, kann aber noch wirken. Die Erwählten sind auf der Erde durch Christus erlöst, aber noch nicht endgültig gerettet. Erst wenn die Bindung und die Erlösung durch den bindenden und lösenden Christus vollendet ist, hat die Heilsgeschichte ihr eigentliches Ende gefunden im endgültigen Heil und in der endgültigen Heillosigkeit, in Himmel und Hölle. Die Geschichte als das »räumliche« zwischen Himmel und Erde und als das »zeitliche« Geschehen zwischen damals und dereinst findet ihren Abschluss erst dann, wenn es nur noch Himmel und Hölle gibt als unveränderliche Ewigkeit.

Auch dieser dritte Teil beginnt mit dem Plan, der im Himmel entworfen ist, denn der Vater hat dem Sohn das Gericht übergeben. Es ist Erntetag. Der Weizen wird geschnitten, die Trauben werden gekeltert. Die Parabeln Jesu vom Acker mit Weizen und Unkraut und vom Weinberg und seinen Pächtern finden in diesem dritten Teil der Geheimen Offenbarung ihre Verwirklichung.

Im zweiten Abschnitt des dritten Teiles kommt dieser im Himmel entworfene Plan auf der Erde zur Durchführung, und zwar zuerst durch eine letzte Drohung und Warnung. Der Tag des Gerichts ist ein *dies irae* und so werden die Schalen des Zornes ausgegossen. Die apokalyptischen Berichte hierüber sind nur eine weitere Ausführung der eschatologischen Reden Jesu bei Matthäus. Aber wie die ägyptischen Plagen den Pharao nur verhärtet haben und die körperlichen und seelischen, die natürlichen und dämonischen Plagen des irdischen Daseins die Menschen meist in ihrer Gottesferne festigen, so werden auch die letzten mahnenden Ereignisse, die Katastrophen des Weltuntergangs, nur dazu führen, den Feinden Gottes jede Entschuldigung und jede Ausflucht zu nehmen. Dann erst erfolgt im dritten Abschnitt das eigentliche Gericht. Es ist kein Kampf. Wohl können antigöttliche Mächte gegen Gott und seine Kirche zu kämpfen versuchen, aber Gott kämpft nicht. Sein Wort nimmt den Charakter des Richtens an. Das blitzende, scharfe Schwert seines Wortes wird zum Richtschwert. Es liegt in der Natur der Sache, dass dieses Gericht einen Doppelcharakter hat. Es ist Verurteilung und Bestrafung der Verworfenen und ist Beseligung der Erwählten. Das vernichtende Urteil trifft die Feinde der Kirche. Wieder ist Babylon und ist Rom durchsichtig. Denn Babylon ist der Inbegriff der Feindschaft gegen Israel und das Rom der Verfolger der Inbegriff der Feindschaft gegen die Kirche als das neue Israel. Weil aber im Ablauf der Geschichte diese widerchristlichen Mächte äußerlich immer zu triumphieren scheinen und mit äußerer Macht und äußerem Glanz auftreten, werden ihr Sturz und ihre Zerstörung besonders ausführlich geschildert. Auch Jerusalem ist durchsichtig. Denn hinter ihm steht die wahre Stadt Gottes, die Kirche der Verklärung. Denn die Kirche in der Wanderung und die Kirche im Kampf finden ihr Ende durch die Kirche in der Heimat und die Kirche im Triumph. Die *Ecclesia militans* geht über in die *Ecclesia triumphans*. Neben der endgültigen

Trennung von Gott durch den Sturz in die letzte Gottesferne steht die endgültige Verbundenheit mit Gott durch die endgültige Gottesnähe in der Hochzeit des Lammes, in der ewigen *communio* zwischen Gott und den Seinen in und durch Christus. So ist die Scheidung eine endgültige in das Heil der Heiligen und die Heillosigkeit der Unheiligen. Satan, seine Helfer und sein ganzer Anhang sind für immer verworfen. Christus mit seinen Helfern und allen durch sein Blut Gereinigten und mit seinem Zeichen Besiegelten sind für immer in der Erwählung. Satan ist der erste Verworfene. In ihm sind alle verworfen, die mit ihm in der Scheingemeinschaft leben, die in Wirklichkeit nicht Gemeinschaft, sondern völlige Einsamkeit ist. Christus ist der erste vom Vater Erwählte, der viel geliebte Sohn. In ihm sind alle erwählt, die durch die wirkliche Gemeinschaft mit ihm Söhne Gottes und durch ihn zur Gemeinschaft, zur *Communio sanctorum,* gerufen sind. Mit dem Wandeln Gottes unter den Menschen im Paradies hat die Bibel begonnen. Mit dem Wohnen Gottes inmitten der Menschen im neuen, ewigen Paradies schließt sie.

So endet alles im Licht und in der Herrlichkeit des Herrn. Das große Buch des Trostes schließt mit der dreimaligen Versicherung: »Ich komme bald« (Offb 22,7.12.20).

Damit ist noch ein Letztes gegeben: die Stellung Christi in der Apokalypse. Er ist Subjekt und Objekt dieses Buches.

Subjekt. Denn die Worte dieser Offenbarung sind seine Worte: »Offenbarung Jesu Christi, die Gott ihm gegeben hat« (Offb 1,1). Er ist es, der den Auftrag gibt: »Schreib auf, was du gesehen hast« (Offb 1,19). Und er ist es, der die Worte aller sieben Briefe diktiert und sie immer wieder als *seine* Worte betont. Er öffnet die sieben Siegel des Buches und tut damit das Verborgene kund. Und am Schluss des Buches wird das Gleiche noch einmal herausgestellt: »Ich, Jesus, habe meinen Engel gesandt als Zeugen für das, was die Gemeinden betrifft. Ich bin die Wurzel und der Stamm Davids, der strahlende Morgenstern« (Offb 22,16).

In den Evangelien haben wir die Worte des lehrenden, des leidenden und des auferstandenen Christus. In der Apokalypse spricht der Verklärte, der zur Rechten des Vaters sitzt und vom Jenseits her seine Stimme erhebt. So bildet die Apokalypse nicht nur eine Weiterführung, sondern eine Ergänzung der evangelischen Berichte. Die Worte des verklärten Christus haben einen besonderen Klang und eine besondere Feierlichkeit. Sie sind Worte des Logos in der Glorie des Vaters und somit auch in diesem Sinne eine *theologia gloriae*.

Christus ist aber auch das *Objekt* der Apokalypse, ihr Inhalt. Von ihm redet sie immer wieder. Er bildet die geheimnisvolle Mitte der Gemeinde. Ihm wird das versiegelte Buch übergeben. Er bricht die Siegel auf, weil er den Heilsplan Gottes verwirklicht. Er ist das geopferte Lamm. Gegen ihn geht der Kampf des Drachen. Und wenn er entrückt ist, geht dieser Kampf gegen die Kirche, weil es eben *seine* Kirche ist. Er ist der Richter über die Lebenden und Toten. Der Tag des Gerichts ist der Tag seines Zornes. Und nach dem Gericht ist es der Tag seiner Hochzeit, weil er die Braut heimholt. Er ist das Licht im neuen Jerusalem und der Tempel der heiligen Stadt. Der verklärte Christus, der persönlich in der Herrlichkeit des Vaters lebt und unsichtbar inmitten seiner Kirche auf der Erde wirkt, der wiederkommen wird zum Gericht, zu dem alle aufschauen werden, auch die, die ihn durchbohrt haben, und der die Seligkeit der Erwählten bilden wird: Er ist der Inhalt dieses geheimnisvollen Buches. So ist die Apokalypse Offenbarung, die von Christus ausgeht und zu Christus führt. Zu ihm, der in ebendiesem Buch den Namen trägt: »Wort Gottes«.

AUFBAU

Die Apokalypse ist inhaltlich ein einheitliches Werk. Denn ihre drei Inhaltsteile entwickeln das eine gleiche Thema: die Stellung Jesu im Heilsgeschehen der Gegenwart, der Zukunft und der Vollendung. Sie ist aber auch formal eine Einheit.

Diese Apokalypse ist einerseits etwas Geschriebenes, andererseits etwas Geschautes, beides vereinigt im Auftrag: »Schreib auf, was du gesehen hast« (Offb 1,19). Der Buchcharakter des Geschriebenen wird mehrmals betont. Im ersten Teil durch die Briefform der sieben Sendschreiben. Im zweiten Teil durch das Buch mit den sieben Siegeln und das Buch (Offb 10,8), das der Engel dem Seher reicht. Im dritten Teil durch das Wort des Engels vom »ewigen Evangelium« (Offb 14,6). Der Inhalt dieser Schrift ist eine Reihe von Bildern, also Geschautes. Aber diese Bilder sind nicht einfach in loser Folge aneinandergereiht oder fast spielerisch wie ein Bilderbuch ausgebreitet, sondern nach einem einheitlichen Schema zu einem geschlossenen Ganzen verbunden. So wird die Apokalypse nach ihrer formalen Seite ein Kunstwerk eigener Art und Schönheit mit klarem Grundriss, durchsichtiger Architektur, ein majestätischer Bau von eindrucksvoller Größe.

1. *Das Ganze*

Den Grundriss bildet das Siebenerschema.[4] Das Ganze ist aufgeteilt in sieben Abschnitte. Und jeder Abschnitt ist wieder gegliedert in sieben Unterteile, sodass sich siebenmal sieben Teile ergeben. Der hebräischen Kunstprosa entsprechend ist mit dieser heiligen Zahl das Wirken Gottes angedeutet. In sieben Tagen ist das Schöpfungswerk nach dem Bericht der Genesis vollendet worden, sodass die sieben Tage der Woche auf diese Weise biblisch begründet werden. Die Siebenerzahl scheint ja auch nach der damaligen astronomischen Auffassung von den sieben Planeten geradezu an den Himmel geschrieben. Siebenmal sieben Tage hat es gedauert, bis nach der Auferstehung des Herrn das Kommen des Heiligen Geistes am Pfingsttag erfolgte, wodurch das große Werk des Vaters, des Sohnes und des Geistes zum Abschluss gekommen ist. In sieben Teile ist dementsprechend auch das Matthäusevangelium gegliedert. Sieben Bitten enthält das Vaterunser. So tritt auch die Apokalypse durch die siebenmalige Sieben schon rein formal als einheitliches Ganzes in Erscheinung. Aber die Einheitlichkeit geht noch weiter. Der erste Inhaltsteil enthält nur *eine* Siebenergruppe. Der zweite Teil enthält deren drei, der dritte ebenfalls drei. Damit ist eine Art Gleichgewichtsverhältnis zwischen dem zweiten und dritten Teil aufgezeigt und der erste Teil als weniger wichtig hingestellt. Denn die jeweilige Gegenwart, die dem menschlichen Urteil so bedeutsam vorkommt, ist im Vergleich zum gesamten Ablauf und zur Vollendung der Heilsgeschichte unbedeutend.

---

4 Das Siebenerschema betont in besonderer Weise R. J. Loenertz O. P., *The Apocalypse of Saint John*, Shead and Ward, London 1947. Jean Levie SJ hatte schon 1924 in der *Nouvelle Revue théologique* die Gliederung der Apokalypse nach diesem Schema aufgezeigt. Ungefähr zur gleichen Zeit (1926) gibt auch E. Lohmeyer im *Handbuch zum Neuen Testament,* herausgegeben von Lietzmann, den Aufbau in 7 x 7 Teile. Von neueren Kommentaren folgen Lilje, Sickenberger und andere dem Siebenerschema.

Der Hebräer versteht diese Zahlensprache zu lesen. Es sind Feinheiten, die den einzelnen Teilen das entsprechende Gewicht geben.

Eine weitere Zahlenverteilung ist zu beobachten. Die jeweils sieben Unterteile sind nicht einfach gleichförmig aneinandergereiht, sondern in je zwei Gruppen aufgelöst. Aber auch in diese Auflösung spielt ein Zahlenverhältnis. Die Siebenergruppe des ersten Inhaltsteiles ist in 3 + 4 Sendschreiben gegliedert. Diese Gliederung wird durch die Stellung des Satzes sichtbar, der in allen sieben Briefen vorkommt, aber in der ersten Gruppe an einer anderen Stelle steht als in der zweiten Gruppe, nämlich der Satz: »Wer Ohren hat zu hören, der höre, was der Geist den Gemeinden sagt.« Die zwei ersten Siebenergruppen des zweiten Inhaltsteiles sind in völligem Parallelismus nach dem Schema 4 + 3 gegliedert, ebenso die zwei letzten Gruppen des dritten Hauptteiles. Dagegen weisen die zwei Mittelgruppen, also die dritte des zweiten Teiles und die erste des dritten Teiles, ein anderes Schema auf, nämlich 3 + 1 + 3. Jedes Mal steht Christus in der Mitte, umrahmt von zwei Dreiergruppen. So erscheint er auch äußerlich in der Zahlengruppierung als Mitte des Buches und des Geschehens.[5]

Ein drittes Formalelement zeigt den Aufbau in vollendeter Einheitlichkeit. Es ist nämlich jeder Siebenergruppe eine Einführungsvision vorausgeschickt. Diese Visionen zeigen nicht nur immer wieder von Neuem, dass es sich um eine Gottesoffenbarung handelt, betonen nicht nur immer wieder, dass wirklich Geschautes hier dargestellt wird, geben auch nicht bloß der jeweiligen Siebenergruppe ein bestimmtes Gepräge und die Stimmung besonderer Feierlichkeit, sondern bilden durch ihre Verkettung eine Einheit. Es ist immer wieder das Sichtbarwerden Gottes, der über allem Geschehen steht, den Himmel über der

---

[5] Vgl. zum Zahlenaufbau das Schema S. 34–35.

Erde öffnet und so das Irdische vom Himmel her und in seiner Bezogenheit zum Himmel sichtbar werden lässt. Nur die letzte Siebenergruppe des Gerichts hat nicht eine, sondern zwei Einführungsvisionen. Weil es beim Gericht eben um die Scheidung geht; dementsprechend sind auch die beiden Visionen in drastischem Gegensatz gemalt.

Noch ein letztes Formalelement betont die Einheit des ganzen Werkes, nämlich die Verbindung von Himmel und Erde. Im ersten Inhaltsteil, den sieben Sendschreiben, vollzieht sich alles auf der Erde. Es handelt sich ja um das Geschehen in der Zeit. Aber der verklärte Christus, der inmitten der Gemeinden steht, stellt die Verbindung von Himmel und Erde her. Im zweiten Inhaltsteil wird in der ersten Siebenergruppe im Himmel der Plan für den Ablauf der Heilsgeschichte sichtbar. In der zweiten Siebenergruppe erfolgt die Ausführung auf der Erde. Und in der dritten Siebenergruppe werden die entscheidenden Kräfte im Himmel und auf der Erde gezeigt. Ähnlich ist der dritte Inhaltsteil gegliedert. In seinem ersten Siebenerabschnitt wird der Gerichtsbeschluss im Himmel aufgezeigt, in der zweiten Siebenergruppe die letzte Drohung auf der Erde beschrieben und in der dritten Gruppe die Vollendung sichtbar, und zwar diesmal zuerst auf der Erde und dann im Himmel, weil die Apokalypse mit der Ewigkeit des himmlischen Jerusalem schließt.

Der gesamten Schrift ist eine Einleitung vorausgeschickt und ein Schlusswort beigegeben. Beide bilden wieder eine Einheit. Denn die Einleitung betont die Wichtigkeit der Schrift: »Selig, wer die Worte der Prophetie vorliest, und jene, die sie hören und das halten, was in ihr geschrieben ist« (Offb 1,3). Der Schluss betont wieder die Wichtigkeit des Ganzen: »Ich bezeuge jedem, der die prophetischen Worte dieses Buches hört: Wer etwas hinzufügt, dem wird Gott die Plagen zufügen, von denen in diesem Buch geschrieben steht. Und wer etwas wegnimmt von den prophetischen Worten dieses Buches, dem wird Gott seinen Anteil am Baum des Lebens und an der heiligen Stadt wegnehmen, von denen in diesem Buch geschrieben steht« (Offb 22,18 f.).

Der Ganzheitscharakter zeigt sich auch in der *Verflechtung* der einzelnen Abschnitte untereinander.

Denn neben dem einheitlichen Inhalt, der Einheit in der Siebenzahl, der Verbundenheit der einzelnen Visionen, der Ähnlichkeit der ständig wiederkehrenden Lobgesänge, sind es noch zwei literarische Formen, welche zur Geschlossenheit beitragen.

Dahin gehört der Parallelismus der Glieder, von denen eines das andere trägt oder es als Gegensatz in Erscheinung treten lässt. So etwa die Gegenüberstellung von Jerusalem und Babylon, der Hure und der Braut, des Lammes und des Drachen, des Feuersees als zweiten Todes und des Paradieses als ewigen Lebens, der Reiterscharen des »Verderbers« und des himmlischen Reitergefolges des Logos, des himmlischen Hochzeitsmahles und des Leichenfraßes der Vögel.

Zum Parallelismus kommt das Gesetz der Spirale, dass nämlich ähnliche Gedanken nach einiger Zeit wiederkehren, dann aber weitergeführt und vertieft werden. So wird ein Teil dessen, was in den sieben Siegeln gesagt war, wieder aufgegriffen im Abschnitt der sieben Posaunen und ein drittes Mal im Abschnitt über die sieben Zornesschalen. Weiterhin ist eine Verzahnung der einzelnen Abschnitte erkennbar. Kommendes wird vorher angedeutet und dadurch eingeführt. So wird das Ende, die siebte Zornesschale, angedeutet im Schweigen beim Öffnen des siebten Siegels und im Verschweigen des Inhalts der siebten Posaune.

Dazu wird (Offb 10,7) ausdrücklich gesagt: »[…] in den Tagen, wenn der siebte Engel seine Stimme erhebt und seine Posaune bläst, wird auch das Geheimnis Gottes vollendet sein.« Es ist darum auch der siebte Posaunenengel, der dem Seher das Gericht schildert.

Durch den Engel, der Johannes das Buch einer besonderen Offenbarung reicht, wird das Kommende vorausgenommen und als etwas besonders Wichtiges hervorgehoben: der Kampf der Kirche im Ablauf der Heilsgeschichte. Und durch das dreimalige »Wehe« des Adlers, dem dann doch nur die Schilderung des ersten und des zweiten »Wehe« folgt, während das dritte offenbleibt, ist wieder eine Verflechtung des erst am Ende Berichteten mit dem Vorausgehenden gegeben.

So ist die Apokalypse in ihrem Aufbau lückenlos gefügt und formal eine vollendete Einheit.

Die gleiche architektonische Kunst tritt in den einzelnen Teilen in Erscheinung.

2. Die Einzelabschnitte

Der *erste Teil* bildet nicht nur inhaltlich, sondern auch formal eine Einheit. Diese tritt durch die Siebenerzahl und durch die Briefform der Sendschreiben in Erscheinung. Sie ist weiterhin gegeben durch die einheitliche Vision des verklärten und doch in der Mitte der Gemeinden lebenden Christus. Sie wird nicht nur der ganzen Gruppe vorausgeschickt, sondern ihre einzelnen Elemente werden in den sieben verschiedenen Briefen wiederholt. Die Einheit ist weiterhin gegeben durch die Symbolik der sieben Leuchter und der sieben Sterne und das einheitliche Schema, nach dem alle sieben Briefe gestaltet sind. Denn alle sieben Briefe beginnen mit der gleichen Formel: »An den Engel der Gemeinde [...] schreibe: [...]« Nach dem Hinweis auf die Christus-Vision werden Lob und Tadel verteilt, die Mahnung zum Hören beigefügt und eine Verheißung gegeben, die jedes Mal irgendeinen Zug des Lebens in der Vollendung enthält. So verschieden die Mahnung an die einzelnen Gemeinden lautet, so verschieden auch Anerkennung und Kritik verteilt sind, so deutlich in den einzelnen Briefen auf örtliche Verhältnisse angespielt wird, so springt doch andererseits die formale Einheit ins Auge.

Der *zweite Teil* ist ebenfalls einheitlich aufgebaut.

1. Der Abschnitt über die sieben Siegel beginnt mit der Vision des geöffneten Himmels und des dreifaltigen Gottes. Die vier ersten Siegel bilden eine Gruppe für sich, einheitlich gestaltet durch die vier Rosse und Reiter und doch verschieden durch die vier Farben und die vier verschiedenen Aufträge, die sie auszuführen haben. Das fünfte Siegel bildet eine Art Ruhepause im Ablauf der Ereignisse, die Frage nach dem Sinn des Wartens. Das sechste Siegel tröstet die Wartenden durch den Blick auf das Ende in seiner Doppelgestalt des Schreckens für die Verworfenen und der Seligkeit für die mit dem Zeichen Gottes Besiegelten aus Juden und Heiden, ausmündend in das siebenfache Lob Gottes (Offb 7,12).

Das siebte Siegel wird geöffnet, aber sein Inhalt wird nicht gezeigt, denn die Vollendung ist noch nicht da. Die Stille im Himmel bewirkt nur die Spannung, die dann erst am Schluss des Buches durch die Schilderung der Vollendung gelöst wird. So ist auch diese Gruppe inhaltlich und formal ein Ganzes voll Dramatik, Spannung und Anschaulichkeit.

2. Der Abschnitt über die sieben Posaunen beginnt ebenfalls mit einer Einführungsvision mit dem Thron Gottes, dem Altar und der himmlischen Liturgie. Wieder bilden die vier ersten Posaunen eine Einheit durch das Aufzeigen der kosmischen Katastrophen, die sich an der Erde, dem Meer, den Flüssen und dem Sternenhimmel vollziehen.

Und wieder gehören die fünfte und die sechste Posaune zusammen wie das fünfte und sechste Siegel. In beiden werden die dämonischen Plagen geschildert, und zwar in einer Steigerung, denn die erste Gruppe soll die Menschen nur quälen, die zweite soll den dritten Teil der Menschen töten.

Nach der sechsten Posaune ist eine Art Zwischenspiel oder Zwischenbild eingeschaltet. Es enthält das Schicksal der Kirche im Ablauf der Heilsgeschichte und führt so den nächsten

Abschnitt ein. Seine Bedeutung wird durch die Vision des Engels, der dem Seher das Buch überreicht, unterstrichen. Ein Adler hatte nach der vierten Posaune ein dreimaliges »Wehe« vorausgesagt. Zwei von diesen Weherufen sind durch die fünfte und sechste Posaune erfüllt. Das dritte »Wehe« bleibt offen. Es wird erst in den Endkatastrophen erfüllt.

Ebenso bleibt das Geschehen der siebten Posaune noch unerfüllt, denn der Inhalt ist der gleiche wie beim siebten Siegel, nämlich das Ende der Tage. Es wird nur angedeutet durch den Hinweis auf die Zeit, da der Herr Gericht halten wird (Offb 11,18). Auch dieser Abschnitt klingt aus im Lob Gottes.

5. Der Abschnitt über die sieben Symbole, welche die entscheidenden Kräfte im Himmel und auf der Erde darstellen sollen, beginnt wie die anderen mit einer Einführungsvision. Wieder ist der Himmel offen. Die Bundeslade im Allerheiligsten wird sichtbar. Die drei ersten Symbole zeigen das Geschehen im Himmel durch die mit der Sonne bekleidete Frau und den Drachen, den Kampf im Himmel, endend im Sturz auf die Erde. Die zweite Gruppe zeichnet mit den drei Tiersymbolen des Drachen, des Ungeheuers aus dem Meer und des Tieres vom Land die satanischen Kräfte, die auf der Erde den Kampf gegen die Kirche führen. Zum Geschehen im Himmel und auf der Erde ist somit hier noch das Unterirdische, das aus dem Abgrund zur Erde hinaufsteigt, gezeichnet, und in der Mitte zwischen den Dreiergruppen steht der Hymnus auf Christus. So ist auch dieser Abschnitt ein Ganzes.

Der *dritte Teil* bildet wieder eine Einheit durch die Darstellung des Gerichts.

Der erste Abschnitt zeigt durch sieben Gestalten die Gerichtsdrohung im Himmel.

Die Einführungsvision, die dem Ganzen vorausgeht, zeigt das Lamm und seinen Anhang auf dem Berg Zion, dazu das Harfenspiel und das neue Lied der Erwählten. Die ersten drei Engel verkünden das kommende Gericht. Die anderen drei Engel fordern den Richter auf, das Gericht als die große Ernte vorzunehmen. Und in der Mitte der sechs Engel ist der Menschensohn sichtbar als der König mit der goldenen Krone und der Schnitter mit der scharfen Sichel. Die formale Einheit ist eindeutig.

Der zweite Abschnitt zeigt in der Einführungsvision wieder den offenen Himmel mit der Huldigung der Sieger und den sieben strafenden Engeln. Das Symbol der sieben Zornesschalen macht die ganze Gruppe zu einem einheitlichen Ganzen. Darin bilden die vier ersten Zornesschalen wieder für sich eine Einheit durch die Plagen auf der Erde, im Meer, in den Flüssen und am Sternenhimmel parallel zu den vier ersten Posaunen. Die fünfte und sechste Schale handeln, wie die fünfte und sechste Posaune, von den satanischen Mächten. Und die siebte Schale ist nun diesmal nicht bloß eine Androhung und Andeutung, sondern sie wird jetzt geleert, weil das Ende nun tatsächlich da ist.

Die sieben Akte des Gerichts folgen. Zwei Einführungsvisionen stehen sich parallel gegenüber: in der Wüste das Bild der Hure auf dem Tier und auf der anderen Seite das Bild der Braut, die sich für die Hochzeit des Lammes schmückt. Auch die Durchführung der beiden Gerichtsgruppen ist einheitlich. Auf der einen Seite Babylon, sein Sturz mit Klage und Jubel, das Tier und der Drache, die in den Feuersee geworfen werden. Auf der anderen Seite das neue Jerusalem, das Lamm Gottes und die Erwählten, die zum ewigen Leben im Paradies erhoben werden.

So ist die Apokalypse ein literarisches Kunstwerk von besonderer Schönheit, geschlossener Einheitlichkeit, anschaulicher Bildhaftigkeit, in welchem tiefste religiöse Erkenntnisse und theologische Wahrheiten in dramatischer Wucht, symbolischer Kraft, voll einprägsamer Gestalten und Geschehnisse dargestellt sind.

Der Aufbau der Geheimen Offenbarung stellt sich folgendermaßen dar:

Vorwort: 1,1–3
Einleitung: 1,4–8

ERSTER TEIL: DIE GEGENWART:
»DAS WAS IST« (1,20)

I. 7 Sendschreiben

Einführungsvision	1,9–20		
Die drei ersten Sendschreiben	2,1–17	3 + 4	–1 x 7
Die vier anderen Sendschreiben	2,18–3,22		

ZWEITER TEIL: DIE ZUKUNFT:
»DAS WAS NACHHER GESCHEHEN SOLL« (4,2)

II. 7 Siegel: Der Plan im Himmel			
Einführungsvision	4 u. 5		
Die vier ersten Siegel	6,1–8	4 + 3	
Die drei anderen Siegel	6,9–8,1		
III. 7 Posaunen: Die Ausführung auf der Erde			
Einführungsvision	8,2–6		
Die vier ersten Posaunen	8,7–12	4 + 3	–3 + 7
Die drei anderen Posaunen	9,1–11,18		
IV. 7 Zeichen: Im Himmel und auf der Erde			
Einführungsvision	11,19		
Drei Zeichen im Himmel	12,1–9		
Christus als Mitte	12,10–12	3 + 1 + 3	
Drei Zeichen auf der Erde	12,13–13,18		

DRITTER TEIL: DIE VOLLENDUNG: »DIE STUNDE DES GERICHTS« (14,7)

V. 7 Gestalten: Drohungen im Himmel

Einführungsvision	14,1–5	
Die drei ersten Engel	14,6–13	3 + 1 + 3
Christus als Mitte	14,14	
Die drei anderen Engel	14,15–20	

VI. 7 Schalen: Drohungen auf der Erde

Einführungsvision	15	
Die vier ersten Schalen	16,1–9	4 + 3
Die drei anderen Schalen	16,10–21	

VII. 7 Bilder des Gerichts: Vollendung auf der Erde und im Himmel

Einführungsvision	17	
Vier Bilder des Gerichts	18,1–21,8	
Einführungsvision	21,9–11	4 + 3
Drei Bilder der Vollendung	21,12–22,5	

} –3 + 7

7 x 7

Epilog: 22,6–17
Schluss: 22,18–21

3. Christus im Aufbau der Apokalypse

Im ganzen Gefüge des Aufbaus hat Christus eine besondere Stellung. Schon in der Einleitung wird das ganze Buch ausdrücklich eine »Offenbarung Jesu Christi« genannt. Und in der Grußformel ist von ihm mit besonderer Ausführlichkeit die Rede. Er ist es, der in der Einführungsvision zum ersten Inhaltsteil sichtbar wird. Er ist es auch, der in jedem einzelnen der sieben Briefe als der Befehlende und Richtende erscheint und in allen sieben Briefen nicht nur die Worte der Verheißung spricht, sondern selbst die Verheißungen erfüllen wird.

In der Einführungsvision zum zweiten Hauptteil hat Christus wieder eine Sonderstellung. Denn er allein ist würdig und fähig, das versiegelte Buch zu öffnen. Darum gilt ihm die Huldigung. Die vier apokalyptischen Reiter reiten in seinem Auftrag. Die Seelen unter dem Altar sind um des Wortes Gottes willen, also um des Logos willen, gemartert worden. Und die Erwählten stehen vor dem Thron Gottes, weil sie ihre Gewänder im Blute des Lammes gewaschen haben, also durch Christus geheiligt sind. Der Abschnitt über die sieben Posaunen schließt mit dem Hinweis auf Christus, denn »nun gehört die Königsherrschaft über die Welt unserem Herrn und seinem Christus; und sie werden herrschen in alle Ewigkeit« (11,15). Das irdische Leben Jesu wird in der Apokalypse übergangen. Er ist zwar der Verheißene, »der alle Völker mit eisernem Zepter weiden wird« (12,5), aber er wird auf den Thron Gottes entrückt. So sind Geburt und Himmelfahrt bei ihm unmittelbar zusammengestellt. Dem Wirken des Drachen und der beiden Tiere sieht er nur wie von ferne zu. Er ist davon persönlich unberührt, denn er hat den Kampf längst bestanden.

In der Einführung zum dritten Hauptteil bildet er wieder die Mitte, als das Lamm auf dem Berg Zion, umgeben von den hundertvierundvierzigtausend Erwählten. Er steht auch in der

Mitte der sechs Gerichtsengel als der Thronende auf den Wolken des Himmels. So werden die sieben Zornesschalen in seinem Auftrag ausgegossen. Erst beim Gericht wird er wieder sichtbar als der Reiter mit dem blutgetränkten Gewand. Einen Kampf gegen ihn gibt es nicht, denn er ist von vornherein der Sieger.

Im letzten Abschnitt, in der Vollendung der Erwählten, steht er wieder in der Mitte. Es ist seine Hochzeitsfeier. Er ist die Mitte der Erwählten, ihr Tempel, ihr Licht und ihr Leben. Und am Schluss der Apokalypse wird dieses Buch noch einmal als sein Wort hingestellt. »Ich, Jesus, habe meinen Engel gesandt als Zeugen für das, was die Gemeinden betrifft« (22,16). Das Buch endet mit dem sehnsüchtigen Wunsch, dass er bald kommen möge.

So bildet Christus auch äußerlich, formal gesehen, die geheimnisvolle Mitte des Buches und des in ihm berichteten Geschehens. Aber noch in anderer Weise bildet er die Mitte, nämlich die Mitte zwischen dem Vater und dem Geist. Er sitzt zur Rechten des Vaters, auf dem Thron des Vaters, im Heiligtum des Vaters. Vom Vater empfängt er das versiegelte Buch. Für den Vater hat er die Menschen erlöst. Für die Ehre des Vaters hält er Gericht. Und vor dem Thron, auf dem er mit dem Vater sitzt, ist der Geist Gottes mit den sieben Gaben. Der Geist, der vom Vater und vom Sohn ausgeht und der von Vater und Sohn gesandt wird.

So ist Christus die Mitte. Er wird gezeichnet als das geschlachtete Lamm. Sein großes Werk ist das blutige Kreuzesopfer. Aber es liegt hinter ihm, denn er ist in der Verklärung. Die Erlösung ist vollbracht, aber ihre Wirkung noch nicht vollendet. Auch hier wird eine Mitte aufgezeigt zwischen dem Damals der Kreuzigung auf Golgotha und dem Dereinst der Vollendung in der Glorie aller Erwählten. Christus ist die Mitte der Menschen, die Mitte der Dreifaltigkeit und die Mitte der Zeit.

SYMBOLE

Der Inhalt der Apokalypse ist die Theologie der Heilsgeschichte von der Himmelfahrt des Herrn bis zu seiner Wiederkunft zum Gericht, und zwar ist es Theologie im eigentlichen Sinne als Wort Gottes über die Heilsgeschichte und als Aufzeigen der Stellung, die der Logos, das Wort Gottes, in diesem Geschehen einnimmt. Dieser Inhalt ist in drei Inhaltsteilen entwickelt: im Aufzeigen der Gegenwart, der Zukunft und der Vollendung, und diese drei Teile sind aufgegliedert in siebenmal sieben Abschnitte, um das Ganze als ein Werk von formaler Vollendung aufzuzeigen.

Dieser Inhalt und diese Form lassen nun ganz verschiedene Möglichkeiten der Darstellung im Einzelnen offen. Johannes wählt durchgängig und mit auffallender Vorliebe die symbolische Darstellung. Diese Symbolik gibt dem Buch den Charakter des Geheimnisvollen und gehört wesentlich zu seiner Eigenart und seinem ganzen Gepräge.

1. *Die Symbolik im Allgemeinen* hat ihre tiefe Bedeutung. Die Schöpfung ist ein Sichtbarwerden des unsichtbaren Gottes und ein Hörbarwerden des unhörbaren Gottes. »Gott wohnt in unzugänglichem Licht« (1 Tim 6,16). Aber er macht sich sichtbar durch die Schöpfung. Der Vorhang, das Velum, das Gott verhüllt, wird in der Schöpfung als einer *re-velatio* weggezogen. So wird die Natur dem denkenden Geist, nach der Erklärung des Römerbriefes (Röm 1,19), zur *revelatio naturalis*, zu einer natürlichen Offenbarung Gottes. Alles wird zum Zeichen, das Gott gegeben hat, damit der Mensch durch das Sichtbare hindurch und vom Sichtbaren her das Unsichtbare erkenne und liebe. Das größte aller Zeichen ist derjenige, der seine Werke immer wieder Zeichen nennt, Christus, der sichtbar gewordene

Gott und damit die Spitze der Schöpfungspyramide, der krönende Abschluss des Schöpfungswerkes *ut dum visibiliter Deum cognoscimus, per hunc in invisibilium amorem rapiamur* (Weihnachtspräfation der Liturgie). Darum hat Jesus auch mit Vorliebe die Sprache der Natursymbolik benutzt und in Gleichnissen zum Volk geredet: Das Himmelreich ist gleich ...

Dazu kommt ein Weiteres. Das Bild enthält oft mehr als der Begriff. Der Begriff hat wohl schärfere Konturen, formuliert genauer, lässt aber gerade dadurch weniger Möglichkeiten offen. Im Bild liegt viel nur Angedeutetes. Es nötigt zu weiterem Denken und eröffnet immer wieder neue Ausblicke. Es hat etwas Geheimnisvolles und enthält außer dem rein geistig-rationalen Element auch noch das Emotionale, das Gefühlsmäßige, Affektive. Neben dem, was es ausspricht, birgt es viel Unausgesprochenes. Gerade dadurch weist es über sich hinaus und wird zu einem geeigneten Ausdrucksmittel der Offenbarung dessen, der in keinem Wort und keinem Zeichen gänzlich dargestellt und ausgedrückt werden kann, es wird sprechendes Zeichen des Unaussprechlichen. Weil der Inhalt eines Bildes nie völlig erfasst ist, ist es Darstellung des unfasslichen Gottes. Und weil es zugleich einen bestimmten Inhalt zum Ausdruck bringt, einen Baum, einen Stern, ein Tier und dergleichen, und doch zugleich sagt, dass es von etwas ganz anderem spreche, ist es geeignetes Ausdrucksmittel der Analogie, die doch besagt, es sei so und zugleich nicht so. Das Bild bleibt im Helldunkel des Bekannten und Nichtbekannten, Genannten und Nichtgenannten, Erkannten und Nichterkannten. Es enthüllt und verhüllt. Spricht aus und verschweigt. Ist die Offenbarung und doch Geheimnis und somit das beste Ausdrucksmittel für die Geheime Offenbarung. Darum ist die Bibel voll von Bildern und Symbolen, angefangen vom Paradiesbericht mit der Schlange, dem Lebensbaum, der verbotenen Frucht und dem gezückten Schwert über die Propheten mit ihrer bevorzugten Symbolsprache, über die Psalmen, in denen die ganze Natur mit ihren Sternen, Flüssen, Wäldern und Meeren von Gott spricht, über das Buch Ijob, in welchem der geheimnisvolle Gott sich in höchst eigenartigen Tieren der Schöpfung kundtut, bis zu Christus, der die Bildersprache zur höchsten Vollendung bringt. So kann der Mensch *ex umbris et imaginibus in veritatem* – »aus Schatten und Bildern zur Wahrheit« (Newman) gelangen. Die ganze Helligkeit der Schöpfung ist ihm zugleich *umbra futuri.* Der Schatten des Alten Testamentes geht über ins Licht des Neuen Testamentes. Aber auch dieses enthält wieder Schatten, die erst im ewigen Licht, im *Lumen gloriae,* des neuen Himmels und der neuen Erde verschwinden. Wir erkennen hier in Spiegelbildern und rätselvollen Geheimnissen, *per speculum in aenigmate* (1 Kor 13,12), bis Erkennen und Schauen in eins zusammenfallen, weil vor dem denkenden und schauenden Geist unmittelbar das Urbild aller Abbilder steht: Gott in seiner Herrlichkeit.

Die Symbolik ist weiterhin der Sinnenfälligkeit des Menschen angepasst. Das scholastische Prinzip *nihil est in intellectu, quod non prius fuerit in sensibus* bringt zum Ausdruck, dass alles über die Brücken der Sinnesorgane in den menschlichen Geist gelangt und dass infolgedessen durch Linien, Farben und Töne das Erkennen des Menschen geweckt wird. Auch das Wort ist etwas Sinnenfälliges. Wenn sich mit dem Hören das Schauen verbindet, wenn zum *verbum* das Bild als *verbum visibile* kommt, erfährt das Erkennen eine Bereicherung. Der Mensch soll sich kein geschnitztes Bild machen, um es anzubeten. Aber in dem Augenblick, in dem das geschnitzte Bild über sich hinausweist auf den letzten Bildner, wird es zum Wort Gottes. Darum ist die Kirche von jeher ein Feind aller Bilderstürmer gewesen und hat der christlichen Kunst in ihrer Symbolik Recht und Raum gewährt. Wir sind keine Verächter der Materie, denn sie ist Substrat und Träger des Geistes und darüber hinaus Ausdruck und Zeichen einer geistigen Welt und bringt Kunde vom reinen Geist

Gottes und seinem Reich des Geistes. So wenig der Mensch sich an das Sinnenfällige verlieren darf, so wenig soll er andererseits völlig davon absehen. Er soll die sichtbare Welt in ihrer Wirklichkeit bejahen und in ihr zugleich die Zeichen, das Symbol einer größeren, hinter und über ihr stehenden Wirklichkeit, des allein im Vollsinn des Wortes wirklichen Gottes sehen. »Spuren Gottes« nannten die Kirchenväter die sichtbare Schöpfung. Der Mensch als Bild Gottes soll für diese Spuren besonderes Verständnis haben. Sie leiten ihn hin zum sichtbar gewordenen, Mensch gewordenen Wort Gottes, das in seiner reinen Geistigkeit als Logos, als *Verbum Dei*, als zweite Person der Dreifaltigkeit unerschaffenes Bild, Abglanz, Widerschein, strahlendes Aufleuchten des Vaters ist. Alle Bilder, Ikonen, haben in ihm, dem Ikon des Vaters, ihr Urbild.

So ist die Symbolsprache der Geheimen Offenbarung eine urchristliche, echt christliche Sprache über Gott, weil es letztlich ein Sprechen Gottes selbst ist.

2. *Die Symbole im Einzelnen* weisen in der Apokalypse eine unerhörte Mannigfaltigkeit auf. Johannes nimmt seine Symbole mit Vorliebe aus der Natur. Wir begegnen der Symbolsprache der Berge und Inseln, des Meeres und der Flüsse, der Bäume und Sterne. Alles spricht vom geheimnisvollen Gott und seinem Werk: Blitz und Donner, Wolken und Regenbogen, Erdbeben und Hagel, Feuer, Rauch, Stürme, Wasserquellen und Wind, Wüste und Regen, Weizen, Gerste und Gras, Öl und Wein, Honig und Wermut. Die Tierwelt wird mit einbezogen: Rosse und Heuschrecken, Lämmer, Widder, Adler, Bär, Panther, Löwe und Schlange, Frösche, Schafe, Rinder, Hunde und Skorpione, aber auch Gold, Silber, Erz und Kristall, Eisen und Marmor, Perlen, Scharlach, Purpur und Seide, Holz und Elfenbein, Myrrhe und Zimt und eine Menge Edelsteine: Jaspis, Sardis und Smaragd, Saphir, Chalzedon und Sardonix, Chrysolit, Beryll, Topas, Chrysopras, Hyazinth und Amethyst.

Auch die Symbolik der Farben spielt in der Apokalypse eine große Rolle. Über dem Thron Gottes wölbt sich die ganze Pracht des Regenbogens. Neben dem weißen und dem feuerroten Pferd werden das schwarze und das fahle Ross sichtbar. Die Sonne wird schwarz wie ein härenes Trauergewand, der Mond rot wie Blut, der Drache ist feuerrot. Die Panzer der dämonischen Reiter sind dunkelrot und schwefelgelb. Daneben steht die Lichtgestalt der mit der Sonne bekleideten Frau, die weißen Gewänder der priesterlichen Ältesten, die weißen Mäntel der Reiterscharen als Gefolge des Logos. Es ist die Rede von goldenen Gürteln und schneeweißer Wolle. Am Ende verlieren sich alle Farben in der blendenden Lichtfülle des himmlischen Jerusalem. Auch die Symbolik der Töne kommt zur Geltung. Es ist die Rede von mächtigen Stimmen, die klingen wie eine schmetternde Tuba, vom majestätischen Dröhnen rollender Donner, vom Gesang der vier geheimnisvollen Wesen, vom neuen Lied und vom Harfenton, vom Gesang der ganzen Schöpfung (5,13), vom Gebrüll des Löwen, vom Lied des Mose und vom Trauergesang derer, die über den Untergang Babylons klagen, von Flötenspielern, Posaunenbläsern, vom Geräusch der Mühlen und der Stimme des Bräutigams. Und immer wieder ist alles übertönt von den gewaltigen Lobeshymnen, die da sind »wie das Rauschen gewaltiger Wassermassen und wie das Rollen mächtiger Donner« (19,6).

Alle möglichen menschlichen Gestalten bereichern die Symbolsprache: Könige und Priester, Huren und Heilige, Künstler, Seefahrer, Kaufleute, Apostel und Propheten, Bogenschützen, Zauberer, Götzendiener, Bürger, die Königin und die Witwe, Sklaven und Freie, Braut und Bräutigam, Reiter und Sänger. Der ganze Reichtum menschlicher Gewänder aus Leinen, Purpur und Scharlach, der Mäntel und Gürtel, Kronen und Kränze. Die schmuckbeladene Hure neben den weißen Gewändern der Seligen und der Schönheit bräutlichen Geschmeides. Menschliche Werke finden sich in der Apokalypse: Throne und Zepter,

Schwert, Panzer, Bogen und Pfeil, die Sichel und die Kelter, die Waage und die Mühle, der Tempel, das Bundeszelt und die Bundeslade, Leuchter, Rauchfass, Kohle und Opferschale, Bücher, Salbe, Brot und Wein, Becher und Siegel, Ketten, Städte, Mauern, Tore und Säulen.

Eine besondere Eigenart der Apokalypse sind die Symbole des Dämonischen. Es sind Monster, wie sie in der Schöpfung nirgendwo vorkommen und die gerade durch die Ungeheuerlichkeit der fantastischen Formen und Gestalten das Über- und Untermenschliche, das Wilde, Unheimliche, Abgründige zum Ausdruck bringen sollen. Der Schwanz des Drachen, der ein Drittel der Sterne vom Himmel fegt. Heuschrecken mit Menschenangesicht, mit Frauenhaaren, Löwenzähnen und Skorpionschwänzen. Höllische Reiterscharen, deren Rosse Löwenköpfe haben und Schlangenschwänze und Feuer, Rauch und Schwefel speien. Siebenköpfige Tiere mit der Schnelligkeit von Panthern, der Kraft von Bären und dem Rachen von Löwen. Frösche, die aus dem Maul des Drachen kommen. Die Hure, die betrunken ist vom Blut der Heiligen. Das Tier mit zehn Hörnern. Bis alles Untermenschliche im Feuersee des Abgrundes verschwindet. Daneben die übermenschlichen Gestalten der Engel, die als Boten Gottes die Worte Gottes verkünden, die Ratschlüsse Gottes ausführen. Sie besiegeln die Erwählten, stoßen in die Posaunen des Gerichts. Das Antlitz eines Engels ist wie die Sonne, seine Füße sind wie Feuersäulen, seine Stimme ist wie die eines brüllenden Löwen. Und das Echo rollt zurück wie sieben Donner. Ein Engel schleudert das Feuer auf die Erde. Ein anderer erntet mit der Sichel den Weinberg Gottes ab und wirft die Trauben in die Kelter des Zornes Gottes. Engel singen Jubellieder und verkünden das Strafgericht Gottes. Sie sind von übermenschlicher Größe, sodass der Seher anbetend niederfallen will, bis er die Antwort eines Engels hört: »Ich bin nur ein Mitknecht wie du und deine Brüder [...]. Gott bete an!« (22,9).

Diese Bilder der Apokalypse wechseln oft rasch und plötzlich. Der Löwe ist auf einmal das Lamm. Die Frau ist im Himmel mit der Sonne bekleidet, in Herrlichkeit, und doch zugleich schreiend in kreißenden Wehen. Dann ist sie wieder auf der Erde, wo sie in die Wüste flieht. In raschester Folge jagt oft ein Bild das andere. Auch dahinter steht eine Absicht. Es soll zum Ausdruck gebracht werden, dass kein Bild das richtig und voll ausdrückt, was es ausdrücken soll. Das Ungenügen alles Irdisch-Menschlichen tritt dadurch in Erscheinung und zugleich die verwirrende Fülle. Dann wieder das Wilde, Unruhige, ständig Wechselnde des satanischen Geistes. So ist in diesem geheimnisvollen Buch eine ganze Bilderfülle voll tiefster Weisheit enthalten.

Eine weitere Eigenart apokalyptischer Symbolik sind die *Zahlen.* Wie viele Irrlehren, Irrtümer und Enttäuschungen hätte man sich erspart, wenn man die Zahlen der Apokalypse nicht wörtlich genommen, sondern ihren Symbolcharakter erfasst hätte!

Die Zahl Sieben ist als die heilige Zahl das Symbol des Ganzen, wie bereits der Aufbau und die Gliederung des Buches gezeigt hat. Neben den sieben Leuchtern, sieben Siegeln, sieben Posaunen, sieben Schalen usw. stehen in der Apokalypse nicht zufällig sieben Seligpreisungen und sieben Lieder. Aber auch der Teufel, der in allem »sein will wie Gott«, sucht Gott nachzuahmen. Darum ist der Drache siebenköpfig. Und er gibt auch dem »Tier«, das heißt der Macht, die in seinem Auftrag handelt, die siebenköpfige Gestalt. Die Hälfte des Vollkommenen ist ein symbolischer Ausdruck für das Irdisch-Menschliche. Bald ist es formuliert als dreieinhalb (11,9), bald stehen für dreieinhalb Jahre zweiundvierzig Monate (11,2; 13,5), bald zwölfhundertsechzig Tage (11,3; 12,6). Oder die Formulierung lautet: eine Zeit und zwei Zeiten und eine halbe Zeit (12,14). Die gespaltene Sieben enthält auch das Element des Unvollkommenen und Bösen.

Der Versuch, die Vollkommenheit der Siebenzahl zu erreichen, ohne doch zum Ergebnis zu kommen, liegt in der Zahl

Sechs. Um zugleich damit die Nachahmung des Trinitarischen darzustellen, gibt die Apokalypse der antichristlichen Macht die Zahl 666: Ein dreimaliger Anlauf zur Zahl Sieben mit dreimaligem Misserfolg. Eine Art Karikatur der Dreieinigkeit liegt wohl auch darin, dass der eine Satan sich zwei Hilfsmächte aus dem Abgrund ruft, sodass die drei Tiergestalten des Drachen, des Tieres aus dem Meer und des Tieres vom Land den drei göttlichen Personen in der Höhe des Himmels als eine groteske Nachahmung gegenüberstehen.

Die Zahl Zwölf ist in der Apokalypse ein häufig wiederkehrendes Symbol. Die mit der Sonne bekleidete Frau trägt einen Kranz von zwölf Sternen. Die zwölf Apostel und die zwölf Stämme Israels sind vertreten in den vierundzwanzig Ältesten, die vor dem Thron Gott huldigen. Das himmlische Jerusalem hat zwölf Tore mit den Namen der zwölf Stämme Israels. Die Mauer der Stadt ruht auf zwölf Fundamenten mit den Namen der zwölf Apostel (21,12). Der Baum des Lebens trägt Früchte in den zwölf Monaten (22,2). Und die Höhe der Mauer beträgt hundertvierundvierzig (zwölfmal zwölf) Ellen (21,17).

Die Zahl Tausend ist das Maß der kaum übersehbaren Größe. Es ist Fülle in Begrenztheit. Daher das tausendjährige Reich, in welchem die Zahl die lange Dauer anzeigen soll. Diese Zahl Tausend wird nun gern mit der Zahl Zwölf kombiniert, sodass es aus allen zwölf Stämmen Israels je zwölftausend und somit insgesamt hundertvierundvierzigtausend Erwählte sind (7,4). Beim Lamm auf dem Berg Zion stehen ebenfalls hundertvierundvierzigtausend, die das neue Lied singen (14,3). Und das himmlische Jerusalem hatte eine Länge, Breite und Höhe von je zwölftausend Stadien (21,16).

In dieser Zahlensymbolik, die zum Teil echt semitisch ist, zum Teil vielleicht auch pythagoräische Einflüsse aufweist, ist das Gedankliche eigenartig mit dem Bildhaften zum symbolischen Ausdruck vermischt.

Die Stellung Christi in der Symbolik

Auch durch die Symbolik erhält Christus in der Apokalypse eine besondere Stellung.

Er besitzt die Schlüssel Davids (3,7) und die Schlüssel des Todes und der Unterwelt (1,18). Auf seinen Händen trägt er die Sterne (1,20). Er hat Augen mit durchdringendem Blick wie Feuerflammen und Füße unveränderlicher Standhaftigkeit, wie Golderz, das im Schmelzofen glüht (1,15). Seine Stimme ist wie das Rauschen von Wassermassen. Sein Wort ist wie ein scharfes, zweischneidiges Schwert (1,16). Er verfügt über die Früchte vom Baum des Lebens (2,7) und über das Wasser aus der Quelle des Lebens (21,6). Er gibt die Himmelsspeise des Manna (2,17) und bestimmt, welche Säulen im Tempel Gottes stehen (3,12). Er ist der glänzende Morgenstern (2,28), der Spross Davids (5,5; 22,16) und der Löwe aus dem Stamme Juda (5,5). Er ist einerseits das geschlachtete Lamm (5,6), der Reiter mit blutgetränktem Gewand (19,13). Aber er ist zugleich der Weltenrichter mit der scharfen Sichel, thronend auf den Wolken des Himmels, gekrönt mit goldener Krone (14,14). Mit eisernem Zepter weidet er die Völker (12,5). Er öffnet nicht nur die Siegel im Buch der Geheimnisse Gottes (5,5), sondern er sitzt selbst auf dem Thron des Vaters (3,21; 7,17). Er ist selbst der Tempel im neuen Jerusalem, also das Heiligtum des Himmels (21,22). Er ist das ewige Licht (21,23). So ist nicht erstaunlich, dass sein Name lautet »Wort Gottes« und dass auf seinem Gewand geschrieben steht »König der Könige, Herr der Herrscher«. Allein aus dieser Christus-Symbolik der Apokalypse ließe sich eine Christologie der Apokalypse ableiten. Ihr Ergebnis lautet: Christus ist das Mensch gewordene Wort Gottes, thronend in der Herrlichkeit des Himmels, geheimnisvoll wohnend in der Mitte der Gemeinden, wiederkommend zum Weltgericht, alles vollendend in der Herrlichkeit des Herrn: *theologia gloriae.*

BAUSTEINE

Die Apokalypse ist ein gewaltiger und einheitlicher Bau. Wo hat der Verfasser die einzelnen Bausteine gebrochen?

An erster Stelle sind die *persönlichen Offenbarungen Gottes* zu nennen. Johannes beruft sich ausdrücklich und immer wieder auf die Bilder, die Gott ihm gezeigt, und auf die Worte, die Gott durch den Engel zu ihm gesprochen habe. Immer wieder kommen die Formeln »Ich sah« und »Ich vernahm« vor. Die Visionen der Apokalypse sind nicht etwa persönliche Gedanken oder Vorstellungen, die in die literarische Form geschauter Bilder gekleidet werden. Sie sind keine Projektion innerseelischer Vorgänge des Verfassers an einen geheimnisvollen, überirdischen Himmel. Ausdrücklich betont die Apokalypse, dass das ganze Buch und sein Inhalt völlig unerwartet, ja fast wie eine Art Vergewaltigung über den neutestamentlichen Propheten gekommen seien. Er sieht nicht Christus vor sich, sondern er hört unerwartet eine Stimme hinter sich. Er ist also, rein natürlich gesprochen, geradezu in eine andere Richtung gegangen. Er muss sich umdrehen, vom eigenen Ich um- und abkehren. Und was er nun hört, ist nicht nur herrisch, von oben und von außen zu ihm gesprochen als ein unerwarteter, ungewollter Anruf und Aufruf, sondern es ist so schrecklich, dass es ihn wie tot zu Boden wirft. Es ist die Art, wie die alttestamentlichen Propheten von Gott Ruf und Sendung und Prophetenweihe erhalten. Den großen Jesaja überfällt es plötzlich im Tempel und wirft ihn aufs Angesicht. Jeremia wehrt sich verzweifelt gegen den Ruf, pocht auf sein Unvermögen und leidet zeitlebens unter den Gesichten, die Gott ihm zu schauen gibt. Die Propheten haben, ähnlich wie der Seher auf Patmos, neben den vernommenen Worten des

Herrn auch geheimnisvolle Bilder geschaut. Eine zweite Parallele sind die anderen Apostel des Neuen Testamentes. Etwa Petrus, dem in einem eigenartigen Bild gezeigt wird, dass die Reinheitsgesetze des Alten Bundes zu Ende seien und es einen Unterschied zwischen Juden und Heiden in der Kirche nicht mehr geben dürfe (Apg 10,9 ff.).

Oder Paulus, der vor Damaskus völlig unvorbereitet den Ruf und Auftrag Jesu empfängt und der »in den dritten Himmel – ins Paradies – entrückt wurde und unaussprechliche Dinge vernahm« (2 Kor 12,2). Eine dritte Parallele sind die Mystiker, die immer wieder betonen, dass man Visionen nicht herbeiführen könne, sondern dass sie völlig unerwartet kommen, und dass sie, wie das Wort »Vision« schon zu verstehen gibt, meist aus eigenartigen Bildern, Symbolen bestehen. So sieht Franz von Assisi seine Sendung, die Kirche des Herrn zu stützen, in einem Bild, das er zuerst falsch versteht. Bruder Klaus schaut die Dreifaltigkeit in einem höchst eigenartigen, tiefsinnigen Symbol. Margareta Maria Alacoque erkennt ein Herz, aus dem Flammen schlagen, das von einer Dornenkrone umwunden ist und über dem ein Kreuz aufragt. Gerade dort, wo die Mystiker eine Sendung erhalten, wo also Gott nicht bloß für sie selbst spricht, sondern wo aus ihrem Sehen eine Sendung entsteht, ihre Vision also eine Funktion in der Kirche ist, zeigt ihnen Gott mit Vorliebe in Bildern und Symbolen, was er ihnen sagen will, damit es einprägsamer, unauslöschlicher ihrem Geist und Herzen eingeprägt und eingebrannt bleibt. Darum steht die mächtige Christus-Vision nicht nur am Anfang der ganzen Apokalypse, alles zugleich überschattend und überstrahlend als Zeichen offenbarten Geheimnisses und geheimer Offenbarung, sondern einem jeden einzelnen Abschnitt geht eine Vision voraus. So ist das Kommen von oben her ständig neu betont, die Berufung auf Gott ununterbrochen lebendig, der Offenbarungscharakter sichergestellt.

Eine zweite Erkenntnisquelle des Sehers von Patmos ist die *Heilige Schrift.* Worte und Bilder sind förmlich durchtränkt nicht nur von biblischem Geist, sondern von wörtlichen Zitaten vor allem des Alten Testamentes. Naturgemäß sind es in erster Linie diejenigen Propheten, die von der Erneuerung Israels und der messianischen Zeit und vom Ende aller Dinge gesprochen und geschrieben haben. Also die eschatologischen Texte bei Daniel, Ezechiel, Sacharja. Aus Daniel hat Johannes die Visionen Gottes auf dem Thron und das Kommen des Menschensohnes (Dan 7). Im siebten Daniel-Kapitel sind die vier Tiere geschildert, die in der Apokalypse zu einem einzigen Monstrum geworden sind. Aus Daniel stammt die Gegenüberstellung von Jerusalem und Babylon und das Bild der Posaunen. Der Prophet Ezechiel schaut in einer Entrückung des Geistes die vier geheimnisvollen Wesen, die in der Apokalypse vor dem Throne Gottes stehen. Das Bild vom Essen eines vollgeschriebenen Buches als Symbol des Empfangens einer Offenbarung findet sich ebenfalls schon bei Ezechiel. Und das Klagelied der Apokalypse über das gefallene Babylon ist nach dem Klagelied des Ezechiel über Tyrus gebildet (Ez 27). Das Auftreten von Gog aus Magog findet sich im 38. Ezechiel-Kapitel. Und das Bild vom neuen Jerusalem mit dem neuen Berg Zion und dem neuen Tempel, für die Gott das Maß bestimmt, findet sich beim gleichen Propheten. Das Bild von den verschiedenfarbigen Pferden der apokalyptischen Reiter stammt aus dem sechsten Sacharja-Kapitel und das Bild der Heuschreckenplage aus Joel. Der Gesang des »Dreimal heilig« aus Jesaja. Die Zeugen der Apokalypse haben wie Eljia die Macht, den Himmel zu verschließen. Die Strafen, die über die Erde und die Menschen kommen, sind in der Apokalypse ganz nach den ägyptischen Plagen, die durch Mose über den Pharao und sein Volk kommen, gebildet. Die Schilderung des neuen Paradieses knüpft naturgemäß an die Symbole des Genesis-Paradieses an, so an den Baum des Lebens, an den Strom, an die

Frucht usw. Das Lied, das die Sieger in der Apokalypse singen, wird vom Verfasser selbst als das Lied des Mose bezeichnet (15,3). Wenn Satan der Ankläger der Brüder genannt wird, ist das eine deutliche Anspielung auf das Buch Ijob. Und die Schlacht bei Harmagedon ist eine Anknüpfung an das 4. Kapitel des Richter-Buches. Das sind nur einige wenige Beispiele aus vielen. Nicht so sehr aus dem Alten Testament, wohl aber aus dem Alten Bund, dessen Ende der Verfasser der Apokalypse selbst erlebt hat, stammen die Bilder vom Tempel und seinem Vorhof, vom Heiligtum, vom Brandopferaltar, vom Weihrauch, vom Bundeszelt, vom Leuchter, vom ehernen Meer usw.[6]

Auch beim Neuen Testament hat der Verfasser der Apokalypse Anleihen gemacht. So etwa das Bild vom himmlischen Hochzeitsmahl, das Christus, der Herr, selbst in seinen Parabeln gezeichnet hat. So weiterhin die Bezeichnung Christi als Lamm Gottes, ein Bild, das Johannes der Täufer von Jesaja übernommen hat. Vor allem aber die eschatologischen Texte. Die Schilderungen der Apokalypse sind darin nur eine Weiterentwicklung dessen, was Matthäus in seinem 24. Kapitel über das Ende der Welt schreibt oder Markus im 13. und Lukas im 21. Kapitel.

Am auffälligsten sind begreiflicherweise die Verbindungslinien zum Johannesevangelium.[7] Gewiss ist die Apokalypse ein völlig anderes Buch als das vierte Evangelium. Und doch sind andererseits stilistische und gedankliche Übereinstimmungen ebenso auffallend. Diese Einheit und Verschiedenheit zugleich

---

6 Das Buch von Josef Peschek, *Geheime Offenbarung und Tempeldienst*, Verlag Schöningh, Paderborn, 1929, versucht den Aufbau der Apokalypse bis in die Einzelheiten an den Tempeldienst in Jerusalem anzuschließen. Wenn das Ganze auch in dieser Weise zu konstruiert und unhaltbar ist, so sind doch viele Einzelheiten, auf die der Verfasser hinweist, richtig und wertvoll. Aus der Apokalypse ist ersichtlich, wie stark in der Urkirche das liturgische Denken, Empfinden, Beten und Feiern war.

7 Vgl. auch S. 275–280.

lassen sich nur dadurch erklären, dass der gleiche Verfasser zwei Werke unterschiedlicher Literaturgattung geschaffen hat, ein Evangelium und ein prophetisches Werk apokalyptischer Art. Nur im Johannesevangelium wird Christus der Logos genannt. Dieselbe Bezeichnung trägt er im 19. Kapitel der Apokalypse, in dem seine feierliche Wiederkunft gezeichnet wird. Im Evangelium wird der Teufel als der Feind Christi bezeichnet, der Vater der Lüge (Joh 8), und es wird zugleich gesagt, dass er als Fürst dieser Welt hinausgeworfen wird (12,31). So erscheint er auch in der Apokalypse als der große Widersacher und zugleich als der durch Christus Gebundene. Im Evangelium wird Christus immer wieder das Licht und das Leben genannt. Auch in der Apokalypse ist er das Licht im neuen Jerusalem und das Leben der Erwählten, während Satan und sein Anhang in die Finsternis des Abgrundes geworfen werden und dem zweiten Tod verfallen. Im Evangelium ist von der Herrlichkeit des Herrn die Rede. Im Prolog heißt es: »Wir haben seine Herrlichkeit geschaut, die Herrlichkeit des einzigen Sohnes vom Vater« (1,14). Das erste Wunder in Kana schließt mit dem Satz: »Er offenbarte seine Herrlichkeit« (2,11). Das hohepriesterliche Gebet ist die Bitte um die Verherrlichung: »Verherrliche deinen Sohn, damit der Sohn dich verherrlicht! – Jetzt verherrliche du mich, Vater, bei dir mit der Herrlichkeit, die ich bei dir hatte, bevor die Welt war!« (Joh 17). In der Apokalypse erscheint Christus in seiner Herrlichkeit. Er ist der verklärte, verherrlichte Herr. Im Evangelium, vor allem in den Abschiedsreden (Joh 15,18) und im hohepriesterlichen Gebet (Joh 17), ist die Welt etwas Feindliches. Auch in der Apokalypse ist sie eine feindliche Macht, die darum auch mit Plagen und Katastrophen heimgesucht wird. Das Evangelium betont, dass die Menschen trotz der Wunder ungläubig blieben (Joh 12,40). Die gleiche Feststellung findet sich in der Apokalypse (9,20). Dazu kommen eine Menge Einzelheiten der Übereinstimmung. So das betonte Zeugnisgeben, von dem allein im Prolog schon viermal die Rede ist und von dem die Apokalypse immer wieder spricht, wenn sie die Erwählten die Zeugen nennt, die um des Zeugnisses willen zu leiden haben. Das geschlachtete Lamm der Apokalypse, in dessen Blut die Erwählten ihre Kleider waschen, ist eine Wiederaufnahme des johanneischen Wortes vom Lamm Gottes, das die Sünden der Welt hinwegnimmt (Joh 1,29). Im zehnten Kapitel des Johannesevangeliums ist Jesus der Hirt, der die Seinen führt. Und im siebten Kapitel der Apokalypse (Offb 7,17) ist davon die Rede, dass Christus »[die Seinen] weiden und zu den Quellen [...], aus denen das Wasser des Lebens strömt, [führen wird]«. Das siebte Kapitel des Johannesevangeliums redet von den Strömen lebendigen Wassers, die aus dem Messias fließen werden. Und die Apokalypse zeichnet den Lebensstrom im neuen Jerusalem als »Strom, das Wasser des Lebens«, der vom Thron des Lammes ausgeht (Offb 22,1). Der Richter in der Apokalypse ist Christus, denn im Evangelium heißt es, dass der Vater ganz dem Sohn das Gericht übertragen hat (Joh 5,22).

Besonders kennzeichnend ist auch, dass schon das Evangelium durch die Durchsichtigkeit der Gestalten und Ereignisse den Symbolcharakter der Dinge betont und eine eigentliche Vorliebe zu Symbolen hat.[8]

Das Johannesevangelium schließt mit dem Wort Jesu zu Johannes vom Bleiben bis zu seiner Wiederkunft (Joh 21,22). Von diesem Kommen Jesu handelt die Apokalypse. Und sie schließt mit dem Satz: »Komm, Herr Jesus!« So ist die Übereinstimmung nicht zu übersehen. Es ist die gleiche Quelle, die beide Schriften speist.

Ähnliches wäre zu sagen über den ersten Johannesbrief. Schon im ersten Satz wird Christus das »Wort des Lebens« genannt. Also wieder der Logos und wieder das Leben. Und in beiden Schriften, dem Brief und der Apokalypse, wird das geschildert,

---

8 Vgl. S. 13–16.

»was wir gehört, was wir mit unseren Augen gesehen, was wir geschaut [haben]« (1,1). Und im Brief und in der Apokalypse tritt der Teufel als der große Feind auf. »Der Sohn Gottes aber ist erschienen, um die Werke des Teufels zu zerstören« (1 Joh 3,8). In beiden Schriften wird der Gegensatz von Licht und Finsternis deutlich, so vor allem im ersten Kapitel des Briefes. Im gleichen Kapitel ist auch die Rede vom Antichrist. In beiden Schriften ist Christus das geschlachtete Lamm, der Geopferte, »der durch Wasser und Blut gekommen ist« (1 Joh 5,6). Der Brief weist hin auf die Wiederkunft des Herrn. »Damit wir, wenn er erscheint, Zuversicht haben und bei seinem Kommen von ihm nicht beschämt werden!« (1 Joh 2,28). Diese Wiederkunft zur Beseligung der Seinen zeichnet die Apokalypse. Also auch hier die gleiche Quelle.

Diese Quelle ist die persönliche Beziehung des Johannes zu Christus. Er hat ihn kennengelernt als Licht und Leben, als den König und den Priester, als den, der sich opfert, sein Reich gründet, Satan überwindet, die Seinen erwählt und der wiederkommen wird zum Gericht. Das persönliche Schauen des Herrn im Fleisch und die Vision des verklärten Christus gehen auf denselben Einen zurück, auf den Herrn, der sich Johannes in besonderer Weise kundtut. Denn Johannes ist »der Jünger, den Jesus liebte«, der zu den Erstberufenen gehört, bei der Verklärung auf Tabor zugegen war und in der Erniedrigung auf dem Ölberg der einzige der Jünger, der unter dem Kreuz stand. Er ist es auch, dem sich der Verklärte auf Patmos in seiner Herrlichkeit zeigt.

Zu den übernatürlichen Quellen kommen weiterhin die natürlichen. Sie spielen in der Apokalypse eine große Rolle. Dahin gehört einmal die *Natur*, die gerade auf der Felseninsel mitten im Meer dem Seher ihre Großartigkeit kundtut: aufragende Berge und wogendes Meer, funkelnder Sternenhimmel, Stürme mit rollenden Donnern und fahlen Blitzen, Hagelschlag und mächtiges Gewölk, strahlender Sonnenglanz mit blutroten Untergängen.

Der Sternenhimmel hat dabei eine besondere Bedeutung. Die Alten haben ja mit Vorliebe Astronomie und Astrologie betrieben. Die johanneische Siebenzahl mag mit den sieben Planeten der Alten zusammenhängen. Die vier geheimnisvollen Wesen vor dem Thron Gottes können vier Sternbilder sein: Löwe, Stier, der Skorpion mit dem Menschenangesicht und der Pegasus als Adler. Das Lamm mit den sieben Hörnern gleicht dem Sternbild des Widders. Von den vier apokalyptischen Reitern gleicht der erste dem Sternbild des Schützen, der zweite, mit dem Schwert bewaffnete, dem Sternbild der Jungfrau, die das Schwert hat, der dritte dem Sternbild der Waage, denn er trägt ja die Waage. Und der vierte dem Sternbild des Skorpion, der nach der Antike in der Gegend des Hades ist. Darum sind in der Apokalypse Tod und Hades beisammen. Die apokalyptische Gestalt der mit der Sonne bekleideten Frau mit den zwölf Sternen ums Haupt klingt an das Sternbild der Jungfrau an mit den zwölf Sternbildern des Tierkreises. Und die vierundzwanzig Ältesten um den Thron Gottes erinnern an die zwölf Sterne nördlich und die zwölf Sterne südlich des Zodiakus.[9]

Natürliche Bausteine, die Johannes benutzt hat, sind auch die Gestalten und *Bilder*, die er in den Städten Kleinasiens, in *Tempeln* und *Palästen* ständig sehen konnte. Zentauren und andere fantastische Gestalten, halb Tier, halb Mensch, mit geflügelten Leibern, Schlangenschwänzen, Drachenschweifen, gehörnten Köpfen usw. haben ihm Anschauungsmaterial geliefert, das in der Apokalypse wiederkehrt. Es sind zum Teil die Ergebnisse alter Mythen, wie etwa der Mythos vom Drachen und seinem

---

[9] Das Buch von Franz Boll, *Aus der Offenbarung Johannis*, Berlin 1914, bringt viel interessantes Material über Astronomie und Astrologie in der Geheimen Offenbarung, ist aber zu einseitig und geht wesentlich zu weit. Die Widerlegung, die J. Freundorfer, *Die Apokalypse des Apostels Johannes und die hellenistische Kosmologie und Astrologie*, Freiburg 1929, geschrieben hat, weist die Überspitzung der Boll'schen These überzeugend nach.

Überwinder, der bei orientalischen und auch anderen Völkern zu finden ist.

Endlich ist als Quelle die damals weitverbreitete eigene Literaturgattung *apokalyptischer Bücher* zu nennen. Die Schrift des Sehers von Patmos ist nur eine unter vielen, aber die gewaltigste, eindrucksvollste, einheitlichste, die allein von Gott inspirierte und in den Kanon der Heiligen Schrift aufgenommene. Vom zweiten Jahrhundert vor Christus bis zum dritten nach Christus finden sich solche Apokalypsen und Sibyllinen. Sie haben einen bestimmten eigenen Stil, eine eigene Bildersprache und einen eigenen prophetischen Ton der Feierlichkeit.

So hat Johannes die Steine und Quader an verschiedenen Orten gebrochen. Aber er hat sie selbst behauen und nach eigenem Grundriss zu seinem eigenen, gewaltigen, einheitlichen Bau gefügt. Gerade darin zeigt sich das Genie dieses inspirierten Künstlers. Die Einheit ist so vollendet, dass man der verschiedenen Herkunft förmlich nachspüren muss. Mit souveräner Überlegenheit arbeitet Johannes mit diesem Material und gebraucht es nur zu dem einen Zweck, dem alles dienen muss. Aber hinter und über dem künstlerischen Genius steht das Wehen und Wirken des Gottesgeistes, der den Seher inspiriert. Inspiration besagt nicht wörtliches Diktat ohne Rücksicht auf die menschliche Eigenart dessen, der in Gottes Auftrag schreibt, sondern benutzt dieses menschliche Werkzeug in seiner menschlichen Eigenart. Darum schreibt Matthäus anders als Lukas und ist in den Paulusschriften der scharfe, sprühende Geist des Saulus in jeder Zeile spürbar. Und so ist auch die Apokalypse das Werk eines Menschen, der ein Künstler war, der aber restlos Werkzeug dessen gewesen ist, der Ursprung, Schöpfer und Vollender aller Kunst war und ist und von dem alle echte Kunst Zeugnis gibt: Werkzeug des Herrn.

EINLEITUNG DER GEHEIMEN OFFENBARUNG

ÜBERSCHRIFT

EINFÜHRUNGSWORTE

ÜBERSCHRIFT

Offb 1,1–3

Offenbarung Jesu Christi, die Gott ihm gegeben hat, damit er seinen Knechten zeigt, was bald geschehen muss; und er hat es durch seinen Engel, den er sandte, seinem Knecht Johannes gezeigt. Dieser hat das Wort Gottes und das Zeugnis Jesu Christi bezeugt: alles, was er geschaut hat. Selig, wer die Worte der Prophetie vorliest, und jene, die sie hören und das halten, was in ihr geschrieben ist; denn die Zeit ist nahe.

In der Überschrift wird Wesentliches über das Buch des heiligen Johannes gesagt.

Es ist *Offenbarung*. Wer also in diesem Buch nur persönliche Überlegungen oder innere Erlebnisse des Johannes sucht, hat den Verfasser völlig missverstanden. Es geht um etwas ganz anderes. Es geht um etwas, das dem menschlichen Denken und Erfahren an sich völlig unzugänglich ist. Um etwas, an das man mit begrifflichen und psychologischen Kategorien nicht herankommen kann. Um etwas, das für den Menschen verschlossen ist: um Geheimnisse im eigentlichen und vollen Sinne des Wortes. Der einzige Weg zur Erkenntnis dieser Geheimnisse geht nicht vom Menschen aus, sondern nur von Gott. Die Zugänglichkeit ist nur da, wenn Gott das Verschlossene durch eine Offenbarung öffnet. Wenn er das Geheimnisvolle kundtut, sodass es zu einer Offenbarung geheimnisvoller Dinge wird, zu einer Apokalypse, einer geheimen Offenbarung. Mystik ist in der Johannesschrift in dem Sinne vorhanden, dass es sich um wirkliche Mysterien handelt und um Erkenntnis dieser Mysterien nicht auf dem Weg einer Verinnerlichung, also eines Rückzuges auf das eigene Ich, sondern im Gegenteil auf dem Weg einer Ekstasis, eines Herausgehobenwerdens aus diesem Ich durch das Tun Gottes.

Und es ist Offenbarung *Jesu Christi.* Damit wird das Mitteilen vonseiten Gottes genauer abgegrenzt. Es geht hier nicht um Offenbarung im weitesten Sinne des Wortes, also um Mitteilung Gottes durch die Natur. Auch nicht um die Offenbarung, die der Menschheit von Anbeginn gegeben war und die sich Jahrhunderttausende hindurch in einigen Wesenselementen erhalten hat. Es geht auch nicht um die Offenbarung, wie sie im Alten Bund besonders erwählten Gottesmännern, also Mose, den Richtern, den Propheten usw., gegeben war, sondern es geht um die eigentliche, entscheidende Offenbarung, um jene Offenbarung, die alles bisher Geoffenbarte beleuchtet, ergänzt und zu einem vorläufigen Abschluss bringt. Um jene Offenbarung, die der Kirche anvertraut ist und deren Verständnis uns durch den Heiligen Geist gegeben wird. Um die Offenbarung, die erst wieder eine Erweiterung erfährt, wenn das letzte Velum in der letzten *revelatio* weggezogen wird, bei der Wiederkunft Jesu. Mit dem Hinweis auf diese Wiederkunft schließt darum auch das Buch der Apokalypse. Derjenige, der das Bisherige abrundet und beschließt, das Neue bringt und bei dieser Wiederkunft vollendet, ist Jesus Christus. So bildet die Apokalypse den Abschluss, das krönende Buch der Bibel.

Aber auch Christus weist über sich hinaus. Denn er bringt Offenbarung, »die Gott ihm gegeben hat«. Jesus ist ein menschlicher Name und Christus ist eine Amtsbezeichnung. Der Mensch Jesus ist der von Gott Gesalbte und Gesandte, der Christus. Als solcher hat er seine Botschaft von dem empfangen, der ihn gesalbt und gesandt hat, von Gott. Er hat selbst betont: »Die Worte, die ich zu euch sage, habe ich nicht aus mir selbst« (Joh 14,10). Er hat alles empfangen. Das ist aber bei Johannes noch in einem tieferen Sinne gemeint. Dieser Jesus ist, wie Johannes ihn nennt, der Logos, das Wort Gottes. Als Wort ist er voll und ganz und nur gesprochen. Er ist überhaupt nur ein Gesprochener, also nur vom Vater her, dessen Wort er ist. Sein ganzes Wesen ist etwas, das er empfangen hat und ständig empfängt als das Ikon, das Bild des Vaters. Er ist wesentlich Abglanz und Widerschein. Aber gerade weil er Widerschein ist, muss er dem Vater gleich sein, sonst würde dem Bild etwas fehlen. Sein eigentlicher Ursprung ist der Vater und so knüpft der erste Satz der Apokalypse an den ersten Satz des Johannesevangeliums an. In beiden wird Gott als der letzte eigentliche Ursprung aufgezeigt, als jener Anfang, der kein Anfang ist, sondern ein ewiges Sein. Jener Ursprung, hinter den es kein Zurück mehr gibt. Das Große ist nun aber, dass das, was der Logos empfangen hat, durch den Menschen Jesus an uns weitergegeben wird. So ist Jesus die eigentliche Gabe des Vaters an uns. Und damit bekommt auch das Wort »Apokalypse« wieder eine neue und tiefere Bedeutung. Es besagt nicht bloß Offenbarung von etwas, sondern Offenbarung, deren Inhalt Jesus Christus und damit Gott selbst ist. Gott tut sich selbst in Jesus, dem Christus, den Menschen kund. Das ist der tiefste Sinn. In Jesus, dem Christus, wird der verborgene Gott kundgetan. Das Geben, von dem die Überschrift der Apokalypse spricht, ist also ein Geben, dessen Subjekt und Objekt Jesus Christus ist. Er ist der Gebende und zugleich der vom Vater uns Gegebene. Sein Wesen ist Hingabe.

Dieser Inhalt wird nun noch von einer anderen Seite her beleuchtet. Denn die Offenbarung, um die es hier geht, soll »seinen Knechten zeigen, was bald geschehen muss«.

Um ein *Geschehen* handelt es sich. Christentum ist nicht etwas Statisches, sachliche Mitteilung in sich ruhender Wahrheiten, sondern etwas Dynamisches, ein ständiges Geschehen, ja das Geschehen schlechthin. Jenes Geschehen, ohne das Geschichte im Letzten sinnlos wäre. Das Geschehen, das aller

Geschichte den eigentlichen Inhalt und die Richtung gibt. Es ist das Geschehen von Gott her und zu Gott hin. Es ist das Kommen Gottes zur Menschheit und dadurch das Aufgenommenwerden der Menschheit in Gott hinein. Jenes Geschehen, das in Christus geschehen ist, geschieht und geschehen wird. In der Apokalypse geht es um alle drei Stadien dieses Geschehens: die Vergangenheit, Gegenwart und Zukunft. Aber besonders um die Zukunft. Die Vergangenheit wird vorausgesetzt, die Gegenwart nur kurz belichtet, die Zukunft ausführlich gezeichnet. Es geht aber um eine Zukunft, die nicht in weiter Ferne liegt, sondern die sich *bald* vollzieht. Dieses »Bald« umfasst die unmittelbar nächste, aber auch die ferne und fernste Zukunft. Die unmittelbare Zukunft ist vom Menschen her ein »Bald«, die ferne und fernste Zukunft ist von Gott her ein »Bald«, denn für ihn sind tausend Jahre wie ein Tag. Dieses Geschehen ist das Kommen und Wirken Jesu Christi in seiner Kirche, das sich ständig und immer wieder vollzieht, und das Kommen und Wirken Jesu Christi bei der Wiederkunft zur Vollendung der Kirche. Wenn das »Bald« besonders betont wird, so geschieht das zum Trost der bedrängten und verfolgten Christen.

Von diesem Geschehen heißt es, dass es geschehen *müsse*. Denn alles ist nur Ausführung eines unabänderlichen, allen menschlichen und über- und untermenschlichen Widerständen zum Trotz sich vollziehenden Heilsplanes Gottes. Es ist ein Müssen, weil das Wollen Gottes dahintersteht.

All das ist den Menschen verschlossen und unbekannt, aber den *Knechten Gottes* wird es gezeigt, das heißt all jenen, die den Herrn als Herrn anerkennen. Erkenntnis der eigenen Geschöpflichkeit, Wissen um das Einbezogen- und Eingespanntsein in die Ausführung eines Gottesplanes bedeutet die Anerkennung, dass er der Herr ist, und ist damit Vorbedingung, Aufnahmefähigkeit für die Mitteilung, für das »Aufzeigen« der Offenbarung, der Apokalypse.

Dieses *Zeigen* wird nun vertieft. Es wird der Weg der Offenbarung, die Art der Mitteilung oder der Vermittlung aufgezeigt. Die Linie lautet: Gott – Jesus Christus – der Engel – Johannes – die übrigen Menschen. Von Gott und Jesus Christus hat die Apokalypse bereits gesprochen. Dieser Christus gibt sein Wort weiter durch Sendung. Das Weitergeben ist wesentlich. Der Mystik entspricht eine Sendung, dem Empfangen das Weitergeben. Es ist wesentlich Funktion. Und das Ziel ist der Aufbau des Reiches Gottes zur Verherrlichung des Vaters. Alles Sichabschließen, alles Für-sich-selbst-Haben liegt der Mystik der Apokalypse fern und widerspricht ihrem Wesen. Darum ist diese Linie mit allen Bindegliedern aufgezeigt. Es ist ein ständiges Weitergeben und auch in diesem Sinn ein Traditionsprinzip. Jesus gibt es weiter an den *Engel.* Dessen Name besagt schon, dass er wesentlich Übermittler einer Botschaft ist. Die Engel spielen in der Apokalypse eine große Rolle. So wie es Mächte des Abgrundes gibt, die den Worten Gottes zuwiderhandeln, so gibt es Geistesmächte in der Höhe, die im Dienst des Wortes Gottes stehen. Der Mensch ist hineingestellt zwischen diese Geistesmächte oben und unten, die Geister des Guten und die Geister des Bösen. Das Weitergeben durch Jesus an den Engel wird hier *Sendung* genannt. Es ist ein Apostolat. So wie Christus Menschen seine Sendung übertragen und sie Apostel genannt hat, Menschen, die den Auftrag haben, sein Wort weiterzutragen, so macht er auch Engel zu seinen Aposteln mit einer Sendung und einem Auftrag. Durch den Engel geht die Sendung an den *Knecht Johannes.* Unter den Knechten Gottes ist nun wieder einer, der herausgerufen ist, also ein Berufener, aber nicht für sich, sondern berufen zu einer Sendung an die anderen. Das Wesen des Apostolats ist Sendung aufgrund einer Berufung und Berufung zum Zweck einer Sendung, das Herausgerufensein nicht zu personaler Würde, sondern zu einem Amt im Dienst der Gemeinschaft.

Noch ein letztes Element, das von Jesus herkommt, wird hier hervorgehoben, das Element des Zeichens. Jesus hat zur Bekräftigung der göttlichen Herkunft seiner Worte immer wieder Zeichen gewirkt, um den Ursprung seiner Worte zu zeigen. Er hat sich nicht *unbezeugt* gelassen (Apg 14,17). Und so kann die Apokalypse auch hier betonen, dass die Offenbarung, die von Jesus durch den Engel an Johannes gegeben wurde, durch Zeichen ihre göttliche Herkunft ausweist.

Und jetzt erst, nachdem die Funktion Jesu und des Engels gezeigt ist, wird das Tun des Johannes deutlich. Es wird in das eine Wort gefasst: *Zeugnisgeben.* Der Zeuge ist ein bestimmter, konkreter Mann mit Namen Johannes. Ein Mensch aus Fleisch und Blut, der an einem bestimmten Ort und zu einer bestimmten Zeit dieses Zeugnis abgelegt hat. Zeugnisgeben ist der Sinn seines Redens und Schreibens. Es ist Zeugnis des Wortes, aber auch Zeugnis des Lebens und selbst Zeugnis des Blutes, *martýrion,* im vollsten Sinne des Wortes. Denn er schreibt als ein um des Wortes willen Leidender, Verbannter, Todgeweihter. Weil aber der Inhalt seiner Worte die Offenbarung Gottes ist, ist das Einzige, was er zu leisten hat, die Bezeugung. Vor dem Gericht zwischen Gott und der Menschheit tritt er als Zeuge auf. Und das, was er bezeugt, ist »das Wort Gottes« wieder in diesem eigenartigen, doppelten Sinn, nämlich des persönlichen Wortes Gottes, des Logos, und des sachlichen Wortes Gottes, der Offenbarung. Wenn aber Johannes Zeuge ist, dann ist er es nur aufgrund des ganz anderen, unwiderleglichen Zeugnisses, das Jesus Christus selbst abgelegt hat. *Er hat das Wort Gottes und das Zeugnis Jesu Christi bezeugt.* Denn das Zeugnis Jesu ist durch den Kreuzestod das eigentliche und vollgültige Blutzeugnis, das Martyrium, durch das allein alle Martyrien Sinn und Kraft haben.

Ein Letztes fügt Johannes bei. Er will das berichten, *was er geschaut hat.* Auch hier schillern, echt johanneisch, zwei Dinge durcheinander. Das, was er berichtet, ist Jesus Christus, also derjenige, den Johannes mit eigenen Augen geschaut hat. Im ersten Johannesbrief schreibt Johannes: »Was von Anfang an war, was wir gehört, was wir mit unseren Augen gesehen, was wir geschaut und was unsere Hände angefasst haben vom Wort des Lebens [...] das verkünden wir [...] euch« (1,1). Hier in der Apokalypse ist es aber noch eine Schau in einem anderen Sinne. Denn Johannes, der das erste Kommen Jesu im Fleisch mit eigenen Augen geschaut hatte, schaut hier das geheimnisvolle ständige Kommen und die dereinstige Wiederkunft Jesu wieder mit eigenen Augen. Es ist ein wirkliches Schauen, sodass der Inhalt dieser Schrift nicht Gelesenes oder Gedachtes oder nur Gehörtes ist, sondern vor allem Geschautes. Es sind Visionen im eigentlichen Sinne des Wortes.

So sind in dieser Überschrift Ursprung, Inhalt, Vermittlung, Empfänger und Art der Offenbarung kurz, aber tiefsinnig angegeben.

Der Überschrift wird ein Satz beigefügt, der den Ernst des zu Sagenden, das Gewicht der ganzen Schrift hervorheben soll. Er ist gewissermaßen ein Ausrufezeichen hinter der Überschrift. Das Ganze wird dadurch mit einer besonderen Feierlichkeit umkleidet und mit besonderem Ernst eingeführt:

Selig, wer die Worte der Prophetie vorliest. Das Gesetz des Alten Bundes wurde durch Androhung des Fluches Gottes in seinem Ernst unterstrichen, das neue Gesetz durch Seligpreisung dessen, der es aufnimmt. Die Seligpreisung wird hier in doppeltem Sinne ausgesprochen. Zuerst für denjenigen, der die Schrift vorliest. Sie ist also nicht für den Einzelnen bestimmt, sondern für die Gemeinde, für die Kirche. Die Linie des Vermittelns wird hier weitergeführt, denn sie geht von Johannes über auf diejenigen, die seine Schrift aufnehmen, um sie dann anderen vorzulesen und zu erklären. An zweiter Stelle gilt die Seligpreisung denjenigen, die die Worte *hören* und das Geschriebene *bewahren.*

Beides ist wichtig. Das Hören zuerst. Es ist damit die innere Wachheit des Geistes und Bereitschaft des Herzens gemeint, ohne welche die Worte nur äußerlich vernommen, aber nicht innerlich gehört werden. Weil es Worte sind, also Gesprochenes, sollen sie von Hörenden aufgenommen werden. Und weil die Worte niedergeschrieben sind in einer Schrift, soll das, was geschrieben ist, festgehalten werden. Die Saat der Worte darf nicht auf steinigen Boden fallen und nur an der Oberfläche bleiben. Sie muss im Herzen bewahrt werden, muss Wurzel fassen, wachsen und Früchte tragen. Die Schrift wird von Johannes selbst eine Weissagung genannt. Und zwar Prophetie sowohl im Sinne eines Sprechens im Namen und Auftrag Gottes als auch Prophetie im Sinne eines Schauens in die Zukunft. Um dieser Seligpreisung einen geradezu drängenden Ernst zu geben, schließt die Überschrift mit dem Satz: *Denn die Zeit ist nahe*. Das Kommen Gottes in Jesus Christus hat der Zeit den eigentlichen Sinn gegeben. Er hat die Fülle der Zeit gebracht. Und er ist die Mitte der Zeiten. Denn alles, was vor ihm war, ist hingeordnet auf den Zeitpunkt seines Kommens. Alles, was nach ihm ist, ist Ausstrahlen jenes Zeitpunkts und zugleich Hinleitung zum zweiten entscheidenden Zeitpunkt seines Wiederkommens. Der ganze jetzige Zeitablauf ist eine Zwischenzeit, die zwischen das Damals und das Dereinst, zwischen das erste und zweite Kommen Jesu hineingestellt und hineingespannt ist.[10] Christentum ist einerseits getragen von der Vergangenheit, nämlich vom ersten Kommen Jesu, andererseits aber und vor allem ein Ausschauen nach der Zukunft, ein Warten auf das zweite Kommen Jesu. Diese Wiederkunft Jesu, die der irdischen Zeit ein Ende setzt, ist aber in Wirklichkeit nicht das Ende, sondern der Anfang der eigentlichen Zeit und darum die Zeit schlechthin, der *kairós*. Denn diese Wiederkunft Jesu ist das Anbrechen des eigentlichen

---

[10] Vgl. O. Cullman, *Christus und die Zei*, Zollikon-Zürich, besonders S. 107ff.

Tages, der Anfang des eigentlichen Lebens, weil dann die Zeit einsetzt, die kein Ende mehr findet. Und von diesem entscheidenden Zeitpunkt sagt die Apokalypse, dass er nahe sei. Dieses »Nahe« entspricht dem »Bald« des ersten Verses. Die Zeit ist für den Einzelmenschen nahe, weil sein Leben kurz ist. Sie ist für die Menschheit nahe, einerseits durch die völlige Ungewissheit des »Wann«, andererseits durch die Kürze des Gesamtablaufs der Menschheitsgeschichte. Erst recht nahe ist dieser Zeitpunkt von Gott her, für den es überhaupt kein Fern und kein Nahe gibt.

Es liegt etwas Drängendes in diesem Satz. Die Offenbarung der Geheimnisse in der Apokalypse ist nicht ein unverbindliches Zur-Diskussion-Stellen, sondern die Apokalypse ist, wie jede Offenbarung Gottes, ein Anruf und ein Aufruf. Die Aufnahme muss eine entschiedene, nicht hinausgezögerte, sondern hier und jetzt vollzogene Antwort des Glaubens sein.

Zweimal steht in dieser kurzen Überschrift der Name »Jesus Christus«. Die Apokalypse wird als sein Werk bezeichnet. Sie ist seinem Knecht gegeben durch seinen Engel, der von ihm gesandt ist, und durch seinen Knecht Johannes, dem alles durch Jesus gezeigt ist. Es ist das Zeugnis Jesu, des Logos Gottes, um das es hier geht. Und alles ist darum ernst und drängend, weil diese Apokalypse von der Wiederkunft Jesu jetzt und am Ende der Zeiten handelt. So bildet Jesus den tragenden Grund, die eigentliche Mitte und das Ziel und Ende dieser eigenartigen, tiefsinnigen und geheimnisvollen Überschrift der Geheimen Offenbarung.

EINFÜHRUNGSWORTE

1,4–8

Johannes an die sieben Gemeinden in der Provinz Asien: Gnade sei mit euch und Friede von Ihm, der ist und der war und der kommt, und von den sieben Geistern vor seinem Thron und von Jesus Christus; er ist der treue Zeuge, der Erstgeborene der Toten, der Herrscher über die Könige der Erde. Ihm, der uns liebt und uns von unseren Sünden erlöst hat durch sein Blut, der uns zu einem Königreich gemacht hat und zu Priestern vor Gott, seinem Vater: Ihm sei die Herrlichkeit und die Macht in alle Ewigkeit. Amen. Siehe, er kommt mit den Wolken und jedes Auge wird ihn sehen, auch alle, die ihn durchbohrt haben; und alle Völker der Erde werden seinetwegen jammern und klagen. Ja, Amen.

Ich bin das Alpha und das Omega, spricht Gott, der Herr, der ist und der war und der kommt, der Herrscher über die ganze Schöpfung.

Der erste Teil der Apokalypse besteht aus sieben Briefen an sieben Gemeinden. Aber hinter diesen sieben konkreten Gemeinden Kleinasiens stehen alle Christengemeinden der Zukunft und so sind diese Schreiben an die Kirche aller Zeiten und aller Orte gerichtet. Die Briefe bilden sowohl inhaltlich wie formal eine Einheit. Dementsprechend ist auch die Einleitung, die Johannes vorausschickt, so gestaltet, dass sie für alle sieben Briefe gilt. Und zwar zerfällt sie in einführende Worte und eine einführende Vision.

Jeder Brief der Antike wird durch die Angabe des Absenders, des Empfängers und eine Grußformel eingeleitet, der dann meistens eine *captatio benevolentiae* folgt. Auch Johannes hält sich an dieses Schema, gestaltet es aber um.

Als *Absender* wird Johannes genannt. Das Wesentliche über ihn ist in den vorausgehenden Versen bereits gesagt. Danach ist er »Knecht Jesu«, »Zeuge des Logos«. Es ist ein Augenzeugenbericht dessen, der gesehen hat. Die menschliche Persönlichkeit, ihr Leben und ihr Schicksal treten völlig zurück hinter der Funktion, dem Dienst, den sie zu leisten hat. Und dieser Dienst ist Zeugnis.

Empfänger sind die sieben Gemeinden in Asien. Sie werden in der Einführungsvision mit Namen aufgezählt. Die Briefe gehen also nicht an Einzelpersonen. Die ganze Apokalypse hat nicht so sehr Einzelpersonen im Auge als vielmehr das Schicksal der Gemeinden und der Kirche und durch sie das Schicksal der ganzen Menschheit.

Die *Grußformel* »Gnade und Friede« ist durch die Paulusbriefe in der Christenheit bereits eingebürgert. Sie enthält das griechische *Chaîre* als Gruß, aber umgeformt in den religiösen Wert der *Charis*, der Gnade, als Gruß Gottes an den Menschen, und zwar ein Gruß, der schöpferisch ist, sodass dadurch dem Menschen ein neues Sein, eben die Gnade, geschenkt wird. Der orientalische Friedensgruß wird ebenfalls beigefügt. Gnade und Friede gehen aus von Gott, genauer vom dreifaltigen Gott. Von allen drei göttlichen Personen ist hier die Rede. Vom Vater zuerst. Er ist der, der ist und der war und der kommen wird. Der Name, den er im brennenden Dornbusch Mose kundgetan hat, lautet: »Ich bin, der ich bin« (Ex 3,14). Er ist der Seiende schlechthin. Er, der überall ist und der überall da ist. Weil er ist, war er auch immer, vor allen Anfängen, vor aller Geschichte. Und weil er ist, wird er auch in Zukunft sein. Und weil er der Seiende ist, wird sein künftiges Sein als das Kommen bezeichnet, das heißt, er wird als der Seiende sichtbar werden. Durch ihn wölbt sich der gewaltige Bogen von der Zeitlosigkeit vor allen Anfängen über alles Werden und Vergehen und alles Geschehen der

Geschichte bis in die kommende Zeit als die Zeit ohne Ende, die durch sein Kommen anbrechen wird.

Der Gruß geht aber auch aus vom *Geist* Gottes. Die Apokalypse redet hier von den sieben Geistern. Einmal weil er, was die Siebenzahl zum Ausdruck bringt, der vollkommene Geist, die Fülle des Geistes, ist. Nach der Vollendung von siebenmal sieben Tagen nach Ostern ist er im Sturmesbrausen über die Kirche gekommen. Die Siebenzahl ist aber auch im Jesaja-Text (Jes 11,2) begründet, in dem der Geist als ein siebenfacher genannt wird: »Der Geist des HERRN ruht auf ihm: der Geist der Weisheit und der Einsicht, der Geist des Rates und der Stärke, der Geist der Erkenntnis und der Furcht des HERRN.« Jeder der sieben Briefe wird mit dem Hinweis auf diesen siebenfachen Geist schließen. Dieser Geist steht »vor dem Thron Gottes«, weil er von Gott ausgeht. Wie die Sendung des Sohnes in die Welt die Verlängerung seines Hervorgehens aus dem Vater ist, so ist die Sendung des Geistes in die Welt eine Weiterführung seines Hervorgehens aus dem Vater und dem Sohn: *qui a patre filioque procedit*. Oder wie die Orientalen mit ihrem mehr organischen Denken formulieren: *qui a patre per filium procedit*.

Auch die zweite Person der Gottheit wird hier als Grüßender genannt, und zwar in ihrer menschlichen Gestalt *Jesus Christus*. Sein Leben, sein Sterben und seine Herrlichkeit werden kurz genannt. Sein Leben besteht in seinem Zeugnisgeben, und zwar ein Zeugnis, das treu ist und darum Glauben verdient. Sein Sterben reiht ihn den Toten ein. Aber er wird aus dem Schoß der Erde wiedergeboren als der erste Auferstandene. Er ist »der Erstgeborene der Toten«. Seine Herrlichkeit bewirkt, dass er »der Herrscher der Könige der Erde« ist. So leuchtet hier schon das Christusbild der Apokalypse auf: Jesus in Macht und Herrlichkeit.

Die *captatio benevolentiae* ist abgelöst und ersetzt durch die *Doxologie*. Es handelt sich nicht darum, das Wohlwollen der Leser zu gewinnen, sondern die Größe dessen zu zeichnen und das Lob dessen zu verkünden, der spricht. Seine Größe zeigt sich darin, dass er sie benutzt zum Helfen und Heilen. *Omnipotentiam tuam parcendo maxime et miserando manifestas* (Gebet der Liturgie vom zehnten Sonntag nach Pfingsten). Das Erstaunliche seiner Größe ist darum die Größe seiner Liebe. »Ihm, der uns liebt.« Diese Liebe zeigt sich in einem Doppelten: einmal in der Wegnahme der Sünden. »Er hat uns von unseren Sünden erlöst durch sein Blut.« Seine Liebe ist also Liebe bis in den Tod hinein, und zwar den blutigen Tod des Kreuzes. Und es ist Liebe zu den Sündern. Dann aber auch in einem positiven Sinn, denn »er hat uns zu einem Königreich gemacht [...] und zu Priestern vor Gott, seinem Vater«. Die Verheißung an Mose »Ihr aber sollt mir als ein Königreich von Priestern und als ein heiliges Volk gehören« (Ex 19,6) ist durch ihn verwirklicht worden. Das Reich, das er gegründet hat, ist ein *Sacrum Imperium*. Alle, die zu diesem Reich gehören, sind Priester und Könige, weil sie an seinem priesterlichen Königtum und königlichen Priestertum Anteil haben. Darum gebührt ihm »die Herrlichkeit und die Macht in alle Ewigkeit«.

Aber sein Wirken liegt nicht bloß in der Vergangenheit und seine Herrlichkeit ist nicht nur eine gegenwärtige, sondern sein Wirken wird in der Zukunft seine Vollendung finden, und seine Herrlichkeit wird in der Zukunft aufstrahlen. »Siehe, er kommt mit den Wolken und jedes Auge wird ihn sehen, auch alle, die ihn durchbohrt haben.« Auf dem Höhepunkt des Passionsberichtes im Johannesevangelium steht der Satz: »Und sie werden auf mich blicken, auf ihn, den sie durchbohrt haben.« Dort war es das Aufgreifen eines Prophetentextes der Vergangenheit (Sach 12,10). Hier in der Apokalypse wird der gleiche Satz aufgegriffen, aber diesmal nicht mit Blick in die Vergangenheit, sondern mit Blick in die Zukunft. Die tiefste Erniedrigung des Herrn war der Stoß ins Herz. Es wird zugleich sein großer Triumph sein, wenn er in der Herrlichkeit wiederkommt. Bei Sacharja heißt es, man werde ihn betrauern »wie man den einzigen Sohn betrauert, ihn beweinen, wie man den Erstgeborenen beweint, und eine große Klage wird anheben in jenen Tagen«. Wenn der Herr mit dem durchbohrten Herzen in der Herrlichkeit wiederkommt, wird auch eine Klage anheben, aber sie gilt dann nicht ihm, dem Erstgeborenen der Toten und dem Erstgeborenen Gottes, sondern sie gilt denen, die an seiner Durchbohrung schuld sind. Denn er kommt zum Gericht. So wölbt sich hier die Brücke vom Ufer der Vergangenheit des prophetischen Wortes bis zum Ufer der Zukunft in der Wiederkunft des Herrn. Und der tragende Brückenpfeiler, welcher Vergangenheit und Zukunft verbindet, ist der Gekreuzigte mit dem durchbohrten Herzen.

Das Ganze wird feierlich bekräftigt und hervorgehoben durch ein »Ja und Amen«.

Diese Einführungsworte in die kommenden Briefe sind Worte des Johannes. Da es aber Gott ist, der durch Johannes zu den Gemeinden spricht, ergreift Gott selbst in der Einführung noch das Wort: »Ich bin das Alpha und das Omega.« Also Anfang und Ende. Und zwar Anfang und Ende der Buchstaben, also A und Z. Es liegt in den Buchstaben eine geheimnisvolle Magie. Denn wer den Namen einer Sache kennt, kennt damit das Wesen der Sache und hat durch die Kenntnis gewissermaßen den Schlüssel zur Sache in der Hand. Er hat Macht über das, was er kennt. Darum ist der Name Gottes unaussprechlich, denn der Mensch kann das Wesen Gottes nicht völlig kennen und darum über Gott keine Macht haben. Gott wiederholt hier mit eigenen Worten: »Ich bin der ist und der war und der kommt.« Noch einmal werden hier Gegenwart, Vergangenheit und Zukunft als in dem allein und schlechthin seienden Gott ruhend aufgezeigt. Und daraus ergibt sich, dass Gott und nur Gott der ist, der Macht hat über alles, der Allmächtige, der Pantokrator.

So ist diese Einleitung reich an gedanklichem Inhalt und zugleich geheimnisvoll in der Formulierung.

ERSTER HAUPTTEIL

DIE GEGENWART

SIEBEN SENDSCHREIBEN

SIEBEN SENDSCHREIBEN

EINFÜHRUNGSVISION

DIE DREI ERSTEN SENDSCHREIBEN

DIE VIER ANDEREN SENDSCHREIBEN

CHRISTUS IM ABSCHNITT DER SIEBEN SENDSCHREIBEN

EINFÜHRUNGSVISION

1,9–20

Ich, Johannes, euer Bruder und Gefährte in der Bedrängnis, in der Königsherrschaft und im standhaften Ausharren in Jesus, war auf der Insel, die Patmos heißt, um des Wortes Gottes willen und des Zeugnisses für Jesus. Am Tag des Herrn wurde ich vom Geist ergriffen und hörte hinter mir eine Stimme, laut wie eine Posaune. Sie sprach: Schreib das, was du siehst, in ein Buch und schick es an die sieben Gemeinden: nach Ephesus, nach Smyrna, nach Pergamon, nach Thyatira, nach Sardes, nach Philadelphia und nach Laodizea! Da wandte ich mich um, weil ich die Stimme erblicken wollte, die zu mir sprach. Als ich mich umwandte, sah ich sieben goldene Leuchter und mitten unter den Leuchtern einen gleich einem Menschensohn; er war bekleidet mit einem Gewand bis auf die Füße und um die Brust trug er einen Gürtel aus Gold. Sein Haupt und seine Haare waren weiß wie weiße Wolle, wie Schnee, und seine Augen wie Feuerflammen; seine Beine glänzten wie Golderz, das im Schmelzofen glüht, und seine Stimme war wie das Rauschen von Wassermassen. In seiner Rechten hielt er sieben Sterne und aus seinem Mund kam ein scharfes, zweischneidiges Schwert und sein Gesicht leuchtete wie die machtvoll strahlende Sonne. Als ich ihn sah, fiel ich wie tot vor seinen Füßen nieder. Er aber legte seine rechte Hand auf mich und sagte: Fürchte dich nicht! Ich bin der Erste und der Letzte und der Lebendige. Ich war tot, doch siehe, ich lebe in alle Ewigkeit und ich habe die Schlüssel zum Tod und zur Unterwelt. Schreib auf, was du gesehen hast: was ist und was danach geschehen wird. Das Geheimnis der sieben Sterne, die du auf meiner rechten Hand gesehen hast, und der sieben goldenen Leuchter ist: Die sieben Sterne sind die Engel der sieben Gemeinden und die sieben Leuchter sind die sieben Gemeinden.

Jeder Prophet spricht aufgrund einer Sendung und Weihe. Darum spricht er nicht aus Eigenem, sondern als Beauftragter. Das gilt auch für Johannes. Seine ganze Schrift wird in feierlicher Form als Auftrag Gottes und damit als Offenbarung hingestellt. Diese Prophetenweihe erfolgt durch einen Anruf Christi.

Zuerst wird die *Situation* gezeichnet. Johannes, der den Auftrag Gottes erhält, nennt sich selbst Bruder der anderen, Schicksalsgenosse in der Trübsal, aber auch in der königlichen Herrschaft Gottes, im Warten auf das Kommen Jesu. Alle drei Elemente sind bedeutsam. Er ist ein Bruder der anderen, weil alle in brüderlicher Gemeinschaft mit Christus leben und durch ihn, den Sohn, Söhne Gottes des gemeinsamen Vaters sind. Ein Ruf an ihn ist darum auch ein Ruf an seine Brüder. Die Gemeinschaft ist aber auch eine Schicksalsgemeinschaft. Und weil die Bruderschaft in Christus begründet ist, ist ihr Schicksal auch das Schicksal Christi, das heißt Verfolgung, Drangsal bis ins Sterben hinein. Darum wird der Ruf Christi etwas Tröstliches, Aufmunterndes, Stärkendes haben. Dazu kommt aber als ebenso wichtig ein anderes Element. Die Gemeinschaft hat Anteil an der Königsherrschaft Gottes. Christus ist gekommen, das Reich Gottes aufzurichten. Wer zu ihm gehört, gehört somit zur Königsherrschaft Gottes und hat geradezu an ihr Anteil, denn weil Christus König ist, hat jeder Christ etwas Königliches. Noch ist aber das Reich nicht vollendet. Es ist grundgelegt. Es ist schon da. Aber seine Größe und der Glanz seiner Herrlichkeit werden erst sichtbar, wenn Christus wiederkommt. In der Zwischenzeit ist das Leben der Christengemeinschaft ein Warten auf diese Wiederkunft. Und zwar ein duldendes und darum geduldiges Ausschauhalten nach dem Herrn.

Die Trübsal des Johannes hat aber eine besondere und konkrete Form. Er lebt als Strafverbannter auf der kleinen Felseninsel Patmos, ist also äußerlich getrennt von der Gemeinschaft, der er im Innersten angehört, ist ein Verfolgter und damit ein Opfer seines Zeugnisgebens, ein Märtyrer »um des Wortes willen«, denn für den Logos hat er Zeugnis gegeben. Dem Logos gilt sein Verbannungsmartyrium. Domitian hat die Verfolgung im ganzen Reich angeordnet und will sie systematisch mit allen dem Imperium zur Verfügung stehenden Mitteln der Gewalt durchführen. Die Christen weigern sich, dem Genius Roms göttliche Ehren zu erweisen und ihm in der Form eines religiösen Kultus zu huldigen. Sie sind bereit, als gute Bürger dem Cäsar zu geben, was des Cäsars ist. Da sie aber Gott geben wollen, was Gottes ist, weigern sie sich, dem Cäsar zu geben, was Gottes ist. Neben der kaiserlichen Herrschaft des römischen Imperators gibt es die königliche Herrschaft Christi und diese steht höher. Der Kaiser soll Diener Gottes sein. Nicht Gott soll im Dienste des Kaisers stehen. Der Machtkampf muss ausgetragen werden zwischen der äußeren, militärischen und politischen Macht des souveränen Staates und der inneren geistigen Macht des Gewissens, die Gott allein als absoluten Souverän gelten lässt. Das ist der Hintergrund der Drangsal, von der hier die Rede ist. Der Anruf Gottes in diese Situation hinein ist darum von höchster Bedeutung und wird in allen Kirchenverfolgungen und für jedes christliche Gewissen, das mit der staatlichen Autorität in Konflikt gerät, den Ausschlag geben.

Die Situation hat aber noch ein besonderes Gewicht, weil geschichtlich gesehen die Christen nicht nur dem Staat, sondern auch der religiösen Macht des *Judentums* und *Heidentums* gegenüberstanden.[11] In diesem Kampf gegen das römische Imperium, gegen das erbitterte Judentum und das aufgebrachte

[11] Vgl. S. 11–13.

Heidentum stand die junge Kirche allein. Sie war nicht nur zahlenmäßig noch schwach, sondern ihrer besten Führung beraubt. Der letzte noch überlebende Apostel war von der Gemeinschaft der Seinen abgeschnitten und verbrachte seine einsamen Tage auf dem öden Felsenriff Patmos.

Da geschah das Große. Es erging das Wort des Herrn an ihn.

Zwei Elemente werden noch beigefügt. Einmal, dass dieses Wort am Tag des Herrn erging. Der jüdische Sabbat ist hier bereits durch den christlichen Sonntag abgelöst. An einem solchen Sonntag spricht der Herr. Es ist der Tag, an dem die Erinnerung an seine Auferstehung lebendig gehalten wird und damit an seinen Sieg über Drangsal und Verfolgung. Und es ist der Tag, an dem des ersten Schöpfungsmorgens gedacht wird und an dem darum auch das Wort von der Schöpfung des neuen Himmels und der neuen Erde ergehen soll. Das zweite von Johannes betonte Element ist das Erfülltsein vom Geiste Gottes. Christus hat den Seinen den Geist der Wahrheit als Tröster verheißen. Es ist sein Geist. Darum sind die Worte der Wahrheit und des Trostes, die er hier spricht, seine Worte, die nur von denen verstanden werden, die von seinem Geist erfüllt sind.

Der Anruf Gottes ist höchst eigenartig. Das Erste ist nicht eine Vision, nicht ein Schauen, sondern ein Hören. Das, was Johannes schauen wird, steht nur im Dienst des Wortes, der Botschaft, die er vernimmt und die er weiterzugeben hat. Der Anruf ist Auftrag. Prophetenweihe ist immer eine Sendung. Alles Visionäre in der Kirche steht im Dienste eines Auftrages an die Kirche.

Johannes hört hinter sich eine Stimme. Ausdrücklich betont er, dass die Stimme hinter ihm hörbar war, also weder über ihm noch vor ihm noch in ihm. Er muss sich umdrehen, um den zu sehen, den er hört. Der Auftrag ist somit nicht etwas psychologisch Vorbereitetes. Er muss geradezu eine Wendung vollziehen, eine Umkehr. Er lief, ohne es zu wissen, eigentlich von Gott weg und wird jetzt völlig unvorbereitet und unerwartet angerufen. Es gibt keine seelische Disposition zum Propheten. In souveräner Freiheit wählt Gott sein Werkzeug und die Stunde und die Art, wie er es in Dienst nimmt. Die Stimme erklingt für Johannes wie der mächtige Schall einer Tuba. Also wie ein militärisches Signal, ein Zeichen zum Kampf, oder wie die Tuba eines Herolds, der das Kommen des Königs kundgibt. Gottes Wort ist machtvoll, ist kämpferisch, ist fordernder Anruf. Dann erst wird die Stimme deutlich. Sie ist Auftrag. »Schreib das, was du siehst, in ein Buch und schick es an die sieben Gemeinden.« Johannes wird somit Dinge zu sehen bekommen, die er bisher nicht gesehen hat. Aber dieses Sehen ist nicht für ihn bestimmt, sondern er soll es aufschreiben für andere. Das Buch der Apokalypse ist Heilige Schrift, denn das Geschriebene ist Wort des Heiligen Gottes. Und die Vision, das Geschaute dieses eigenartigen Buches ist etwas, das Gott zu schauen gibt. Die Bildersprache dieses Bilderbuches ist nur eine andere Art des Ausdrucks göttlichen Wortes. Es ist *verbum visibile*, sichtbar gewordenes Wort, schaubares Hören des sprechenden Gottes. Und eine Sendung liegt im Auftrag Gottes. Johannes darf das Buch nicht für sich behalten, sondern er muss es den anderen senden. Die Apokalypse ist ein Sendschreiben des Herrn. Hier ergeht zum ersten Mal an einen Apostel und somit an einen Vertreter des Kollegiums, das bisher nur den Auftrag hatte zu lehren, auch der Auftrag zu schreiben und das Geschriebene zu senden. Die Sendung enthält somit die Wortverkündigung und die Schrift, Verkündigung durch Wort und Schrift.

An die sieben Gemeinden soll das Buch verschickt werden. Sie werden einzeln mit Namen aufgezählt. Die Reihenfolge hält sich an die antike Poststraße Kleinasiens, wenn man von Patmos her das Festland betritt. Johannes sieht gewissermaßen den Boten seine Sendschreiben von Gemeinde zu Gemeinde tragen. Die sieben Sendschreiben bilden eine Einheit. Diese ist schon äußerlich deutlich erkennbar, denn sie sind alle nach dem gleichen Schema gebaut. Sie beginnen alle mit einer Berufung auf Christus, und zwar wird dabei immer ein Zug aus der vorhergehenden Vision hervorgehoben, sodass alle mit dieser einen Gestalt verbunden sind. Dann folgt eine Beurteilung der Gemeinde und den Schluss bildet eine Siegesverheißung, denn in der Kampfsituation ist der Ausblick auf den Endsieg von besonderer Wichtigkeit. Christus erscheint jeweils als der Sieger. Wer mit ihm kämpft, hat an seinem Sieg Anteil. Als Urheber des Versprechens wird in allen Briefen der Geist Gottes genannt. Im Anschluss an die sieben Geister vor dem Throne Gottes wird dieser Geist siebenmal zitiert. Und in allen sieben Briefen findet sich am Schluss die gleiche Formel: »Wer Ohren hat, der höre.« Es sind die Worte, die Christus selbst bei seiner Verkündigung gebraucht hat (Mt 11,15; Lk 8,8). Hinter dieser literarischen Einheit der sieben Briefe steht auch die inhaltliche Einheit, nämlich die tröstliche Lehre, dass Christus unsichtbar inmitten seiner Gemeinden steht, ihr Tun sieht und beurteilt, beim Kampf hilft und dem Sieger den Lohn verheißt.

Es sind sieben historische Gemeinden, aber hinter ihnen stehen alle Gemeinden der Zukunft, denn in allen lebt unsichtbar Christus. Alle haben für ihn und mit ihm den Kampf zu bestehen und alle sind berufen, an seinem Endsieg teilzunehmen.

Auf den Anruf folgt die *Vision.* Denn jetzt wendet sich Johannes um, um zu sehen, woher die Stimme kommt. Was er sieht, ist sehr erstaunlich. Inmitten von sieben goldenen Leuchtern sieht er die Gestalt des Menschensohnes. Im Heiligtum in Jerusalem stand der siebenarmige goldene Leuchter und im Vorhof des Tempels flammten am Abend des Laubhüttenfestes die Feuer in den nächtlichen Himmel. Vor dem Bild des römischen Kaisers brannten goldene Lampen.[12] Christus selbst hat den Seinen

[12] Vgl. Erik Peterson, »Christus als Imperator«, in: *Catholica*, 5. Jahrg., 2. Heft.

gesagt: »Ihr seid das Licht der Welt« (Mt 5,14). So werden hier aus jüdischem und heidnischem Kult christliche Symbole verwendet. Wie der Einzelne durch Christus, das Licht der Welt, ein Licht ist, so sind auch die christlichen Gemeinden Leuchter Gottes aus dem edelsten Metall, weil durch Christus selbst geformt. Die sieben Leuchter sind somit nichts anderes als die sieben Gemeinden, an welche Johannes schreibt. Und in deren Mitte steht unsichtbar, aber jetzt für Johannes sichtbar geworden er, der bei Daniel 7,13 als Menschensohn vorausgesagt ist, der Messias Jesus Christus. Er hat selbst diesen Namen »Menschensohn« aufgegriffen und auf sich angewandt. Aber die Gestalt, die Johannes sieht, ist nicht die eines gewöhnlichen Menschen. Er sieht den Menschensohn im wallenden Gewand der Priester und der Könige. Christus ist Priester der Welt, der König aller Könige, mehr als der Hohepriester in Jerusalem und der Cäsar in Rom. Wenn Haupt und Haare weiß sind wie Wolle und wie Schnee, liegt darin das helle Licht der Verklärung und zugleich das Ehrfurchtgebietende. Das Bild ist im Anschluss an die Daniel-Vision gezeichnet. Die Augen, die wie Feuerflammen glühen, wollen das Durchdringende der Allwissenheit zeigen, das Unausweichliche dessen, der Herz und Nieren durchforscht und kommen wird, die Gemeinden und die Menschen zu richten. Die Füße wie glänzendes Golderz, das im Schmelzofen glüht, zeigen die unüberwindliche Standfestigkeit des allmächtigen Christus im Gegensatz zu jenem anderen Bild mit den tönernen Füßen, das Daniel geschaut hat. Die Stimme, die tönt wie das Rauschen von Wassermassen, deren donnernde Brandung Johannes an den Gestaden von Patmos täglich sieht und in stillen Nächten hört, besagt die Majestät und unwiderstehliche Kraft der Christus-Worte. Wenn der Herr in seiner Rechten sieben Sterne hält, von denen nachher gesagt wird, dass sie die Gemeinden seien, so ist damit ausgedrückt, dass der Herr die Gemeinden hält und dass sie durch seine Hand geschützt und gesichert sind. Sie bilden den Reichsapfel des göttlichen Königs. Das Wort seines Mundes ist wie ein zweischneidiges, scharfes Schwert. Es ist das Richtschwert, das durchdringend schneidet und scheidet. Jenes Schwert, von dem der Hebräerbrief sagt: »Denn lebendig ist das Wort Gottes, wirksam und schärfer als jedes zweischneidige Schwert; es dringt durch bis zur Scheidung von Seele und Geist, von Gelenken und Mark; es richtet über die Regungen und Gedanken des Herzens« (4,12). Abschließend sagt Johannes, dass das Angesicht des Menschensohnes leuchtete wie die Sonne in ihrer vollen Kraft. So hat Johannes auf Tabor das Antlitz des Herrn gesehen. Gott wohnt in unzugänglichem Licht, darum ist das Antlitz des verklärten Christus so strahlend, dass man nicht hineinschauen kann, ohne geblendet zu werden. Wenn der römische Kaiser *Sol Imperii* genannt wurde, so ist Christus die Sonne des Reiches Gottes, vor deren Leuchten alle irdische Majestät verblasst.

Johannes fällt dem Herrn wie tot zu Füßen. Mose hat bei der Gottes-Vision im brennenden Dornbusch sein Antlitz verhüllt. Der Mensch kann vor Gott nicht bestehen. Aber nun ergreift Christus zum zweiten Mal von Johannes Besitz. Das erste Mal war es bei der Berufung während des irdischen Lebens. Und nun ist diese Prophetenweihe die zweite Berufung, diesmal durch den verklärten Christus. Wenn Gott die Hand auf einen Menschen legt, ist dieser als sein Eigentum in Dienst genommen. Die Worte des Herrn bedeuten einerseits Begründung und Rechtfertigung seiner Vollmacht zu senden, andererseits aber und vor allem vermitteln sie dem Gesandten das sichere Bewusstsein der Sieghaftigkeit. Sie nehmen ihm alle Furcht und alles Zaudern und lassen ihn in einer fast hoffnungslosen Lage die Worte der Hoffnung verkünden und das große Buch des Trostes schreiben. Christus sagt von sich: »Ich bin der Erste und der Letzte.« Die ganze Weltgeschichte und somit auch der kurze Abschnitt der augenblicklichen Verfolgung ist von ihm umklammert. Er steht vor allem Geschehen und in ihm mündet alles Geschehen. Er ist der Lebendige, der tot war, aber nun in alle Ewigkeit lebt. Wer bei ihm steht, braucht somit den Tod nicht zu fürchten, denn der Herr hat auch den Tod in seinen Händen. Oder wie er es selbst ausdrückt: »Ich habe die Schlüssel zum Tod und zur Unterwelt«, Christus hat also die Macht über den Tod und sein dunkles Reich in Händen. Neben dem hellen Licht der Sonne seines Antlitzes steht hier die gähnende Finsternis des Todes und des Abgrundes. Zum ersten Mal steht hier die Zweiergruppe Thanatos und Hades. Es sind die zwei Unzertrennlichen, denen man in der Apokalypse immer wieder begegnet, bis sie in den Pfuhl der Vernichtung geworfen werden. Die Botschaft des Lebendigen ist darum für die Todgeweihten der Verfolgung eine Lebensbotschaft mit der Verheißung des ewigen Lebens.

Und nun wird der *Auftrag*, den die geheimnisvolle Stimme am Anfang erteilt hat, wieder aufgegriffen und verdeutlicht: »Schreib auf, was du gesehen hast: was ist und was danach geschehen wird.« Damit sind die beiden Hauptabschnitte der ganzen Schrift gegeben, nämlich das was jetzt, das heißt in der damaligen Gegenwart geschieht, und das, was nach jener Gegenwart geschehen wird, also Darstellung des damaligen und des künftigen Geschehens. Das künftige umfasst den Ablauf der Heilsgeschichte von damals bis zum Ende. Nun wird noch einmal genauer gesagt, an wen der Auftrag geht, denn der Herr nennt die sieben Sterne »die Engel der sieben Gemeinden«, das heißt die Boten Gottes, die gesandt sind, die Gemeinden zu leiten. Denn die Gesandten sind Boten. Ihre Sendung ist Botendienst, ihre Verkündigung ist Botschaft. Die Sendung lautete: »Darum geht und macht alle Völker zu meinen Jüngern« (Mt 28,19). Christus als der Bote des Vaters schickt durch menschliche Gesandte seine Botschaft zu den Menschen. Und die sieben Leuchter sind die Gemeinden. Das Wort des Herrn durch Johannes ergeht somit in erster Linie an die Vorsteher der Gemeinden und in zweiter Linie durch die Verantwortlichen an die Gemeinden selbst.

Aber auch der Inhalt dessen, was nun als Botschaft geschrieben und gesandt werden soll, wird von Christus selbst im Einzelnen bestimmt. Es ist der Inhalt der sieben Sendschreiben.

Die einführenden Worte werden beglaubigt, befestigt und begründet durch die einführende Vision und die majestätischen Sendungsworte dessen, der den Inhalt der Vision bildet. Es ist der unsichtbare, jetzt sichtbar gewordene, der unhörbare, jetzt hörbar gewordene Herr der Gemeinden, der verklärte Christus.

DIE DREI ERSTEN SENDSCHREIBEN

1. An die Gemeinde in Ephesus

2,1–7

An den Engel der Gemeinde in Ephesus schreibe: So spricht Er, der die sieben Sterne in seiner Rechten hält und mitten unter den sieben goldenen Leuchtern einhergeht: Ich kenne deine Taten und deine Mühe und deine Geduld und weiß, dass du die Bösen nicht ertragen kannst. Du hast die auf die Probe gestellt, die sich Apostel nennen und es nicht sind, und hast sie als Lügner befunden. Du legst Geduld an den Tag und hast um meines Namens willen Schweres ertragen und bist nicht müde geworden. Aber ich habe gegen dich: Du hast deine erste Liebe verlassen. Bedenke, aus welcher Höhe du gefallen bist! Kehr zurück zu deinen ersten Taten! Wenn du nicht umkehrst, werde ich zu dir kommen und deinen Leuchter von seiner Stelle wegrücken. Doch für dich spricht: Du verabscheust das Treiben der Nikolaiten, das auch ich verabscheue. Wer Ohren hat, der höre, was der Geist den Gemeinden sagt: Wer siegt, dem werde ich zu essen geben vom Baum des Lebens, der im Paradies Gottes steht.

Es geht in Ephesus um die Scheidung der Geister. Die Stadt ist die größte der Provinz Asia, Sitz des Prokonsuls, Residenz der Asiarchen. Die Gemeinde ist durch Paulus persönlich gegründet und lange Zeit geleitet worden. Für Christen ist es nicht leicht, dort auszuhalten, denn es ist eine Stadt alten Heidentums. In den Philosophenschulen dieser Heimat Heraklits ist man für die

Offenbarung nicht zu haben. Außerdem steht in Ephesus der gewaltige Artemis-Tempel, zu dem die Wallfahrer aus nah und fern zusammenströmen. Die Silberschmiede und Devotionalienhändler verdienen an ihnen reichlich. Die Magie steht in voller Blüte. Paulus hat Zauberbücher der Neuchristen zusammentragen und verbrennen lassen im Wert von 40 000 Goldfranken. Dass in dieser Gemeinde sich anfänglich Wahres und Falsches mischt und darum eine Scheidung der Geister notwendig ist, liegt auf der Hand.

Aber die Christen von Ephesus dürfen beruhigt sein. Denn der Herr, der zu ihnen spricht, hält ja die Gemeinde in den Händen seiner Allmacht und wandelt unsichtbar in ihrer Mitte. Das Wandeln wird hier betont. Christus ist der Lebendige, der dem geistigen Weg der Gemeinde folgt, in ihrer Mitte umhergeht, um bald diesem, bald jenem besonders nahe zu sein.

Er kennt das Gute und das Böse und scheidet die Geister. Gutes ist in Ephesus zu nennen. Christus kennt das Tun der Seinen. Ausdrücklich werden die Werke hier betont. Selbstverständlich sind es Werke aus dem Glauben, aber eben doch Werke. Und zwar ist es einerseits die Arbeit, andererseits das geduldige Warten auf den Herrn. Das Aktive und das Passive, das Tun und das Tragen. Zu loben ist weiter, dass die Gemeinde ihrerseits eine Scheidung der Geister vollzogen hat. Sie hat die Pseudoapostel geprüft und entlarvt, um die Botschaft der Wahrheit von der Verkündigung des Irrtums sauber zu scheiden. Judaisten und Gnostiker werden vor allem gemeint sein.

Aber auch Schlechtes wird durch das richtende und scheidende Wort des Herrn sichtbar. Die erste Liebe ist erkaltet. Die stürmische Begeisterung der ersten Hingabe ist erlahmt. Das beschwingte erste Schreiten ist ermüdet. Das bedeutet Abfall im ursprünglichen Sinne des Wortes, Sturz aus einer Höhe. Darum die Mahnung zu geistiger Sinnesänderung, und zwar nicht so sehr im Sinne eines Umdenkens und Umlernens des Geistes, sondern einer Bekehrung der Herzen, einer Erneuerung des ursprünglichen, anfänglichen Eifers. Sonst wird das Kommen Gottes zum Gericht. Das Licht der Gnade würde der Gemeinde entzogen und anderen gebracht. Und damit müsste Ephesus wieder in Finsternis und Todesschatten zurücksinken.

Noch einmal wird etwas Gutes in der Gemeinde betont: Sie hasst das Tun der Nikolaiten, einer Gruppe oder Sekte des moralischen Libertinismus, die von Christus gehasst wird und darum auch von der Gemeinde.

Christenleben in solcher Lage ist wesentlich Kampf. Aber dem Sieger wird größter Lohn verheißen. Er wird essen dürfen vom Baum des Lebens im Paradies Gottes. Von diesem Paradies und dem Lebensbaum ist auf der ersten Seite der Bibel die Rede.

Folge der Sünde war der Verlust des Paradieses und seines Lebensbaumes. Sieg über die Sünde wird Rückkehr zum Paradies und damit zum Lebensbaum bewirken. Am Ende der Apokalypse wird davon ausführlich die Rede sein. Der Baum des Lebens ist nichts anderes als der lebendige Gott, durch den die Menschen leben. Er spendet die Frucht des Lebens durch Christus, dessen Kreuzesholz scheinbar Baum des Todes, in Wirklichkeit Baum des Lebens geworden ist. Seine Frucht ist ewiges Leben und damit Öffnung des Paradieses. Die Scheidung der Geister in Ephesus wird bewirken, dass entweder die Finsternis durch den Verlust des Lichtes Christi hereinbricht oder Licht und Leben die endgültige Herrschaft erlangen.

Jede Christengemeinde eines jeden Landes und jeder Zeit ist in diese Scheidung und Entscheidung gestellt.

2. An die Gemeinde in Smyrna

2,8–11

An den Engel der Gemeinde in Smyrna schreibe: So spricht Er, der Erste und der Letzte, der tot war und wieder lebendig wurde: Ich kenne deine Bedrängnis und deine Armut; und doch bist du reich. Und ich kenne die Lästerung von denen, die sagen, sie seien Juden; sie sind es aber nicht, sondern sind eine Synagoge des Satans. Fürchte dich nicht vor dem, was du noch erleiden musst! Siehe, der Teufel wird einige von euch ins Gefängnis werfen, um euch auf die Probe zu stellen, und ihr werdet in Bedrängnis sein, zehn Tage lang. Sei treu bis in den Tod; dann werde ich dir den Kranz des Lebens geben. Wer Ohren hat, der höre, was der Geist den Gemeinden sagt: Wer siegt, dem kann der zweite Tod nichts anhaben.

In Smyrna geht es um Verfolgung. Die Hauptstadt Lydiens lag prachtvoll in einem Kranz grüner Hügel und Wälder. Die Stadt war berühmt durch die sportlichen Kampfspiele, in denen der Sieger durch den Siegeskranz belohnt wurde. Smyrna, das im Kampf gegen die Seleukiden Rom die Treue bewahrt hatte, erhielt den Ehrentitel »Das getreue Smyrna«. So ist das Sendschreiben voller Anspielungen auf die konkreten Verhältnisse in der Stadt.

Christus, der zur Gemeinde spricht, ist der Erste und Letzte. Er ist der, der in der Verfolgung scheinbar erlegen ist durch seinen Tod, aber lebt durch die Auferstehung. Der Blick auf ihn wird den Verfolgten Trost und Mut geben.

Die Gemeinde wird verfolgt von Juden, die in Wirklichkeit nicht mehr eine Gemeinde Gottes, sondern eine Synagoge Satans sind und darum im Gegensatz zur Kirche Christi stehen. Der Ausdruck »Synagoge Satans« klingt im Munde eines

Judenchristen wie Johannes erstaunlich hart. Durch die Verwerfung des Messias ist die offizielle Synagoge ins Lager der Gegner Gottes übergegangen und so ist aus der »Gemeinde Jahwes« eine Synagoge Satans geworden. Die Verfolgung wird verstärkt durch die Heiden, welche die Christen in Gefängnisse werfen. Aber wie nach dem Buch Daniel (1,14) die Knaben durch den Kämmerer des Königs eine Prüfung von zehn Tagen bestanden, aus der sie schöner und stärker hervorgingen, so wird auch hier die Verfolgung nur eine Bestärkung und Festigung der Christen bewirken. So ist diese Gemeinde, die in ihrer Schwäche sich arm vorkommt, durch den Schutz Christi innerlich reich. Und wenn sie in der Verfolgung getreu ist und dem Namen *Smyrna fidelis* Ehre macht, wird sie als Siegeskranz das ewige Leben erlangen. Der erste Tod, der nur den Körper trifft, ist nebensächlich, wenn nur der Mensch vom zweiten Tod, der die Seele trifft, verschont bleibt. Von diesem zweiten Tod wird ebenfalls am Ende der Apokalypse ausführlicher die Rede sein.

Alle Christen aller Zeiten haben in der Nachfolge Christi Verfolgung zu erdulden, wie der Herr es allen vorausgesagt hat. Aber die Treue bis in den Tod wird durch den Siegeskranz ewigen Lebens belohnt.

3. An die Gemeinde in Pergamon

2,12–17

An den Engel der Gemeinde in Pergamon schreibe: So spricht Er, der das scharfe, zweischneidige Schwert trägt: Ich weiß, wo du wohnst: dort, wo der Thron des Satans steht. Und doch hältst du an meinem Namen fest und hast den Glauben an mich nicht verleugnet, auch nicht in den Tagen, als Antipas, mein treuer Zeuge, bei euch getötet wurde, dort, wo der Satan wohnt.

Aber etwas habe ich gegen dich: Bei dir gibt es Leute, die an der Lehre Bileams festhalten, der Balak lehrte, den Söhnen Israels eine Falle zu stellen, sodass sie Götzenopferfleisch aßen und Unzucht trieben. So gibt es auch bei dir Leute, die in gleicher Weise an der Lehre der Nikolaiten festhalten. Kehr also um! Sonst komme ich bald und werde sie mit dem Schwert in meinem Mund bekämpfen. Wer Ohren hat, der höre, was der Geist den Gemeinden sagt: Wer siegt, dem werde ich von dem verborgenen Manna geben. Ich werde ihm einen weißen Stein geben und auf dem Stein steht ein neuer Name geschrieben, den nur der kennt, der ihn empfängt.

In Pergamon geht es um die geistige Auseinandersetzung. Die Hauptstadt der Attaliden ist von jeher ein wissenschaftliches Zentrum gewesen. Dort ist die große Bibliothek, in der nach dem Bericht des Plinius 200 000 Schriftrollen aufbewahrt waren. Dort ist auch die Papyrusstaude durch Pergament ersetzt worden, das von dieser Stadt seinen Namen hat. Hoch über der Stadt ragt der mächtige Zeus-Altar, an dessen Sockel Zeus als Kämpfer gegen die Giganten dargestellt ist.

Christus, der zur Gemeinde spricht, ist derjenige, der das scharfe, zweischneidige Schwert des Geistes führt, von dem schon bei Jesaja (49,2) und bei Paulus (Eph 6,11) die Rede ist. Denn Christus ist der Kämpfer des Geistes gegen alle Giganten des Ungeistes und des widergöttlichen Geistes.

Aufs Ganze gesehen hat die Gemeinde zu Pergamon im schweren geistigen Kampf am Namen und damit an der Lehre und am Wesen Christi festgehalten und auch in Verfolgungszeiten, in denen Antipas sein Blutzeugnis abgelegt hat, den Glauben in Treue bewahrt dem Satan und seiner Herrschaft zum Trotz. Nun gilt es aber, diese geistige Auseinandersetzung weiterzuführen. Als der Moabiter Balak gegen die Israeliten kämpfen wollte und ihnen nicht gewachsen war, hat Bileam (Num 25,1) dem Moabiter vom Kampf abgeraten und eine Überwindung der Israeliten durch Verführung zu Götzendienst und Unzucht empfohlen. Ähnliche Gefahr droht den Christen in Pergamon. Im offenen Geisteskampf sind sie durch ihren Glauben treu. Aber im Kampf gegen die Unmoral und im sinnlichen Locken rauschender Götterfeste drohen sie zu unterliegen.

Als die Israeliten in Schwäche ermatteten, war das Manna vom Himmel ihre Speise und ihre Kraft. So wird nun auch den Christen ein verborgenes Manna versprochen: Christus als das Brot des Lebens, das ihnen Kraft zum Kampf geben wird. Die Teilnahme an seinem Opfermahl ist so lockend, dass die Verführung heidnischer Opfermähler dagegen nicht mehr ankommt. Auch heidnische Amulette sollen für die Christen nicht verführerisch sein, denn sie besitzen durch den Glauben an Christus einen ganz anderen Schutz. Er ist der weiße Stein, auf dem der geheimnisvolle Name »Christus« geschrieben ist. Wer ihn hat, ist gegen alle dämonischen Umtriebe gefeit. Wer durch die Taufe Christ geworden ist, in dessen Seele ist der Name Christi geschrieben als ein unauslöschliches geheimnisvolles Zeichen. Das ist der Christen Geheimmittel und ihr geheimer Schutz.

Wieder gilt es für die Christen aller Zeiten, dass sie sowohl den geistigen, intellektuellen, wie auch den sittlichen Kampf zu führen haben, aber zu diesem Kampf durch Christi Sakrament und durch Christi Erwählung gestärkt und beschützt sind.

DIE VIER ANDEREN SENDSCHREIBEN

4. An die Gemeinde in Thyatira

2,18–29

An den Engel der Gemeinde in Thyatira schreibe: So spricht der Sohn Gottes, der Augen hat wie Feuerflammen und Beine wie Golderz: Ich kenne deine Taten, deine Liebe und deinen Glauben, dein Dienen und deine Geduld und ich weiß, dass du in letzter Zeit mehr getan hast als am Anfang. Aber ich habe gegen dich, dass du Isebel, eine Frau, gewähren lässt; sie gibt sich als Prophetin aus und lehrt meine Knechte und verführt sie, Unzucht zu treiben und Götzenopferfleisch zu essen. Ich habe ihr Zeit gelassen umzukehren; sie aber will nicht umkehren und von ihrer Unzucht ablassen. Siehe, ich werfe sie auf das Krankenbett und alle, die mit ihr Ehebruch treiben, bringe ich in große Bedrängnis, wenn sie sich nicht abkehren vom Treiben dieser Frau. Ihre Kinder werde ich töten, der Tod wird sie treffen und alle Gemeinden werden erkennen, dass ich es bin, der Herz und Nieren prüft, und ich werde jedem von euch vergelten gemäß seinen Taten. Aber euch Übrigen in Thyatira, denen, die dieser Lehre nicht folgen und die Tiefen des Satans, wie sie es nennen, nicht erkannt haben, euch sage ich: Ich lege euch keine andere Last auf. Aber was ihr habt, das haltet fest, bis ich komme! Wer siegt und bis zum Ende an den Werken festhält, die ich gebiete, dem werde ich Macht über die Völker geben. Er wird sie weiden mit eisernem Zepter und sie zerschlagen wie Tongeschirr; wie auch ich solche Macht von meinem Vater empfangen habe, und ich werde ihm den Morgenstern geben. Wer Ohren hat, der höre, was der Geist den Gemeinden sagt.

In Thyatira geht es um den Götzendienst. Die Kleinstadt ist ein Ort des Handwerks und der Industrie, bekannt durch Handel mit Purpur (Apg 16,14) und mit Töpferwaren. Vor allem aber durch die Verarbeitung von Erz und Zink aus den Gruben jener Gegend. Das Heiligtum der Stadt ist der Sibylle von Samos geweiht. Daher hat die Bevölkerung eine Schwäche für geheimnisvolles Erkennen und Reden. Das Schreiben enthält Andeutungen örtlicher Art.

Christus hat Augen wie Feuerflammen, die ganz anders in die Zukunft blicken als die Sibyllen. Und er hat Beine wie glänzendes Golderz, das im Schmelzofen glüht. Eine Anspielung auf das läuternde Ausbrennen all dessen, was christusfeindlich ist.

Viel Gutes ist an der Gemeinde zu loben. Denn Liebe und Glaube und die aus ihr hervorgehende soziale Dienstleistung und geduldige Ausdauer sind wesentliche Werte christlicher Haltung und christlichen Lebens. Außerdem ist in dieser Gemeinde ein deutlicher Fortschritt zu beobachten, ein Wachstum im rechten Tun. Aber wie Isebel, die heidnische Königstochter aus Tyrus, den israelitischen König Ahab zum Götzendienst verführt hat, so gibt es auch in der Gemeinde zu Thyatira Kräfte und vor allem eine Lehre, die mit geheimnisvollem prophetischem Tun sich als göttlich ausgibt und in Wirklichkeit zur Teilnahme am Götzendienst verführt und damit zum geistigen Ehebruch, zur geistigen Unzucht dem Herrn gegenüber. Aber Krankheiten in der Gemeinde und Todesfälle unter den Anhängern jener Lehre zeigen, wes Geistes Kind diese sind. Die Gemeinden können daraus ersehen, dass Gott sich nicht täuschen lässt, sondern das Innerste der Menschen durchforscht und beurteilt. Wer aber mit dieser Geheimnistuerei und anmaßenden Behauptung, selbst die Mysterien Satans zu durchforschen, nicht mitgeht, von dem wird nur gefordert, dass er in dieser Haltung festbleibe. Dann wird der, der dem Heidentum nicht erlegen ist, Macht über die Heiden gewinnen in und mit Christus, der ja die Völker als Hirte leitet, sie aber beim Gericht mit eisernem Hirtenstab zerschmettert, wie ein Töpfer unbrauchbare Töpferwaren in tausend Scherben zertrümmert. Das messianische Wort des 2. Psalms wird hier nicht nur auf Christus, sondern auch auf die Seinen angewandt. Christus selbst ist auch der Morgenstern (Offb 22,16). Die Siegesverheißung besagt also Anteilnahme an der triumphierenden Macht Christi und an Christus selbst.

5. An die Gemeinde in Sardes

3,1–6

An den Engel der Gemeinde in Sardes schreibe: So spricht Er, der die sieben Geister Gottes und die sieben Sterne hat: Ich kenne deine Taten. Dem Namen nach lebst du, aber du bist tot. Werde wach und stärke, was noch übrig ist, was schon im Sterben lag! Denn ich habe nicht gefunden, dass deine Taten in den Augen meines Gottes vollkommen sind. Denk also daran, wie du die Lehre empfangen und gehört hast! Halte daran fest und kehr um! Wenn du aber nicht aufwachst, werde ich kommen wie ein Dieb und du wirst bestimmt nicht wissen, zu welcher Stunde ich zu dir komme. Du hast aber einige Leute in Sardes, die ihre Kleider nicht befleckt haben; sie werden mit mir in weißen Gewändern gehen, denn sie sind es wert. Wer siegt, wird ebenso mit weißen Gewändern bekleidet werden. Nie werde ich seinen Namen aus dem Buch des Lebens streichen, sondern ich werde seinen Namen bekennen vor meinem Vater und vor seinen Engeln. Wer Ohren hat, der höre, was der Geist den Gemeinden sagt.

In Sardes geht es um den moralischen Zerfall. Die alte Königsstadt, einstmals Residenz des Krösus, lebt von vergangener Größe. Zweimal ist sie im Krieg durch den Feind überrascht worden, durch Kyrus und durch Antiochus. Der politische Zerfall führte auch die junge Christengemeinde in die Gefahr eines sittlichen und religiösen Zerfalls. So ist das Schreiben ein Weckruf.

Christus ist der, der die sieben Geister Gottes hat. Der Geist mit seinen Gaben geht ja vom Vater und vom Sohne aus. Und so hat Christus auch die sieben Gemeinden als sein Eigentum, die ja nur durch seinen Heiligen Geist in der Lebenskraft erhalten werden können.

Die in religiöser Hinsicht schlafende Gemeinde ist sich ihres Zustandes gar nicht bewusst. Sie glaubt, ein blühendes Leben zu führen, und ist innerlich doch dem geistigen Tod verfallen. Darum die Mahnung aufzuwachen. Sonst kommt über die schlafende Gemeinde der richtende Christus wie ein Dieb, der in der Nacht zu unbekannter Stunde einbricht (Mt 24,43), wie die politischen Gegner unerwartet die Stadt überfallen haben. Die Gemeinde soll an das Gericht denken, um vom Schlaf aufzustehen. Die Guten, die sich nicht von der moralischen Fäulnis anstecken lassen, sondern ihre Kleider fleckenlos tragen wie die weiße Wolle, die in Sardes verarbeitet wird, werden dann mit Christus weiß gekleidet triumphieren. Wer nicht aus Menschenfurcht dem Zeitgeist des bequemen Mitgehens erliegt, sondern Christus bekennt, wird dann auch durch Christus vor dem Vater und seinen Engeln beim Gericht bekannt werden.

6. An die Gemeinde in Philadelphia

3,7–13

An den Engel der Gemeinde in Philadelphia schreibe: So spricht der Heilige, der Wahrhaftige, der den Schlüssel Davids hat, der öffnet und niemand wird schließen, der schließt und niemand wird öffnen: Ich kenne deine Taten, siehe, ich habe vor dir eine Tür geöffnet, die niemand mehr schließen kann. Du hast nur geringe Kraft und dennoch hast du an meinem Wort festgehalten und meinen Namen nicht verleugnet. Siehe, ich will veranlassen, dass solche aus der Synagoge des Satans, die sich als Juden ausgeben, es aber nicht sind, sondern lügen – siehe, ich werde sie dazu bringen, dass sie kommen und sich dir zu Füßen werfen und erkennen, dass ich dir meine Liebe zugewandt habe. Du hast mein Gebot bewahrt, standhaft zu bleiben; daher werde auch ich dich bewahren vor der Stunde der Versuchung, die über die ganze Erde kommen soll, um die Bewohner der Erde auf die Probe zu stellen. Ich komme bald. Halte fest, was du hast, damit kein anderer deinen Kranz bekommt! Wer siegt, den werde ich zu einer Säule im Tempel meines Gottes machen und er wird nicht mehr hinausgehen. Und ich werde auf ihn den Namen meines Gottes schreiben und den Namen der Stadt meines Gottes, des neuen Jerusalem, das aus dem Himmel herabkommt von meinem Gott, und auch meinen neuen Namen. Wer Ohren hat, der höre, was der Geist den Gemeinden sagt.

In Philadelphia geht es um das Festhalten trotz aller Schwierigkeiten. In der Kleinstadt in Lydien steht ein Heiligtum des Janus, des Schutzherrn der Türen und Tore, dessen Symbol der Schlüssel ist. Ein Erdbeben hatte die Stadt im Jahre 17 zerstört, sodass viele Menschen hinausgingen, um nun draußen zu wohnen. Die Stadt wurde wieder aufgebaut und erhielt den neuen

Namen Neocaesarea. Später hat sich aber der alte Name Philadelphia wieder eingebürgert. Auch zu diesen Einzelheiten finden sich Anspielungen im Sendschreiben.

Neben der Heiligkeit und Wahrhaftigkeit Gottes, auf dessen Wort man sich verlassen kann, findet sich aus der Eingangsvision Christi die Erinnerung an das Wort: »Ich habe die Schlüssel zum Tod und zur Unterwelt.« Christus ist größer als Janus. Er hat wirklich die Schlüssel Davids, wie Jesaja prophezeit hat: »Ich werde ihm den Schlüssel des Hauses David auf die Schulter legen. Er wird öffnen und niemand ist da, der schließt; er wird schließen und niemand ist da, der öffnet« (Jes 22,22). Er wird mit seinem Schlüssel der Gemeinde die Tür zum wahren Leben öffnen. Die Juden werden das staunend erkennen und daraus die Liebe Christi zu den Seinen ablesen. So wie die Gemeinde an ihm festhält, so wird er die Gemeinde festhalten in der Stunde der Gefahr, sodass ihr der Siegeskranz nicht entrissen werden kann. Wie Feldherren und Regierungsbeamte in den Tempeln Erinnerungssäulen aufstellten und auf diesen in feierlichen Inschriften ihre eigenen Großtaten verewigten, so sollen die Christen von Philadelphia als herausragende Säulen der Standhaftigkeit ein lebendiges Denkmal Christi werden. Sie werden aus diesem Tempel nicht mehr entfernt werden, denn in ihren Seelen ist der Name Gottes eingeschrieben und der Name des Gottesreiches. Und der Name Christi selbst. Auch dieser Brief enthält mit seiner Siegesverheißung eine Anspielung auf den Bericht, der am Ende der Apokalypse das neue vom Himmel herabsteigende Jerusalem der Verklärung schildert. Was ist Neocaesarea neben dem neuen Namen Christi und seines Reiches!

7. An die Gemeinde in Laodizea

3,14–22

An den Engel der Gemeinde in Laodizea schreibe: So spricht Er, der Amen heißt, der treue und zuverlässige Zeuge, der Anfang der Schöpfung Gottes: Ich kenne deine Taten. Du bist weder kalt noch heiß. Wärest du doch kalt oder heiß! Daher, weil du lau bist, weder heiß noch kalt, will ich dich aus meinem Mund ausspeien. Du behauptest: Ich bin reich und wohlhabend und nichts fehlt mir. Du weißt aber nicht, dass gerade du elend und erbärmlich bist, arm, blind und nackt. Darum rate ich dir: Kaufe von mir Gold, das im Feuer geläutert ist, damit du reich wirst; und kaufe von mir weiße Kleider, damit du dich bekleidest und die Schande deiner Blöße nicht aufgedeckt wird; und kaufe Salbe, um deine Augen zu salben, damit du sehen kannst! Wen ich liebe, den weise ich zurecht und nehme ihn in Zucht. Mach also Ernst und kehr um! Siehe, ich stehe vor der Tür und klopfe an. Wenn einer meine Stimme hört und die Tür öffnet, bei dem werde ich eintreten und Mahl mit ihm halten und er mit mir. Wer siegt, der darf mit mir auf meinem Thron sitzen, so wie auch ich gesiegt habe und mich mit meinem Vater auf seinen Thron gesetzt habe. Wer Ohren hat, der höre, was der Geist den Gemeinden sagt.

In Laodizea geht es um die religiöse Lauheit. Es ist der einzige Brief, in dem nur Tadel enthalten ist. Laodizea war ein reicher Handelsplatz mit Beziehungen zu den verschiedensten Provinzen und Städten des Reiches. Es war außerdem berühmt durch seine Thermalbäder, denn die warmen sprudelnden Quellen boten vielen Menschen Heilung. Die Kehrseite dieses Reichtums und dieses Interesses für körperliches Wohlbefinden war das materialistische Denken und eine falsche Selbstsicherheit. Im

Jahre 60 war die Stadt durch ein Erdbeben zerstört worden. Als Kaiser Nero Hilfe anbot, lehnte die stolze Stadt sie ab mit der Erklärung, dass sie deren nicht bedürfe. Auch zu diesen Einzelheiten finden sich Anspielungen in der Apokalypse.

Christus ist das Amen. Dieses letzte Schreiben ist ja ein Abschluss, gewissermaßen ein sichtbares Ausrufezeichen hinter allen bisherigen, das vernehmliche Amen zu allem bisher Geschriebenen. Er ist der getreue und wahrhaftige Zeuge, während den Christen von Laodizea die Treue und das Zeugnisgeben für die Wahrheit weithin fehlen. Christus ist der Erstling der Schöpfung Gottes, das heißt, die ganze Schöpfung ist im Plan Gottes auf ihn bezogen. Darum dürfen die Christen von Laodizea nichts anderes vorziehen und für wichtiger halten.

Die Mittelmäßigkeit, das Sowohl-als-auch der gesättigten Christen ist dem Herrn zuwider wie Wasser aus den lauwarmen Quellen, in dem man wohl baden, das man aber nicht trinken kann. Wer davon nimmt, speit es sofort wieder aus. Die Christen leben in der Selbsttäuschung. Sie glauben, innerlich reich und nicht auf Gottes Gnade angewiesen zu sein. In Wirklichkeit sind sie arm und blind und nackt. Nur beim Herrn können sie Heilmittel finden. Gegen die Armut können die Christen bei ihm das wahre Gold seiner Worte kaufen im Unterschied zum falschen, bloß irdischen Gold der Banken und Geschäfte. Gegen die seelische Blöße und Nacktheit bietet er ihnen weiße Gewänder, also Gewänder der Freude und des Triumphes, im Unterschied zu den Gewändern von schwarzer Wolle, wie sie in Laodizea hergestellt und getragen wurden. Gegen ihre Blindheit können die Christen bei ihm die wahre Augensalbe der Selbsterkenntnis durch sein untrügliches Gotteswort erwerben. Denn er ist ja der wahrhaftige Zeuge, der in wahrhaftigem Urteil ihnen die Augen öffnen kann. Was sind daneben die Salben der Apotheker von Laodizea! Die Mahnung Christi wird ernst. Wen er liebt, den straft und züchtigt er. Die Christen müssen sich auf sein Gericht gefasst machen. Noch ist es nicht da. Noch steht er vor der Tür, wartend und pochend (Mk 13,29). Er will mit den Seinen das himmlische Hochzeitsmahl halten (Lk 14,15). Und so endet auch dieses Schreiben und damit alle sieben Schreiben mit dem Appell an den Sieg und der Verheißung an die Sieger. Er selbst als der Verklärte hat den großen Sieg erkämpft und sitzt nun zur Rechten des Vaters. Wer mit ihm im Kampf des Lebens siegt, wird mit ihm auf dem Thron Gottes sitzen. Gewaltigeres kann nicht verheißen werden als die Teilnahme an der Macht und Herrlichkeit des Herrn.

CHRISTUS IM ERSTEN TEIL DER APOKALYPSE

Der Christus der Geheimen Offenbarung ist selbstverständlich der historische Mensch Jesus, der in Bethlehem geboren wurde, in Nazareth seine Jugend verbracht hat, in Galiläa und Judäa gewirkt, unter Pontius Pilatus gelitten hat und begraben wurde und der am dritten Tage wieder auferstanden ist.

Aber all das liegt in der Vergangenheit und wird als bekannt vorausgesetzt. Vom ganzen irdischen Leben Jesu wird in der Apokalypse nur das Eine und Entscheidende herausgegriffen: sein Erlösungstod und seine Auferstehung. Tod und Auferstehung haben nach der Apokalypse eine doppelte Bedeutung. Einmal sind sie das *martýrion* im eigentlichen Sinne des Wortes, das Zeugnis für die Echtheit der Worte Jesu. Darum spricht die Apokalypse vom »Zeugnis Jesu Christi« (1,2) und nennt Jesus Christus »den treuen Zeugen« (1,5). Dann aber ist die besondere Bedeutung des Leidens Jesu die Erlösung der Menschen. »Er, der uns liebt und uns von unseren Sünden erlöst hat durch sein Blut, der uns zu einem Königreich gemacht hat und zu Priestern vor Gott, seinem Vater« (1,5).

Das alles liegt in der Apokalypse als Geschehnis schon weit zurück. Aber in der Wirkung bleibt es lebendig. Denn »der Erstgeborene der Toten« (1,5) ist der jetzt lebendige Christus. »Ich war tot, doch siehe, ich lebe in alle Ewigkeit« (1,18). Von diesem jetzt lebenden Christus spricht die Apokalypse, also vom verklärten Herrn. Die Synoptiker und das Johannesevangelium haben das irdische Leben Jesu gezeichnet. Die Apokalypse schildert den verklärten Christus. Er sitzt zur Rechten Gottes auf dem Thron des Vaters (3,21). Er ist der Erste und der Letzte

(1,17) und hat Macht über Tod und Unterwelt (1,18). Er hat die Herrschaft über das Paradies und den Baum des Lebens (2,7). Er ist die Erfüllung des 2. Psalms, denn mit eisernem Stab kann er die Heiden wie Krüge aus Ton zertrümmern (2,9). Er bestimmt, wer im Buch des Lebens eingeschrieben ist (3,5), den Kranz des Lebens erhält (2,10) und wer im neuen Jerusalem wohnen wird (3,12). Die ganze Einführungsvision, die den Herrn als Priester und als König zeichnet, ihm die danielschen Menschensohn-Attribute gibt, die Symbole der Macht und der Ewigkeit, ist ein Bild des verklärten Christus.

Nun ist aber ein Zweites beizufügen. Der verklärte Christus der Apokalypse lebt inmitten der Gemeinden. Diese dauernde, aber unsichtbare Wirklichkeit wird in der Vision des Johannes sichtbar. Zweimal wird betont, dass er mitten in den Gemeinden stehe (1,13 und 2,1). Von diesen Gemeinden wird ein sehr eindrucksvolles und realistisches Bild entworfen. Die erste Begeisterung, wie sie in der Urgemeinde zu Jerusalem zu finden war, das stürmische Vorwärtsdrängen, wie die Apostelgeschichte es zeichnet, ist zum Stillstand gekommen. Die Gemeinden haben einen Zweifrontenkrieg zu führen nach außen und nach innen. Nach außen stehen sie in Verteidigung gegen den Angriff der staatlichen Gewalt und Macht Roms. Es ist ein Kampf auf Leben und Tod. Er ist, menschlich gesehen, aussichtslos, denn die ohnmächtige Kirche steht der staatlichen Allmacht des Imperiums gegenüber. Aber das Wissen, dass Christus, der den Tod überwunden hat, in der Mitte der Gemeinden steht, gibt den Christen das tröstliche Bewusstsein, dass der allmächtige Staat ohnmächtig ist gegen die scheinbar machtlose Kirche, die durch den Allmächtigen geschützt ist. Daneben ist der Kampf an der inneren Front zu führen. Die Juden haben sich nicht damit abgefunden, dass die Kirche an die Stelle der Synagoge getreten ist, und sie werden durch den Kampf gegen die Kirche Gottes zu einer »Synagoge Satans«. Auch der heidnische Götzendienst mit den Götterfesten und lockenden Opfermählern wirkt auf die Christengemeinden und bildet noch immer eine große Gefahr. Und schließlich sind moralische Zerfallserscheinungen, religiöse Mittelmäßigkeit und Lauheit in den Gemeinden zu finden. Das Unkraut ist auf den Äckern Gottes gewachsen und der Schlamm hat sich in den Netzen Christi vermehrt. Und doch steht Christus mitten in diesen Gemeinden, der Gottmensch in der Mitte dieser äußerlich gesehen menschlichen, allzu menschlichen Gebilde.

Dazu kommt ein Drittes. Und das ist im ersten Teil der Apokalypse besonders eigenartig: Christus lebt und wirkt zwar in den Kirchen, aber doch aus einer gewissen Distanz. Es ist hier nicht das johanneische Bild vom Weinstock und den Rebzweigen, auch nicht das paulinische Bild vom Haupt und den Gliedern. Es ist »der Herr«. Darin liegt seine Größe und sein Abstand von den Gläubigen. Die Verbindung mit diesen ist darum eine losere, mehr äußerliche, fast distanzierte. Das Schwergewicht liegt hier auf dem Tun der Kirche, nicht auf dem Tun Christi für die Kirche. Christus beobachtet dieses Tun, und zwar kritisch urteilend als Richter, der Rechenschaft fordert. Das scharfe, zweischneidige Schwert seines Mundes (1,16; 2,12) ist das Richtschwert seines Urteils. Die Gemeinden sollen erkennen, dass er der ist, der Herz und Nieren prüft und jedem vergilt nach seinen Taten (2,23). In den Gemeinden stellt er im Einzelnen das Gute und das Böse fest, lobt und mahnt und droht mit seinem Gericht. Trotzdem ist er nicht bloßer Zuschauer. Er greift ein. Aber auch hier aus der Ferne. Er straft durch Krankheiten und Todesfälle, die er denen schickt, die sich nicht bekehren (2,22.23). Andererseits hilft er auch den Gemeinden. Er öffnet ihnen Türen (3,8), bewirkt Bekehrungen (3,9). Vor allem aber ist er es, der die sieben Sterne, also die Leiter der Gemeinden, in den Händen seiner Allmacht hält. Er ist der Schutz, der Trost, die Sicherheit der Gemeinden, aber so, dass er in den

Gemeinden die Scheidung der Geister fordert und dass die einzelnen Gläubigen das Ihre tun müssen.

Ein vierter Zug ist für die Apokalypse kennzeichnend. Dieser verklärte Christus inmitten der Gemeinden steht zwischen den Zeiten, zwischen dem Damals seines Erlösungstodes bei der ersten Ankunft und dem Dereinst seines Gerichts bei der zweiten Ankunft. Immer wieder weist er auf dieses Gericht hin. »Siehe, er kommt mit den Wolken und jedes Auge wird ihn sehen, auch alle, die ihn durchbohrt haben; und alle Völker der Erde werden seinetwegen jammern und klagen« (1,7). Er droht den Gemeinden, dass er »über sie komme«, verheißt ihnen aber auch den Sieg und den Anteil an seinem Triumph, wenn er wiederkommt. »Wer siegt, dem werde ich zu essen geben vom Baum des Lebens, der im Paradies Gottes steht« (2,7). »Wer siegt, dem kann der zweite Tod nichts anhaben« (2,11). »Wer siegt, dem werde ich von dem verborgenen Manna geben« (2,17). »Wer siegt und bis zum Ende an den Werken festhält, die ich gebiete, dem werde ich Macht über die Völker geben« (2,26). »[...] ich werde seinen Namen bekennen vor meinem Vater und vor seinen Engeln« (3,5). »Wer siegt, den werde ich zu einer Säule im Tempel meines Gottes machen« (3,12). »Wer siegt, der darf mit mir auf meinem Thron sitzen« (3,21). Das Zwischen-den-Zeiten wird aber noch erweitert, denn es reicht zurück bis an den Anfang der Zeiten. Christus ist »der Anfang der Schöpfung Gottes« (3,14). Und nach vorwärts reicht es bis in die Endlosigkeit des kommenden Äons. »Ich lebe in alle Ewigkeit und habe die Schlüssel zum Tod und zur Unterwelt« (1,18). Darum ist er »der Erste und der Letzte« (1,18).

Die Kirche ist Kirche in der Entscheidung und ist wandernde Kirche. Sie lebt aus der Kraft dessen, was Christus in der Vergangenheit getan und gelitten hat, lebt im Schutz und in der Macht des Herrn, der sie in seiner Hand hält. Sie wirkt vor seinem richtenden Auge. Es scheiden sich in ihr die Geister und sie blickt in die Zukunft, wo einerseits mahnend das Gericht droht, andererseits lockend das Paradies des Sieges winkt. Ihr eigentliches Geheimnis ist das, was die Menschen nicht sehen, weil es wesentlich unsichtbar ist, das aber durch Johannes nun kundgetan und offenbart wird, das eigentliche Geheimnis der Geheimen Offenbarung: der verklärte Christus in der Mitte seiner Kirche.

ZWEITER HAUPTTEIL

DER ABLAUF DER GESCHICHTE

SIEBEN SIEGEL

SIEBEN POSAUNEN

SIEBEN ZEICHEN

SIEBEN SIEGEL

DER PLAN IM HIMMEL

EINFÜHRUNGSVISION

DIE VIER ERSTEN SIEGEL

DIE DREI ANDEREN SIEGEL

CHRISTUS IM ABSCHNITT DER SIEBEN SIEGEL

EINFÜHRUNGSVISION

4–5

Danach sah ich und siehe, eine Tür war geöffnet am Himmel; und die erste Stimme, die ich gleich einer Posaune mit mir reden gehört hatte, sagte: Komm herauf und ich werde dir zeigen, was dann geschehen muss. Sogleich wurde ich vom Geist ergriffen. Und siehe, ein Thron stand im Himmel; auf dem Thron saß einer, der wie ein Jaspis und ein Karneol aussah. Und über dem Thron wölbte sich ein Regenbogen, der wie ein Smaragd aussah. Und rings um den Thron standen vierundzwanzig Throne und auf den Thronen saßen vierundzwanzig Älteste, in weiße Gewänder gekleidet und mit goldenen Kränzen auf dem Haupt. Von dem Thron gingen Blitze, Stimmen und Donner aus. Und sieben lodernde Fackeln brannten vor dem Thron; das sind die sieben Geister Gottes. Und vor dem Thron war etwas wie ein gläsernes Meer, gleich Kristall. Und in der Mitte des Thrones und rings um den Thron waren vier Lebewesen voller Augen, vorn und hinten. Das erste Lebewesen glich einem Löwen, das zweite einem Stier, das dritte sah aus wie ein Mensch, das vierte glich einem fliegenden Adler. Und jedes der vier Lebewesen hatte sechs Flügel, außen und innen voller Augen. Sie ruhen nicht, bei Tag und Nacht, und rufen: Heilig, heilig, heilig ist der Herr, der Gott, der Herrscher über die ganze Schöpfung; er war und er ist und er kommt. Und wenn die Lebewesen dem, der auf dem Thron sitzt und in alle Ewigkeit lebt, Herrlichkeit und Ehre und Dank erweisen, dann werfen sich die vierundzwanzig Ältesten vor dem, der auf dem Thron sitzt, nieder und beten ihn an, der in alle Ewigkeit lebt. Und sie legen ihre goldenen Kränze vor seinem Thron nieder und sprechen: Würdig bist du, Herr, unser Gott, Herrlichkeit zu empfangen und Ehre und Macht. Denn du bist es, der die Welt erschaffen hat, durch deinen Willen war sie und wurde sie erschaffen.

Und ich sah auf der rechten Hand dessen, der auf dem Thron saß, eine Buchrolle; sie war innen und auf der Rückseite beschrieben und mit sieben Siegeln versiegelt. Und ich sah: Ein gewaltiger Engel rief mit lauter Stimme: Wer ist würdig, die Buchrolle zu öffnen und ihre Siegel zu lösen? Aber niemand im Himmel, auf der Erde und unter der Erde konnte das Buch öffnen und hineinsehen. Da weinte ich sehr, weil niemand für würdig befunden wurde, das Buch zu öffnen und hineinzusehen. Da sagte einer von den Ältesten zu mir: Weine nicht! Siehe, gesiegt hat der Löwe aus dem Stamm Juda, der Spross aus der Wurzel Davids; er kann das Buch und seine sieben Siegel öffnen. Und ich sah: Zwischen dem Thron und den vier Lebewesen und mitten unter den Ältesten stand ein Lamm; es sah aus wie geschlachtet und hatte sieben Hörner und sieben Augen; die Augen sind die sieben Geister Gottes, die über die ganze Erde ausgesandt sind. Das Lamm trat heran und empfing das Buch aus der rechten Hand dessen, der auf dem Thron saß. Als es das Buch empfangen hatte, fielen die vier Lebewesen und die vierundzwanzig Ältesten vor dem Lamm nieder; alle trugen Harfen und goldene Schalen voll von Räucherwerk; das sind die Gebete der Heiligen. Und sie sangen ein neues Lied und sprachen: Würdig bist du, das Buch zu nehmen und seine Siegel zu öffnen: denn du wurdest geschlachtet und hast mit deinem Blut Menschen für Gott erworben aus allen Stämmen und Sprachen, aus allen Nationen und Völkern und du hast sie für unsern Gott zu einem Königreich und zu Priestern gemacht; und sie werden auf der Erde herrschen. Ich sah und ich hörte die Stimme von vielen Engeln rings um den Thron und um die

Lebewesen und die Ältesten; die Zahl der Engel war zehntausend mal zehntausend und tausend mal tausend. Sie riefen mit lauter Stimme: Würdig ist das Lamm, das geschlachtet ist, Macht zu empfangen, Reichtum und Weisheit, Kraft und Ehre, Lob und Herrlichkeit. Und alle Geschöpfe im Himmel und auf der Erde, unter der Erde und auf dem Meer, alles, was darin ist, hörte ich sprechen: Ihm, der auf dem Thron sitzt, und dem Lamm gebühren Lob und Ehre und Herrlichkeit und Kraft in alle Ewigkeit. Und die vier Lebewesen sprachen: Amen. Und die vierundzwanzig Ältesten fielen nieder und beteten an.

Die Einführungsvision gibt sowohl dem ganzen zweiten Hauptteil der Apokalypse wie auch diesem besonderen Abschnitt über die sieben Siegel das Gepräge, so wie die erste Einführungsvision einerseits für die ganze Apokalypse, andererseits für den Sonderabschnitt der sieben Briefe Geltung hatte. Die Majestät Gottes als des Thronenden, der alle Macht in Händen hat, und die Stellung und Würde, die Christus durch seinen Opfertod erlangt hat, werden gezeigt. Es handelt sich vor allem darum darzulegen, dass alles Geschehen, von dem nun die Rede sein soll, genauer, dass »alles, was nachher geschieht«, das heißt von der damaligen Gegenwart an bis zum Ende, von Gott bestimmt und durch Christus offenbart wird.

Damit sind die zwei Teile dieser Vision gegeben.

Der erste Teil schildert im geheimnisvollen Bild die Hoheit des herrschenden Gottes. Die Einzelheiten dieses Bildes stammen zum Teil aus den Visionen alttestamentlicher Propheten. So vor allem aus der Jesaja-Vision im Tempel (Jes 6,1), der Ezechiel-Vision von Gott, der auf seinem Siegeswagen thront (Ez 1) und von vier geheimnisvollen Wesen getragen wird, und der Daniel-Vision (7,9) vom Ende der Tage und dem Menschensohn. Andererseits liefert der Kult im Tempel zu Jerusalem Einzelbezüge zu dieser Vision. Denn dort schaut man vom Vorhof aus durch ein Tor ins Heiligtum, wo der siebenarmige Leuchter steht und das eherne Meer und wo die Priester dem Allmächtigen ihre Huldigung darbringen in den Psalmen und Liedern und dem kostbaren Räucherwerk. Als dritte Quelle, aus der Einzelelemente dieser Vision fließen, kann der Sternenhimmel genannt werden. Denn um den Polarstern als Mitte dreht sich das Himmelsgewölbe mit den sieben Gestirnen des Großen Bären, den vier großen Sternbildern des Stiers, des Löwen, des Adlers und des Skorpions, der in der Antike Menschenantlitz hatte. Der ganze Tierkreis ist als Zodiakus ein Gebilde von lebenden Wesen.

Aber Johannes sieht diese Einzelheiten als neues, einheitliches und grandioses Bild. Der Himmel ist wie ein Thronsaal. Der Thron selbst wie ein leuchtendes Gefunkel von Edelsteinen. Der lichtvolle Jaspis und die dunkelrote Pracht des Karneols werden genannt, um Gottes Schönheit und Majestät anzudeuten. Der grüne Smaragd, in dessen Farben der Regenbogen sich wie ein Baldachin über dem Thron wölbt, soll durch die Farbe die geheimnisvolle Tiefe des Himmels andeuten und zugleich als Zeichen des Friedens wirken. Vierundzwanzig Presbyter, in welchen die zwölf Stämme des Alten und die zwölf Apostel des Neuen Bundes vereinigt sind, vertreten die huldigende *Ecclesia triumphans*. Sie tragen die weißen Gewänder der Freude und die goldenen Kränze der Sieger. Sie thronen, weil auch sie an der Herrschaft Gottes Anteil haben. Die sieben Leuchter vor dem Thron bedeuten den siebenfachen Heiligen Geist – *septiformis munere* – mit seiner Aussendung auf die Erde. Blitze und Donner und geheimnisvolle Stimmen erinnern an den majestätischen Gott des Sinai. Das kristallene, gläserne Meer ist der Ozean des Himmels, der sowohl das liturgische eherne Meer im Tempel wie auch die Urflut bezeichnet, über der Gott thront. Die geheimnisvollen vier Wesen sind hier nicht so sehr die Träger des Thrones wie bei Ezechiel, sondern die geheimnisvollen Thronassistenten. Das stärkste aller wilden Tiere, das stärkste aller

Haustiere, das stärkste aller geflügelten Wesen und der geistige Mensch als Herr der Schöpfung wollen andeuten, dass alles, was es in der Schöpfung Starkes und Großes gibt, huldigend den Thron des Herrn umsteht. Diese Tier- und Menschengestalten sind ja auch immer wieder als Wappentiere Symbole irdischer Großmächte gewesen. Wenn sie voller Augen sind, ist das ständige bewundernde Anschauen Gottes darin ausgedrückt. Ohne müde zu werden, singen sie das dreimalige »Heilig« zu Ehren des Allmächtigen, der zu allen Zeiten lebt. Die Presbyter zeigen in ihrer Huldigung, dass sie ihre Siegeskränze dem Herrn verdanken.

Alles klingt aus in das *dignum et justum est* einer himmlischen Präfation zur Verherrlichung Gottes als des Schöpfers, durch dessen kraftvollen Willen alles wurde und ist.

Der zweite Teil der Vision bringt als Entscheidendes das Auftreten Christi mit sich. Eine eigenartige Spannung ist ihm vorausgeschickt. Der Heilsplan Gottes mit dem Wissen und dem Bestimmen all dessen, was sich im Ablauf der Heilsgeschichte bis zum Ende dieser Tage vollzieht, ist nur Gott bekannt. Für alle anderen ist er ein versiegeltes Buch. Diese Tatsache wird besonders unterstrichen. Einmal durch die Versiegelung, dann durch den Ruf des Engels. Weiterhin durch die Betonung, dass kein Wesen im Himmel, auf der Erde und unter der Erde, also kein Engel, kein Mensch und kein Dämon in diesen Heilsplan Gottes Einblick habe. Und endlich durch die Tränen des Schmerzes, die durch diese Erkenntnis beim Seher von Patmos ausgelöst werden. Und erst jetzt tritt der auf, der durch seinen Opfertod als Gottmensch sich das Recht erworben hat, in die Pläne Einblick zu bekommen, die Gott mit den Menschen hat, und den Menschen dieses verschlossene Geheimnis zu offenbaren. Er ist der Löwe aus Juda, der gesiegt hat. Er ist der verheißene Spross Davids, also Israels höchste Aufgipfelung und Sinnerfüllung. Wenn Christus als der Geopferte im Symbol des geschlachteten

Lammes vor dem Throne Gottes steht und zugleich die sieben Augen des siebenfachen Gottesgeistes hat und in den sieben Hörnern noch die eigene Macht symbolisiert, so ist mit dem Ganzen die heiligste Dreifaltigkeit, Vater, Sohn und Geist, gezeichnet. Darum auch die Huldigung von Himmel und Erde und jeglicher Kreatur. Galt der erste Lobgesang dem Schöpfergott, so gilt dieser zweite dem Erlöser, der durch sein Blut das Reich Gottes gegründet und als der Hohepriester der Welt das Opfer dargebracht hat. Wer an ihm, dem Gesalbten, Anteil hat, hat selbst etwas von seiner Salbung, und so werden in Christus die Christen zu einem Volk von Königen und Priestern. Das feierliche *Te Deum* beginnt hier in der Mitte bei den Wesen vor dem Thron, greift dann um sich zu den unübersehbaren Scharen der Engel, fällt in rauschenden Kaskaden vom Himmel auf die Erde und wird dort in einem dritten *dignum est* aufgegriffen und als Echo in den Himmel zurückgeworfen. Dort sprechen die geheimnisvollen Wesen, von denen der Gesang ausgegangen ist, ihr Amen, und alles endet in der hochfeierlichen Stille staunender und bewundernder Anbetung. Der ganze Lobgesang wird durch seine Zahlenverhältnisse noch zu einem Ganzen abgerundet. Denn ein dreifaches Lob erschallt zuerst im Himmel (4,11), ein vierfaches ertönt auf der Erde (5,13). Und diese Siebenzahl umrahmt nur das dritte in die Mitte gestellte Lob auf das Lamm, das in sich wieder ein siebenfaches Preislied auf Christus enthält (5,12).

Damit ist Christus als derjenige eingeführt, der nicht nur den Heilsplan des Allmächtigen kennt und ihn den Menschen kundtut, sondern der als der Geopferte und als der Sieger die Mitte und den eigentlichen Inhalt dieses Heilsplanes bildet, der Heiland der Welt.

DIE VIER ERSTEN SIEGEL

6,1–8

Dann sah ich: Das Lamm öffnete das erste der sieben Siegel; und ich hörte das erste der vier Lebewesen wie mit Donnerstimme rufen: Komm! Da sah ich und siehe, ein weißes Pferd; und der auf ihm saß, hatte einen Bogen. Ein Kranz wurde ihm gegeben und als Sieger zog er aus, um zu siegen. Als das Lamm das zweite Siegel öffnete, hörte ich das zweite Lebewesen rufen: Komm! Da erschien ein anderes Pferd; das war feuerrot. Und der auf ihm saß, wurde ermächtigt, der Erde den Frieden zu nehmen, damit die Menschen sich gegenseitig abschlachteten. Und es wurde ihm ein großes Schwert gegeben. Als das Lamm das dritte Siegel öffnete, hörte ich das dritte Lebewesen rufen: Komm! Da sah ich und siehe, ein schwarzes Pferd; und der auf ihm saß, hielt in der Hand eine Waage. Inmitten der vier Lebewesen hörte ich etwas wie eine Stimme sagen: Ein Maß Weizen für einen Denar und drei Maß Gerste für einen Denar. Aber dem Öl und dem Wein füge keinen Schaden zu! Als das Lamm das vierte Siegel öffnete, hörte ich die Stimme des vierten Lebewesens rufen: Komm! Da sah ich und siehe, ein fahles Pferd; und der auf ihm saß, heißt der Tod; und die Unterwelt zog hinter ihm her. Und ihnen wurde die Macht gegeben über ein Viertel der Erde, Macht, zu töten durch Schwert, Hunger und Tod und durch die Tiere der Erde.

Die vier apokalyptischen Reiter bilden eine Einheit. Sie sind sprachlich alle in der gleichen Weise behandelt. Jeder wird durch das Kommando eines der vier geheimnisvollen Wesen herausgerufen. Jeder hat eine für ihn bedeutsame Ausstattung und dazu jedes Pferd eine Farbe, die den Reiter und sein Tun kennzeichnen soll. Diese Einheit ist nicht zufällig, denn die vier Reiter bilden durch ihr Tun ein Ganzes.

Der *erste Reiter* ist der Sieger. Sein Pferd hat die weiße Farbe des Sieges. Es wird ihm als Vorschusslorbeer der Siegeskranz gereicht, bevor er seinen Ritt beginnt. Von seinem Tun wird ausdrücklich gesagt, dass er siegend anfängt und mit Sieg zu enden hofft. Er führt den Bogen der von den Römern nie besiegten Parther. So ist hier alles auf Siegesverheißung eingestellt. Es ist ein Beginnen mit Gloria und Viktoria.

Aber kaum ist der weiße Reiter weggeritten, folgt ihm sofort der *zweite Reiter* auf dem roten Pferd, dessen Farbe Feuer und Blut bedeutet. Der Sieg ist rascher verheißen als errungen und ein Auszug mit fliegenden Fahnen und klingendem Spiel führt schon in kürzester Zeit zu blutigem Gemetzel. Das große Schwert, das der zweite Reiter trägt, deutet es an. Und die Macht, die ihm verliehen wird, ist die Macht, den Frieden wegzunehmen und ein Morden unter den Menschen zu bewirken.

Auch der *dritte Reiter* ist eine immer wiederkehrende Folge des Krieges, nämlich der Hunger. Die schwarze Farbe des Pferdes will den schwarzen Hunger anzeigen. Die Waage in der Hand deutet das Rationieren, das Sparen und sorgsame Abwägen aller Nahrungsmittel an. Die Teuerung auch der notwendigsten Lebensmittel wie Weizen und Gerste klingt im unheimlichen Ruf der geheimnisvollen Wesen auf. Ein Denar ist der Taglohn der damaligen Zeit. Man kann also in Hungerszeit für den Taglohn nur das Allernötigste für den eigenen Bedarf haben. Wenn Öl und Wein noch verschont werden sollen, so ist damit nur angedeutet, dass es noch nicht der endgültige Vernichtungskrieg ist. Denn Öl und Wein sind die Heilmittel der Antike. So heißt es in der Parabel vom barmherzigen Samariter, dass er Öl und Wein auf die Wunden des Halberschlagenen gegossen habe.

Der *vierte Reiter* ist der Tod. Sein fahles Pferd hat die gelbliche Farbe des Todes. Hinter sich führt er den Beutewagen der Unterwelt, auf welchen er die Garben seiner grausigen Ernte ablädt, das Reich der Finsternis, in dessen offenen Rachen er alles wirft, was ihm begegnet.

Ein Viertel der Erde soll dem Tod verfallen sein. Schwert, Hunger, Pest und die reißenden Tiere stehen ihm zur Verfügung.

Von allen vier apokalyptischen Reitern wird ausgesagt, dass sie nicht erst am Ende der Welt ihren unheimlichen Ritt über die Erde beginnen, sondern dass sie eben »nach diesem«, das heißt in der ganzen Zeit bis zum Ende der Welt reiten werden. Es gibt kein Jahrhundert, in welchem diese Reiter nicht zu finden sind. Immer wieder lassen sich Völker und lässt sich die Menschheit irreführen durch das täuschende Siegesgeschrei des Willens zur Macht, der politischen Expansion, der Diktatorengelüste, der Großmannssucht und des selbstgefälligen Militarismus. Immer wieder ist das Ergebnis ein fürchterliches Gemetzel mit immer unheimlicheren mörderischen Waffen. Immer wieder ist die Hungersnot misshandelter Völker die dritte Etappe. Und immer wieder endet das Ganze in einem schaurigen Totentanz.

Nicht Gott ist es, von dem der kommandierende Ruf »Komm!« ausgeht, sondern ein geschaffenes Wesen. Aber Gott weiß um diese Reiter und ihr Tun. Er hat sie in seinen Welt- und Heilsplan miteinbezogen, lässt sie nur dann und nur so lange reiten, wie sie, wenn auch widerwillig, seinen Plänen dienen.

Die Symbolik dieser apokalyptischen Reiter ist nichts anderes als ein bildhafter Ausdruck für die Worte Jesu, dass man immer wieder von Kriegen und Aufständen hören werde und dass das alles nicht das Ende sei. »Wenn ihr von Kriegen und Unruhen hört, lasst euch nicht erschrecken! [...] Volk wird sich gegen Volk und Reich gegen Reich erheben. Es wird gewaltige Erdbeben und an vielen Orten Seuchen und Hungersnöte geben« (Lk 21,9 ff.). Und zu alldem sagt der Herr: »[...] das Ende kommt noch nicht sofort.« Das will auch die Apokalypse sagen. Kriege, Hungersnot, Seuchen, Naturkatastrophen, Plagen durch wilde Tiere gibt es zu allen Zeiten und es wird ein großer Teil der Menschen ihnen zum Opfer fallen. Es gibt kein Paradies auf Erden. Aber die Menschheitsgeschichte und das Naturgeschehen sind in Gottes Plan einbezogen und eingebaut. Gott ist ihr Herr. Sie sind zwar eine Folge der Sünde und entsprechen nicht dem ursprünglichen Schöpfungsplan. Aber Gott hält diese Wirkungen menschlicher Verkehrtheiten und Sünden in den Händen seiner Allmacht und zwingt alles in seinen Dienst.

DIE DREI ANDEREN SIEGEL

6,9–8,1

Als das Lamm das fünfte Siegel öffnete, sah ich unter dem Altar die Seelen aller, die hingeschlachtet worden waren wegen des Wortes Gottes und wegen des Zeugnisses, das sie abgelegt hatten. Sie riefen mit lauter Stimme und sagten: Wie lange zögerst du noch, Herr, du Heiliger und Wahrhaftiger, Gericht zu halten und unser Blut an den Bewohnern der Erde zu rächen? Da wurde jedem von ihnen ein weißes Gewand gegeben; und ihnen wurde gesagt, sie sollten noch kurze Zeit ruhen, bis die volle Zahl erreicht sei durch den Tod ihrer Mitknechte und Brüder, die noch getötet werden müssten wie sie. Und ich sah: Das Lamm öffnete das sechste Siegel. Da entstand ein gewaltiges Beben. Die Sonne wurde schwarz wie ein Trauergewand und der ganze Mond wurde wie Blut. Die Sterne des Himmels fielen herab auf die Erde, wie ein Feigenbaum seine Früchte abwirft, wenn ein heftiger Sturm ihn schüttelt. Der Himmel verschwand wie eine Buchrolle, die man zusammenrollt, und alle Berge und Inseln wurden von ihrer Stelle weggerückt. Und die Könige der Erde, die Großen und die Heerführer, die Reichen und die Mächtigen, alle Sklaven und alle Freien verbargen sich in den Höhlen und Felsen der Berge. Sie sagten zu den Bergen und Felsen: Fallt auf uns und verbergt uns vor dem Blick dessen, der auf dem Thron sitzt, und vor dem Zorn des Lammes; denn der große Tag ihres Zorns ist gekommen. Wer kann da bestehen?

Danach sah ich: Vier Engel standen an den vier Ecken der Erde. Sie hielten die vier Winde der Erde fest, damit der Wind weder über das Land noch über das Meer wehte, noch gegen irgendeinen Baum. Dann sah ich vom Aufgang der Sonne her einen anderen Engel emporsteigen; er hatte das Siegel des lebendigen Gottes und rief den vier Engeln, denen die Macht gegeben war, dem Land und dem Meer Schaden zuzufügen, mit lauter Stimme zu und sprach: Fügt dem Land, dem Meer und den Bäumen keinen Schaden zu, bis wir den Knechten unseres Gottes das Siegel auf die Stirn gedrückt haben! Und ich erfuhr die Zahl derer, die mit dem Siegel gekennzeichnet waren. Es waren hundertvierundvierzigtausend aus allen Stämmen der Söhne Israels, die das Siegel trugen: Aus dem Stamm Juda trugen zwölftausend das Siegel, aus dem Stamm Ruben zwölftausend, aus dem Stamm Gad zwölftausend, aus dem Stamm Ascher zwölftausend, aus dem Stamm Naftali zwölftausend, aus dem Stamm Manasse zwölftausend, aus dem Stamm Simeon zwölftausend, aus dem Stamm Levi zwölftausend, aus dem Stamm Issachar zwölftausend, aus dem Stamm Sebulon zwölftausend, aus dem Stamm Josef zwölftausend, aus dem Stamm Benjamin trugen zwölftausend das Siegel. Danach sah ich und siehe, eine große Schar aus allen Nationen und Stämmen, Völkern und Sprachen; niemand konnte sie zählen. Sie standen vor dem Thron und vor dem Lamm, gekleidet in weiße Gewänder, und trugen Palmzweige in den Händen. Sie riefen mit lauter Stimme und sprachen: Die Rettung kommt von unserem Gott, der auf dem Thron sitzt, und von dem Lamm. Und alle Engel standen rings um den Thron, um die Ältesten und die vier Lebewesen. Sie warfen sich vor dem Thron auf ihr Angesicht nieder, beteten Gott an und sprachen: Amen, Lob und Herrlichkeit, Weisheit und Dank, Ehre und Macht und Stärke unserem Gott in alle Ewigkeit. Amen. Da nahm einer der Ältesten das Wort und sagte zu mir: Wer sind diese, die weiße Gewänder tragen, und woher sind sie gekommen? Ich erwiderte ihm: Mein Herr, du weißt das. Und er sagte zu mir: Dies sind jene, die aus der großen Bedrängnis kommen; sie haben ihre Gewänder gewaschen und im Blut des Lammes weiß gemacht. Deshalb stehen sie vor dem Thron Gottes und dienen ihm bei Tag und Nacht in seinem Tempel; und der, der auf dem Thron sitzt, wird sein Zelt über ihnen aufschlagen. Sie werden keinen Hunger und keinen Durst mehr leiden und weder Sonnenglut noch irgendeine sengende Hitze wird auf ihnen lasten. Denn das Lamm in der Mitte vor dem Thron wird sie weiden und zu den Quellen führen, aus denen das Wasser des Lebens strömt, und Gott wird alle Tränen von ihren Augen abwischen.

Als das Lamm das siebte Siegel öffnete, trat im Himmel Stille ein, etwa eine halbe Stunde lang.

Das *fünfte Siegel* wird aufgebrochen. Der Ablauf der Weltgeschichte birgt Unglücksfälle und Katastrophen, teils durch das Tun der Menschen, teils durch die Wildheit der Natur. Nun kommt aber ein Weiteres dazu. Es geht nicht nur um natürliche Geschehnisse, sondern die Geschichte ist vor allem Heilsgeschichte und so stellt sich in ihrem Ablauf die dringliche Frage: Warum setzen sich die Künder und Vertreter der Heilsbotschaft nicht durch, sondern werden verfolgt und gemartert? Warum schaut Gott diesem Treiben zu? Warum greift er nicht ein?

Der Schrei »Wie lange noch?« wird hier in der Apokalypse vernehmlich. Er wird erhoben von denen, die um des Wortes Gottes, also um Christi und seiner Botschaft willen, gemartert wurden, nur weil sie für ihn Zeugnis abgelegt haben. Wenn gesagt wird, dass die Seelen der Gemordeten unten am Altar gesehen werden, so soll mit dem Hinweis auf den Altar angedeutet werden, dass es hier um das Übernatürliche geht, das mitten in der Welt steht, und dass somit die Todesqual der Gemordeten um Gottes willen geschieht und also zu einem Kult, zu einer Verherrlichung Gottes wird, wenn auch freilich gegen den Willen der Verfolger. Die Ermordeten sind Geopferte, und ihr

Tod ist ein Opfer für den Herrn. Im Tempel zu Jerusalem floss das Blut der Opfertiere unter dem Altar zusammen, ein Symbol des geopferten Blutes derer, die um Christi willen den Tod erleiden sollten.

Der Ruf der Geopferten ist keineswegs eine Klage über ihr eigenes Schicksal, sondern ein flehentlicher Ruf an Gott, dem Treiben ein Ende zu machen, damit nicht andere unschuldig gemordet werden und die Verfolger nicht ungestraft triumphieren. Die Frage »Wie lange noch?« ist ein Appell an den Herrn als den Heiligen und Wahrhaftigen. Er ist Herr, kann also dem Tun der Gottlosen und Gottesfeinde jederzeit ein Ende setzen. Er ist heilig, kann darum nicht dauernd zuschauen, wie seine Heiligen gemordet werden und sein Heiligtum geschändet wird. Und er ist der Wahrhaftige, muss somit seine Verheißung der Wiederkunft wahr machen und erfüllen. Darum wartet die Kirche auf ihn als den Richter und Rächer.

Die Antwort der Geheimen Offenbarung enthält ein Doppeltes. Einmal wird gesagt, dass das persönliche Schicksal der Verfolgten Freude und Triumph sei, denn es wird ihnen das weiße Gewand der Freude und des Sieges gereicht. Dann aber wird betont, dass dieses unbegreifliche Warten Gottes einen tiefen Sinn hat. Noch ist die Zahl der Erwählten nicht voll. Gott will, dass eine große Zahl berufener und erwählter Menschen an seinem Sieg und seiner Herrlichkeit Anteil haben. Das Reich Gottes in der Herrlichkeit, die *Ecclesia triumphans,* soll ständig wachsen. Darum müssen auch kommende Generationen aller Völker späterer Zeiten die Möglichkeit haben, durch den Tod zum Leben, durch Niederlage zum Sieg, durch Opfer zur Herrlichkeit zu gelangen. Das Schicksal des Einzelnen muss hier zurücktreten vor dem Gesamtplan Gottes über den Auf- und Ausbau seines Reiches. Gott misst mit größeren Maßen und denkt in Jahrtausenden. Man darf nicht nur die augenblickliche Drangsal sehen, sondern muss durch den Blick auf das ständige Wachstum der triumphierenden Kirche jenen Optimismus haben, der aus dem Glauben weiß, dass Gottes Reich ständig wächst und dass sich schließlich alles in Licht und Herrlichkeit verliert. Auf die Frage »Wie lange noch?« lautet also die Antwort: bis der Plan ewiger Weisheit und unendlicher Liebe seine herrliche Vollendung erreicht hat.

Das *sechste Siegel* wird geöffnet. Noch ein anderer Trost wird den Verfolgten und den Christen aller Zeiten gegeben. Mit der Öffnung des sechsten Siegels können sie einen Blick auf eben jenes Ende und jene Vollendung werfen, auf jenen Tag des Zornes und des Heiles, an dem Gott dann wirklich als Richter und Rächer auftritt. Dem Doppelcharakter des Gerichts entsprechend entrollt die Apokalypse hier zwei Bilder: das Gericht als Schrecken der Verworfenen und als Jubel der Erwählten.

Die Worte Christi vom Ende der Welt (Mt 24,29 und Lk 21,25) werden sich dann erfüllen. Denn die kosmische Katastrophe des Weltuntergangs wird den Bewohnern der Erde den Eindruck vermitteln, als ob die Sonne sich verfinstern oder, wie die Geheime Offenbarung es in ihrer einprägsamen Bildsprache ausdrückt, als ob die Sonne ein schwarzes Trauergewand anziehen würde. Der rote Schein des Mondes wird aussehen wie Blut. Ein Blick zum Sternenhimmel wird den Eindruck erwecken, als würde er von mächtiger Hand geschüttelt wie ein Feigenbaum, der die Früchte abwirft, oder als würde die Rundung des Firmamentes zusammengerollt wie eine Schriftrolle. Das ist dann die Stunde des Schreckens, und zwar gerade für diejenigen, die hier ihre Scheintriumphe feiern: Könige, Kriegsoberste, Reiche und Machthaber. Verworfene werden sich unter Herren und Knechten finden. Sie werden zu fliehen versuchen. Aber vor dem Zorn des Vaters auf dem Thron und des Sohnes, dem der Vater das Gericht übergeben hat, können sie nicht bestehen. Wenn Christus auch als Richter und Triumphator das Lamm genannt wird, dann nur weil gerade in dieser Stunde der von den Menschen

Gerichtete als deren Richter sichtbar wird und sein Opfer als Ursache seines Triumphes in Erscheinung treten wird.

Aber auch die Erwählten werden dann sichtbar. Wieder wird hier das Element der Spannung eingeschaltet. Wieder geht es um ein fast ruheloses, drängendes Warten. Die Mächte der Vernichtung, die das Ende dieses Kosmos herbeiführen wollen, müssen von Engeln wie wilde Hunde an der Koppel zurückgerissen werden, um nicht loszufahren. Wieder wird als Sinn dieses Wartens angegeben, dass die Zahl der Erwählten noch nicht voll ist. Sie sollen zuerst mit dem Zeichen Gottes gekennzeichnet werden. Alle, die in der Taufe das unauslöschliche Merkmal des Siegels Gottes erhalten haben, und somit in ihrer Seele das Antlitz Gottes widerspiegeln, und die dieses Gotteszeichen nicht durch Sünde überdeckt und besudelt haben, werden dann als Erwählte des Herrn sichtbar werden. Diese triumphierende Kirche ist Kirche aus Juden und Heiden und ihre Zahl ist ungeheuer groß. Aus jedem der zwölf Stämme Israels werden es zwölfmal tausend sein, also die Zahl der Fülle und Größe mit der Zwölfzahl der Stämme multipliziert. Der Stamm Dan fehlt. An seine Stelle ist Manasse, ein Sohn Josefs, getreten. Denn Dan war vom Herrn abgefallen. So wird auch der Apostat Judas ersetzt durch Matthias. Gottes Pläne verwirklichen sich, auch wenn Menschen untreu werden. Und aus anderen Völkern, Stämmen, Geschlechtern und Sprachen ist die Zahl so gewaltig, dass man sie überhaupt nicht mehr überblicken kann. Sie tragen alle die Gewänder der Freude und die Palmen des Sieges. Dann hat das unruhige Warten und Drängen ein Ende, und alles klingt aus in ein einziges mächtiges Jubellied auf die Größe Gottes. Der Jubel greift weiter in die Scharen der Engel, der Presbyter und der geheimnisvollen Wesen. Und die Stimmen aller vereinigen sich zum siebenfachen Lobgesang auf die Größe Gottes.

Aber die Apokalypse kommt hier auf jenes »Wie lange noch?« der Gemarterten zurück und betont, dass diese triumphierenden

Gestalten diejenigen sind, die in ihrem irdischen Leben äußerlich und innerlich durch eben jene Drangsal geschritten sind und durch das Blut des geopferten Christus ihre seelische Läuterung erlangt haben. Dann wird sich die Verheißung des verlorenen, aber wieder zu gewinnenden Paradieses erfüllen. Denn dann ist alle Qual zu Ende, Hunger, Durst, Glut und Hitze. Gott ist in ihrer Mitte. Sie haben das ewige Leben und die ewige Freude im ewigen Paradies.

Auf die Öffnung des *siebten Siegels* folgt eine feierliche Stille. Wenn für ihre Dauer eine halbe Stunde angegeben wird, ist auch diese Zahl, wie alle anderen in der Apokalypse, symbolisch zu deuten, und zwar im Sinne einer kurzen Zeit. Der Gedanke des baldigen Kommens zieht sich durch die ganze Geheime Offenbarung. Nun aber das Merkwürdige: Nach Eröffnung des siebten Siegels mit der besonderen Spannung und Erwartung, die durch die feierliche Stille geweckt werden, erfolgt nichts. Das Ende ist eben noch nicht da. Im sechsten Siegel ist nur gesagt, dass am Ende durch das Gericht eine Scheidung der Geister und der Menschen erfolgen werde. Aber wann dieses Gericht kommt, ist nicht angegeben. Dieses Gericht ist das eigentliche Ende, und was darauf folgt, ist die Vollendung. Die Stunde der Vollendung hat noch nicht geschlagen, darum wird der Inhalt des siebten Siegels noch verborgen gehalten. Genau so wird es beim siebten Stoß in die Posaune sein. Auch dort, wo es sich wieder um Ende und Vollendung handelt, wird nichts Näheres angegeben. Erst wenn dann dieses Ende kommt, wenn die siebte Zornesschale ausgegossen wird, wird auch der Inhalt mitgeteilt. So bewirken die Lösung des siebten Siegels und der Stoß in die siebte Posaune eine besonders gespannte Erwartung auf das Ende und verbinden damit den zweiten und dritten Hauptteil der Apokalypse miteinander.

CHRISTUS IM ABSCHNITT DER SIEBEN SIEGEL

Im ersten Hauptteil der Apokalypse ist Christus der verklärte Christus, aber auf der Erde unsichtbar in der Mitte der Seinen. Hier, im ersten Abschnitt des zweiten Teiles, ist es auch der verklärte Christus, aber jetzt im Himmel.

Ein Erstes, was von ihm mehrmals betont wird, ist die Tatsache seines Sieges, und zwar eines Sieges durch sein Opfer. »Gesiegt hat der Löwe aus dem Stamm Juda« (5,5). Das Opfer ist längst vollzogen und ist jetzt nur in seiner sieghaften Auswirkung sichtbar. Wohl ist Christus das geopferte Lamm, aber jetzt geht es nicht mehr um die blutige Schilderung, um Schmerz und Leid und Tod. Sondern jetzt ist sichtbar, dass das Kreuz des geopferten Herrn die eigentliche Heilstat, das große Werk der Erlösung gewesen ist. Es ist nicht die Rede von seinen gewaltigen Worten oder seinen Wundertaten, sondern nur von seinem Opfertod. Aber dieser Opfertod ist die Grundlegung des Reiches Gottes. »Du wurdest geschlachtet und hast mit deinem Blut Menschen für Gott erworben aus allen Stämmen und Sprachen, aus allen Nationen und Völkern und du hast sie für unsern Gott zu einem Königreich und zu Priestern gemacht; und sie werden auf der Erde herrschen« (5,9).

Das Kreuz ist auch der Grund der Erhöhung und Verherrlichung des Menschensohnes. Denn weil er sich geopfert hat, hat der Sohn das Recht und die Macht, die Siegel zu öffnen, das heißt, den ganzen Heilsplan Gottes zu kennen und zu erfüllen.

Er ist aber nicht bloß ein durch sein Opfer erhobener Mensch, sondern er ist der Gottmensch. Darum wird er mit der gleichen Verherrlichung bedacht wie der Schöpfer. Das dreimalige Loblied

(5,9.12.13) gilt dem Lamm in gleicher Weise wie dem, der auf dem Throne sitzt. Und schließlich wird noch ausdrücklich gesagt, dass das Lamm »in der Mitte vor dem Thron steht« (7,17). Christus ist also der Gottmensch.

Im Inhalt der sieben Siegel tritt Christus persönlich zurück. Es wird zwar gesagt, dass die Verfolgten und Gemarterten um seinetwillen, nämlich um des »Wortes Gottes« willen, geopfert wurden. Es wird auch angedeutet, dass der Gerichtstag der Tag »seines Zorns« ist und dass er, wenn das Gericht vorüber ist, die Seinen »zu den Quellen führen [wird], aus denen das Wasser des Lebens strömt« (7,17). Diejenigen, die gerettet werden, werden durch ihn gerettet, weil sie »ihre Gewänder gewaschen und im Blut des Lammes weiß gemacht [haben]« (7,14). So dient also sein Opfer am Kreuz sowohl zu seiner eigenen Erhöhung und Verherrlichung wie auch zur Grundlegung, zum Ausbau und zur Vollendung des Gottesreiches. Er ist also wirklich der Sieger durch seinen Tod.

Etwas anderes ist in dieser ganzen Szene deutlich. Christus ist der Mittler. Seine Stellung gegenüber dem Vater tritt sichtbar in Erscheinung. Denn zuerst wird nur der Vater gezeichnet, und zwar ausdrücklich als der Schöpfer, der auf dem Thron des Himmels sitzt und das Loblied aller Kreatur empfängt. Dann erst wird Christus sichtbar. Aus der Hand des Vaters empfängt er das versiegelte Buch, denn der Schöpfungs- und Heilsplan ist der Plan des Vaters. Christus ist der Mittler, der diesen Plan verwirklicht und ihn nun bekannt gibt. Theologisch lässt sich somit das Ergebnis dieses Abschnittes in die Lehre zusammenfassen, dass Christus im Auftrag und nach dem Willen des Vaters sich für die Welt geopfert, dadurch das Reich des Vaters errichtet, die Menschen von den Sünden erlöst, den Zugang ins vollendete Reich des Vaters geöffnet und damit die eigentliche Verherrlichung des Vaters vollbracht hat. An dieser Herrlichkeit des Vaters hat der Sohn selbst Anteil und darum gilt der gleiche Lobpreis dem Vater und ihm.

SIEBEN POSAUNEN

DIE AUSFÜHRUNG AUF ERDEN

EINFÜHRUNGSVISION

DIE VIER ERSTEN POSAUNEN

DIE DREI ANDEREN POSAUNEN

CHRISTUS IM ABSCHNITT DER SIEBEN POSAUNEN

EINFÜHRUNGSVISION

8,2–6

Und ich sah: Sieben Engel standen vor Gott; ihnen wurden sieben Posaunen gegeben. Und ein anderer Engel kam und trat mit einer goldenen Räucherpfanne an den Altar; ihm wurde viel Räucherwerk gegeben, damit er es mit den Gebeten aller Heiligen auf dem goldenen Altar vor dem Thron darbringe. Aus der Hand des Engels stieg der Weihrauch mit den Gebeten der Heiligen zu Gott empor. Dann nahm der Engel die Räucherpfanne, füllte sie mit glühenden Kohlen, die er vom Altar nahm, und warf sie auf die Erde; da begann es zu donnern und zu dröhnen, zu blitzen und zu beben. Dann machten sich die sieben Engel bereit, die sieben Posaunen zu blasen.

In der Apokalypse bilden Himmel und Erde eine Einheit. Da aber Gott der Bestimmende ist, sieht Johannes immer zuerst die Pläne im Himmel, dann die Ausführung auf der Erde. Das siebenfach versiegelte Buch enthielt diese Gottespläne im Himmel. Nun erfolgt die Ausführung auf der Erde. Die Einführungsvision zeigt deutlich den Übergang. Die Ereignisse beginnen mit einem Akt der Liturgie im Himmel, der wieder im Anschluss an die Tempelliturgie zu Jerusalem geschildert ist. In dieser trägt der Priester vom Brandopferaltar in goldener Schale glühende Kohlen zum Rauchopferaltar hinüber und schüttet dort Rauchwerk auf das Feuer, damit der Weihrauch duftend emporsteigt. Dann stoßen die Priester in silberne Posaunen, damit das harrende Volk weiß, dass der Augenblick des Opfers gekommen ist. In der himmlischen Liturgie stehen Engel an der Stelle der

Priester. Es sind wieder sieben Engel, die vor Gott stehen. Der Weihrauch sind die Gebete der Heiligen. Schon im Buch Tobit ist von den sieben heiligen Engeln die Rede, die vor Gott stehen und die Gebete der Heiligen zu ihm emportragen (Tob 12,15).

Aber dann kommt jäh der plötzliche Übergang. Noch einmal füllt der Engel seine Schale mit glühenden Kohlen. Diesmal schleudert er jedoch das Feuer auf die Erde und die sieben Engel stoßen in die Posaunen. In diesem zweiten Akt der Liturgie geht es nicht mehr in erster Linie um eine Huldigung an die Majestät Gottes, sondern um Gottes Strafgericht über die Welt und Menschen. Es ist noch nicht das Letzte Gericht des Jüngsten Tages, sondern es sind Strafgerichte Gottes, die sich durch den ganzen Ablauf der Menschheitsgeschichte hindurchziehen. Johannes liebt es, in spiralförmiger Weise einen Gedanken zu behandeln und ihn dann später in einer anderen Weise wieder aufzugreifen und weiterzuführen. So auch hier. Der Inhalt der sieben Siegel, besonders das Geheimnis der apokalyptischen Reiter, war ein Planen Gottes zu strafender Mahnung und mahnender Strafe der Menschen. Jetzt wird der gleiche Gedanke in ganz anderer Weise weitergeführt. Aber diesmal als Ausführung und Verwirklichung auf der Erde. Wenn das Feuer durch den Engel vom Himmel auf die Erde geschleudert wird, ist diese Bewegung von oben nach unten symbolhaft gezeigt.

Wieder sind die sieben Posaunen in zwei Teile gruppiert wie vorher die sieben Siegel.

DIE VIER ERSTEN POSAUNEN

8,7–13

Der erste Engel blies seine Posaune. Da fielen Hagel und Feuer, die mit Blut vermischt waren, auf das Land. Es verbrannte ein Drittel des Landes, ein Drittel der Bäume und alles grüne Gras. Der zweite Engel blies seine Posaune. Da wurde etwas, das einem großen brennenden Berg glich, ins Meer geworfen. Ein Drittel des Meeres wurde zu Blut. Und ein Drittel der Geschöpfe, die im Meer leben, kam um und ein Drittel der Schiffe wurde vernichtet. Der dritte Engel blies seine Posaune. Da fiel ein großer Stern vom Himmel; er loderte wie eine Fackel und fiel auf ein Drittel der Flüsse und auf die Wasserquellen. Der Name des Sterns ist Absinth – Wermut –. Ein Drittel des Wassers wurde Absinth und viele Menschen starben durch das Wasser, weil es bitter geworden war. Der vierte Engel blies seine Posaune. Da wurden ein Drittel der Sonne und ein Drittel des Mondes und ein Drittel der Sterne getroffen, sodass sie ein Drittel ihrer Leuchtkraft verloren und der Tag um ein Drittel dunkler wurde und ebenso die Nacht. Und ich sah und hörte: Ein Adler flog hoch am Himmel und rief mit lauter Stimme: Wehe! Wehe! Wehe den Bewohnern der Erde! Noch drei Engel werden ihre Posaunen blasen.

Die erste Gruppe bildet eine geschlossene Einheit in ihrem Ursprung und in ihrem Ziel. Der Ursprung ist Gott. In seinem Auftrag geschehen die Schrecknisse. Das Ziel ist die Erde. Nach der Bibel bilden Kosmos und Mensch eine Einheit. Denn der Kosmos war geschaffen auf den Menschen hin und zu seinem Dienst.

Der Mensch hat ihn in der Sünde missbraucht. So hat auch der Kosmos an der Sünde Anteil und ist nach dem Genesis-Bericht über den Sündenfall auch in den Fluch Gottes miteinbezogen. Erst wenn die Sünde endgültig hinweggenommen wird, ist auch die neue Erde von diesem Fluch befreit. Es geht in der Bibel immer um eine Gesamtschau von Himmel und Erde, von Welt und Mensch.

Im Einzelnen sind die Plagen, die Gott über die Erde kommen lässt, im Anschluss an die ägyptischen Plagen gezeichnet, aber doch in völlig freier Wiederholung und auch Änderung.

Die *erste Posaune* zeigt Unheil für die Erde an. Immer wieder wird es Hagel und Blitzschlag geben und Trockenheit, sodass der Himmel in glühendem, unerbittlichem Rot flammt. Auch an Feuersbrünste, Wald- und Steppenbrände ist zu denken und an die Kriegsfurie, die immer wieder über ganze Länder rast und weite Strecken fruchtbaren Landes, blühender Wiesen und grünender Wälder sengend und brennend in »verbrannte Erde« und in Wüsten verwandelt. Wenn die Apokalypse sagt, dass ein Drittel von Gras, Bäumen und Erde verbrennt, ist damit angedeutet, dass diese Katastrophen immer wieder schweren Schaden zufügen, aber doch nur einen Bruchteil der Erde treffen.

Beim Stoß der *zweiten Posaune* wird das Meer getroffen. Im Jahr 79 n. Chr. hatte der Ausbruch des Vesuv die Städte Herkulaneum und Pompeji verschüttet und das Meer zum Teil in siedendes Wasser verwandelt. Ein großes Fischsterben war die Folge. Dieses Ereignis hat Johannes vor Augen, wenn er von einem feurigen Berg spricht, der ins Meer geworfen wird. Es soll mit diesem einen Geschehnis nur an das erinnert werden, was immer wieder an tödlicher Wirkung in der Unheimlichkeit des Meeres zu finden ist, wenn Fische sterben und Schiffe scheitern. Wenn dabei vom Blut die Rede ist, spielt eine Erinnerung an die ägyptische Plage der Rötung des Nils mit, und es ist auch an die zahllosen Seeschlachten zu denken, die in alter und neuer Zeit das Blutvergießen auch auf die hohe See getragen haben.

Der Klang der *dritten Posaune* zeigt die Plage an, welche Quellen und Flüsse treffen soll. Als das Volk Israel nach seinem Zug durch die Wüste Sur halb verdurstet endlich eine Quelle fand, war die Enttäuschung groß, denn sie enthielt nur schwefliges Wasser. Und bei Jeremia (9,14) ist dem Volk die Drohung ausgesprochen: »Weil sie meine Weisung aufgaben [...], gebe [ich] ihnen, diesem Volk, Wermut zu essen und Giftwasser zu trinken.« Außerdem war im Orient Brunnenvergiftung und Krankheitsverbreitung durch verunreinigtes Wasser in Zisternen, an denen Aussätzige getrunken oder sich gewaschen hatten, keine Seltenheit. All das spielt mit. Wenn dabei betont wird, dass ein Stern wie eine brennende Fackel vom Himmel herabgefallen sei, so liegt darin der Glaube des antiken Menschen, dass Meteore und Sternschnuppen Unheil bedeuten, und es ist außerdem noch einmal zu verstehen gegeben, dass dieses Unheil von Gott herkommt.

Die *vierte Posaune* deutet Katastrophen an, die den Sternenhimmel betreffen. Sonnen- und Mondfinsternisse erinnern nicht nur an die ägyptische Finsternis, sondern lassen dem naturverbundenen Menschen die Unheimlichkeit dunkler Nächte doppelt zum Bewusstsein kommen. Hilflos ist der Mensch dann allen Gefahren ausgeliefert und allem Unheil, das im Dunkeln schreitet.

Diese erste Gruppe wird durch eine seltsame Zwischenszene abgeschlossen. Ein Adler fliegt durch den Himmelsraum und stößt mit dem heiseren Schrei des Raubvogels ein dreifaches »Wehe« aus. Es wird damit angedeutet, dass das Unglück, das die nächsten Posaunenstöße anzeigen, viel größer ist, und es wird außerdem betont, dass die folgenden Katastrophen nicht mehr die Erde treffen, sondern die Bewohner der Erde. So sind auch hier die Trennung und doch zugleich der Übergang in eigenartiger, stimmungsmäßig unheimlicher Weise gezeichnet.

DIE DREI ANDEREN POSAUNEN

9,1–11,18

Der fünfte Engel blies seine Posaune. Da sah ich einen Stern, der vom Himmel auf die Erde gefallen war; ihm wurde der Schlüssel zu dem Schacht gegeben, der in den Abgrund führt. Und er öffnete den Schacht des Abgrunds. Da stieg Rauch aus dem Schacht auf, wie aus einem großen Ofen, und Sonne und Luft wurden verfinstert durch den Rauch aus dem Schacht. Aus dem Rauch kamen Heuschrecken über die Erde und ihnen wurde Kraft gegeben, wie sie Skorpione auf der Erde haben. Es wurde ihnen gesagt, sie sollten dem Gras auf der Erde, allen grünen Pflanzen und allen Bäumen keinen Schaden zufügen, sondern nur den Menschen, die das Siegel Gottes nicht auf der Stirn haben. Es wurde ihnen befohlen, die Menschen nicht zu töten, sondern nur zu quälen, fünf Monate lang. Und der Schmerz, den sie zufügen, ist so stark, wie wenn ein Skorpion einen Menschen sticht. In jenen Tagen werden die Menschen den Tod suchen, aber nicht finden; sie werden sterben wollen, aber der Tod wird vor ihnen fliehen. Und die Heuschrecken sehen aus wie Rosse, die zur Schlacht gerüstet sind; auf ihren Köpfen tragen sie etwas, das goldschimmernden Kränzen gleicht, und ihre Gesichter sind wie Gesichter von Menschen, ihr Haar ist wie Frauenhaar, ihr Gebiss wie ein Löwengebiss, ihre Brust wie ein eiserner Panzer; und das Rauschen ihrer Flügel ist wie das Dröhnen von Wagen, von vielen Pferden, die sich in die Schlacht stürzen. Sie haben Schwänze und Stacheln wie Skorpione und in ihren Schwänzen ist die Kraft, mit der sie den Menschen schaden, fünf Monate lang. Sie haben als König über sich den Engel des Abgrunds; er heißt auf Hebräisch Abaddon, auf Griechisch Apollyon. Das erste Wehe ist vorüber. Siehe, noch zweimal wird das Wehe kommen.

Der sechste Engel blies seine Posaune: Da hörte ich eine Stimme, die von den vier Hörnern des goldenen Altars herkam, der vor Gott steht. Die Stimme sagte zu dem sechsten Engel, der die Posaune hält: Binde die vier Engel los, die am großen Strom, am Eufrat, gefesselt sind! Da wurden die vier Engel losgebunden, die auf Stunde und Tag, auf Monat und Jahr bereitstanden, um ein Drittel der Menschheit zu töten. Und die Zahl der Reiter dieses Heeres war vieltausend mal tausend; diese Zahl hörte ich. Und so sah ich in der Vision die Pferde und die auf ihnen saßen: Sie trugen feuerrote, rauchblaue und schwefelgelbe Panzer. Die Köpfe der Pferde glichen Löwenköpfen und aus ihren Mäulern schlug Feuer, Rauch und Schwefel. Ein Drittel der Menschen wurde durch diese drei Plagen getötet, durch Feuer, Rauch und Schwefel, die aus ihren Mäulern hervorkamen. Denn die tödliche Macht der Pferde war in ihren Mäulern und in ihren Schwänzen. Ihre Schwänze glichen Schlangen, die Köpfe haben, mit denen sie Schaden zufügen können. Aber die übrigen Menschen, die nicht durch diese Plagen umgekommen waren, wandten sich nicht ab von den Machwerken ihrer Hände: Sie hörten nicht auf, sich niederzuwerfen vor ihren Dämonen, vor ihren Götzen aus Gold, Silber, Erz, Stein und Holz, den Götzen, die weder sehen noch hören, noch gehen können. Sie ließen nicht ab von Mord und Zauberei, von Unzucht und Diebstahl.

Und ich sah: Ein anderer gewaltiger Engel kam aus dem Himmel herab; er war von einer Wolke umhüllt und der Regenbogen stand über seinem Haupt. Sein Gesicht war wie die Sonne und seine Beine waren wie Feuersäulen. In der Hand hielt er ein geöffnetes kleines Buch. Er setzte seinen rechten Fuß auf das Meer, den linken auf das Land und rief laut, so wie ein Löwe brüllt. Nachdem er gerufen hatte, erhoben die sieben

Donner ihre Stimme. Als die sieben Donner gesprochen hatten, wollte ich es aufschreiben. Da hörte ich eine Stimme vom Himmel her rufen: Versiegle, was die sieben Donner gesprochen haben; schreib es nicht auf! Und der Engel, den ich auf dem Meer und auf dem Land stehen sah, erhob seine rechte Hand zum Himmel. Er schwor bei dem, der in alle Ewigkeit lebt, der den Himmel erschaffen hat und was darin ist, die Erde und was darauf ist, und das Meer und was darin ist: Es wird keine Zeit mehr bleiben, sondern in den Tagen, wenn der siebte Engel seine Stimme erhebt und seine Posaune bläst, wird auch das Geheimnis Gottes vollendet sein; so hatte er es seinen Knechten, den Propheten, verkündet.

Und die Stimme aus dem Himmel, die ich gehört hatte, sprach noch einmal zu mir und sagte: Geh, nimm das Buch, das der Engel, der auf dem Meer und auf dem Land steht, geöffnet in der Hand hält! Und ich ging zu dem Engel und bat ihn, mir das kleine Buch zu geben. Er sagte zu mir: Nimm und iss es! In deinem Magen wird es bitter sein, in deinem Mund aber süß wie Honig. Da nahm ich das kleine Buch aus der Hand des Engels und aß es. In meinem Mund war es süß wie Honig. Als ich es aber gegessen hatte, wurde mein Magen bitter. Und sie sagten zu mir: Du musst noch einmal weissagen über viele Völker und Nationen mit ihren Sprachen und Königen. Dann wurde mir ein Messstab gegeben, der aussah wie ein Stock, und mir wurde gesagt: Geh, miss den Tempel Gottes und den Altar und zähle alle, die dort anbeten! Den Hof, der außerhalb des Tempels liegt, lass aus und miss ihn nicht; denn er ist den Heiden überlassen. Sie werden die heilige Stadt zertreten, zweiundvierzig Monate lang. Und ich will meinen zwei Zeugen auftragen, im Bußgewand aufzutreten und prophetisch zu reden, zwölfhundertsechzig Tage lang. Sie sind die zwei Ölbäume und die zwei Leuchter, die vor dem Herrn der Erde stehen. Wenn ihnen jemand Schaden zufügen will, schlägt Feuer aus ihrem Mund

und verzehrt ihre Feinde; so muss jeder sterben, der ihnen schaden will. Sie haben Macht, den Himmel zu verschließen, damit kein Regen fällt in den Tagen ihres Wirkens als Propheten. Sie haben auch Macht, das Wasser in Blut zu verwandeln und die Erde zu schlagen mit allen möglichen Plagen, sooft sie wollen. Wenn sie ihren Auftrag als Zeugen erfüllt haben, wird das Tier, das aus dem Abgrund heraufsteigt, Krieg mit ihnen führen, sie besiegen und töten. Und ihre Leichen bleiben auf der Straße der großen Stadt liegen. Diese Stadt heißt, geistlich verstanden: Sodom und Ägypten; dort wurde auch ihr Herr gekreuzigt. Menschen aus allen Völkern und Stämmen, Sprachen und Nationen werden ihre Leichen dort sehen, dreieinhalb Tage lang; sie werden nicht zulassen, dass die Leichen in einem Grab bestattet werden. Und die Bewohner der Erde freuen sich darüber, beglückwünschen sich und schicken sich gegenseitig Geschenke; denn die beiden Propheten hatten die Bewohner der Erde gequält. Aber nach den dreieinhalb Tagen kam von Gott her wieder Lebensgeist in sie und sie stellten sich wieder auf ihre Füße. Da überfiel alle, die sie sahen, große Angst. Und sie hörten eine laute Stimme vom Himmel her, die ihnen zurief: Kommt herauf! Vor den Augen ihrer Feinde stiegen sie in der Wolke zum Himmel hinauf. In dieser Stunde entstand ein gewaltiges Erdbeben. Ein Zehntel der Stadt stürzte ein und siebentausend Menschen kamen durch das Erdbeben um. Die Überlebenden wurden vom Entsetzen gepackt und gaben dem Gott des Himmels die Ehre. Das zweite Wehe ist vorüber; siehe, das dritte Wehe kommt bald.

Der siebte Engel blies seine Posaune. Da ertönten laute Stimmen im Himmel, die riefen: Nun gehört die Königsherrschaft über die Welt unserem Herrn und seinem Christus; und sie werden herrschen in alle Ewigkeit.

Und die vierundzwanzig Ältesten, die vor Gott auf ihren Thronen sitzen, warfen sich auf ihr Angesicht nieder, beteten

Gott an und sprachen: Wir danken dir, Herr und Gott, du Herrscher über die ganze Schöpfung, der du bist und der du warst; denn du nahmst deine große Macht in Anspruch und tratest die Herrschaft an. Die Völker gerieten in Zorn. Da kam dein Zorn: die Zeit, die Toten zu richten, die Zeit, deine Knechte zu belohnen, die Propheten und die Heiligen und alle, die deinen Namen fürchten, die Kleinen und die Großen, die Zeit, alle zu verderben, die die Erde verderben.

Diesmal kommt das Unheil nicht von oben, sondern von unten, genauer: von Satan aus dem Abgrund. Aber es ist von Gott zugelassen als Mahnung für die Menschen.

Beim Posaunenstoß des *fünften* Engels ist der Übergang gezeigt. Denn Luzifer, der Lichtträger, von dem Christus sagt: »Ich sah den Satan wie einen Blitz aus dem Himmel fallen« (Lk 10,18), fällt nach der Schilderung der Apokalypse wie ein Stern vom Himmel. Durch diesen Sturz wird der Abgrund der Hölle geöffnet. Damit beginnt die höllische Wirkung auf die Menschen. Der dunkle, rußige Rauch verdeckt das Licht von oben und beschmutzt den Menschen und all seine Werke. Alles Satanische ist Finsternis, und alles höllische Wirken ist Schmutz. Es spielt dabei auch die Erinnerung an das brennende Sodom und Gomorra mit, denn es heißt im Buch der Genesis: »[Abraham] schaute gegen Sodom und Gomorra und auf das ganze Gebiet im Umkreis. Er schaute hin und siehe: Qualm stieg von der Erde auf wie der Qualm aus einem Schmelzofen« (Gen 19,28). Wenn Satan den Geist des Menschen verdunkelt und bewölkt, ist das nur Vorbereitung zu Schlimmerem. Denn wenn der Mensch nicht mehr klar sieht und in seelischer Niedergeschlagenheit für das Licht von oben nicht mehr empfänglich ist, überfallen ihn alle möglichen Versuchungen. Die Apokalypse schildert diesen Überfall im Anschluss an die ägyptische Heuschreckenplage. Aber es geht diesmal nicht wie bei wirklichen Heuschrecken um das Grün des Grases und der Bäume, die den gefräßigen Tieren zum Opfer fallen, sondern es geht um Menschen. Ausdrücklich wird betont, dass die Menschen nicht getötet, wohl aber gequält werden sollen. Es handelt sich ja nicht um das Endgericht, sondern um die Seelenqual durch Versuchungen, Gewissensbisse und den inneren Stachel des Schuldbewusstseins. Wie der Stich eines Skorpions ist diese Qual. Fünf Monate soll sie dauern, das heißt eine lange Zeit. Und immer wieder wird sie spürbar werden.

Dann aber zeigt die Apokalypse in voller Deutlichkeit, dass es um dämonische Dinge geht. Denn nun werden diese Heuschrecken zu höllischen Monstern, zu unheimlichen Wesen, die es in dieser Art weder gibt noch geben kann, die aber gerade durch diese groteske Zeichnung das Untermenschlich-Abgründige zur Darstellung bringen sollen. Wenn diese Ungeheuer goldene Kronen tragen, ist der satanische Herrscherwille darin angedeutet. Das Menschenantlitz ist das Zeichen des Geistes, denn Satan ist eine geistige Macht. Die zermalmenden Löwenzähne und das wild flatternde Frauenhaar sollen die Verbindung von Wildheit, Verworrenheit, Chaos mit der Unheimlichkeit des Vernichtungswillens und der zerstörenden Macht aufzeigen. Und der Angriff der Dämonen ist wie ein feindliches Heer mit kriegsgerüsteten Rossen und rasselnden eisernen Streitwagen. Noch einmal wird betont, dass die Wirkung wie die Qual von Skorpionstichen ist. Und dann endlich wird das letzte Geheimnis bloßgelegt, denn es zeigt sich, dass diese feindliche Macht unter einheitlicher Führung steht, denn der Herrscher ist »der Engel des Abgrunds«. In zwei Sprachen wird sein Name genannt, hebräisch: Abaddon, griechisch: Apollyon. Der Name Abaddon steht schon im Buch Exodus für den Würgeengel, der durch Ägypten schreitet, um die Erstgeburt zu schlagen. Es ist Satan, »der Mörder von Anbeginn«, der aber nur wirken kann, wenn und weil Gott es zulässt.

Der griechische Name besagt, dass sein Werk und Wesen Verderben ist. Er ist der Feind schlechthin. Die Wirkung ist, dass die Menschen am liebsten sterben möchten, aber nicht können. Körperschmerzen und seelische Qual sind in diesen Symbolen als satanisches Werk einerseits und göttliche Warnung andererseits dargestellt. Das Geschehen, das die fünfte Posaune anzeigt, ist zugleich das erste »Wehe«, das der Adler vorausgesagt hatte.

Die *sechste Posaune* steigert den satanischen Angriff. Ging es bisher nur um das Quälen der Menschen durch satanische Mächte, so ist jetzt vom Töten der Menschen die Rede. Das Bild, das Johannes gebraucht, ist jedem Israeliten vertraut. Der große Feind des Gottesvolkes brach mit seiner Heeresmacht vom Osten her, vom Eufrat ins Land ein. Vor allem war es die feindliche Kavallerie, die für das israelitische Fußvolk etwas Erschreckendes hatte. Hier ist das Bild ins Geistige und Dämonische übertragen. War bisher durch Gottes Willen der Feind noch gebunden, aber so, dass er kaum die Stunde des Losschlagens erwarten konnte, sondern »auf Stunde und Tag, auf Monat und Jahr bereitstand«, so wird jetzt die gebundene Macht gelöst und alsbald bricht der Sturm einer satanischen Kavalkade los. Vieltausend mal tausend sind als Zahl angegeben. Es soll darin wieder das Übermenschliche und Übermächtige angedeutet sein. Dreimal werden die höllischen Elemente Feuer, Rauch und Schwefel betont, in der Farbe der Rosse und der Panzer, in den Feuer, Rauch und Schwefel speienden Mäulern der Pferde und in der Wirkung, dass ein Drittel der Menschen dadurch getötet wird. Die Parther pflegten die Schwänze ihrer Rosse zu Knoten zu binden. Bei Johannes erweckt das den Eindruck, als hätten diese Pferde Schlangenschwänze. Ein Bild, das der Verfasser der Apokalypse wohl auch bei Zentauren-Darstellungen in kleinasiatischen Städten sehen konnte.

Mit dem verhältnismäßig noch Harmlosen der Rauchschwaden hat das satanische Wirken begonnen. Dann ist sein Charakter schrittweise immer deutlicher geworden bis zur letzten Enthüllung in den Schlangenschweifen. Das ist immer die Methode Satans: Klein, unmerklich und verhüllt ist der Beginn, voll zynischer Offenheit und grausamer Deutlichkeit ist das Ende. Ein eigenartiger Parallelismus ist bei der Darstellung noch zu beobachten. Denn sowohl die Plagen, die von oben kommen, wie die von unten werden durch Boten ausgeführt, durch Engel als Diener Gottes und durch Dämonen als dienstbare Geister Satans. Erst später, unmittelbar vor dem Ende, werden Gott und Satan selbst und unmittelbar eingreifen. Ein weiterer Parallelismus liegt darin, dass bei beiden Gruppen von einem fallenden Stern die Rede ist. Beides deutet an, dass ein Abfallen von Gott immer Katastrophen zur Folge hat.

Das Entscheidende ist bei all diesen schrecklichen, dämonischen Schilderungen die *Wirkung.* Es ist die gleiche wie bei den ägyptischen Plagen. Wie es dort immer wieder hieß, dass das Herz des Pharao verhärtet wurde, so kommen auch hier die Menschen durch die von Gott und von Satan, von Himmel und Hölle ihnen gegebenen Mahnzeichen nicht zur Erkenntnis und nicht zur Umkehr. Sie bleiben ihrem Satansdienst treu und huldigen weiter nicht Gott, sondern ihren Götzen. Die Apokalypse hat in der Aufzählung eine Skala, die immer weiter nach unten geht: Götzen von Gold, Silber, Erz, Stein und Holz. Man sollte glauben, dass die Menschen die Nichtigkeit ihrer eigenen Werke durchschauen müssten. Aber sie fahren fort, ihrer Hände Werk anzubeten und damit letztlich sich selbst und ihrem eigenen Tun zu huldigen. Denn der Götze ist eine Vergötterung der irdisch-menschlichen Dinge.

Neben der geistigen Verkehrtheit zählt Johannes auch die moralischen Verirrungen der Menschheit auf. Er betont ihre Mordtaten, ihre Magie, ihre Unzucht und ihre Diebereien. Also das Sichvergreifen am Leben, an den Kräften Gottes, am Leib und an fremdem Eigentum. Es ist ein erschütterndes Ergebnis, das die Apokalypse hier zeichnet. Aber die Schuld trifft allein den Menschen. Gott hat ihn gewarnt. Und die satanischen Qualen des Menschen der Sünde hätten diesem ein Warnsignal sein müssen. So gibt es für ihn keine Entschuldigung. Es fehlt bloß noch das Ende, das Gericht, in welchem das Vernichtungsurteil Gottes über ihn gefällt wird.

Aber bevor die siebte Posaune ertönt und die Stunde des Gerichts anzeigt, wird, ähnlich wie vor dem siebten Siegel, ein Blick auf die Erwählten geworfen. Diesmal jedoch nicht in ihrer Seligkeit, sondern in der Drangsal ihrer Verfolgung. Das *Zwischenspiel* nimmt hier in der Apokalypse einen besonders ernsten und feierlichen Klang an, denn es handelt sich um das Schicksal der Kirche im Ablauf der Weltgeschichte.

Eine feierliche *Einführungsvision* bereitet auf das Kommende vor und betont die Wichtigkeit dieser Offenbarung über das Schicksal der Kirche. Denn dieses Schicksal ist nichts Geringeres als das zweite »Wehe«, das der Schrei des Adlers angezeigt hatte. Ist der Ablauf der Weltgeschichte ein »Wehe«, so erst recht der Ablauf der Kirchengeschichte im Weltganzen.

Die Einführungsvision ist von besonderer Größe. Der Engel wird als überirdisches Wesen sichtbar. Ein abziehendes Gewitter bildet den Untergrund der Vision. Das dunkle Gewölk ist das Gewand des Engels. Der Regenbogen bildet seinen Heiligenschein und die Sonne, die durchs Gewölk bricht, ist sein Antlitz. Das Gewitterbild, das über Land und Meer steht, zeigt, dass der Engel, dessen Beine wie Feuersäulen aufragen, einen Fuß auf das Meer und den anderen aufs Land setzt. Seine Stimme erinnert an das Wort des Propheten Hosea (11,10): »Hinter dem HERRN werden sie hergehen. Er brüllt wie ein Löwe, ja, er brüllt.« Die brüllenden Donner des abziehenden Gewitters werden von Bergen und Felsen in siebenfachem Echo zurückgeworfen.

Eine doppelte Botschaft hat der Engel an den Seher von Patmos. Die eine ist geheimnisvoll, darf nicht verkündet, sondern muss unter Siegel gelegt werden. Es ist die Botschaft vom Ende. Mit feierlichem Eidschwur, den die zum Himmel emporgereckte Hand bekräftigt, wird beim ewigen, unendlichen Gott, der Himmel und Erde erschaffen hat, betont, dass das Dröhnen der siebten Posaune die Erfüllung, also das Ende und den Abschluss des geheimen Ratschlusses Gottes bildet. Damit ist in aller Form gesagt, dass die siebte Posaune die Botschaft vom Jüngsten Gericht bedeutet, so wie das siebte Siegel das Anbrechen des Jüngsten Gerichts anzeigen sollte. Aber noch ist diese Stunde nicht gekommen. Noch handelt es sich bloß um den Ablauf der Geschichte, noch nicht um ihr Ende. Darum muss der Inhalt dieses Endes noch verschlossen und versiegelt bleiben. Wenn dann die Posaune ertönt, ist es zu einer Lebensänderung zu spät. Denn dann »wird keine Zeit mehr bleiben«.

Aber noch eine andere Botschaft hat der Engel. Und von ihr soll Johannes reden. Sie wird als besonders wichtig aufgezeigt, denn so, wie Christus aus der Hand des himmlischen Vaters das Buch mit den sieben Siegeln entgegengenommen hat, um es der Welt kundzutun, so nimmt hier Johannes aus der Hand des Engels ein Büchlein entgegen, um sich seinen Inhalt anzueignen und den Menschen kundzutun. Es ist nicht ein Buch, sondern nur ein Büchlein. Damit soll gesagt werden, dass es nur eine Teilbotschaft enthält, die in den Rahmen der Gesamtbotschaft des Heilsplans Gottes gestellt werden muss. Das Aneignen und Weitertragen des Inhalts wird im Anschluss an Ezechiel 2,8 in das eigenartige Symbol gekleidet, dass der Seher das Büchlein aufessen muss. Er soll dadurch erfahren, dass die Aufnahme der Botschaft süß ist wie Honig, aber das Weitertragen Bitterkeit bereitet. Es ist gut zu wissen, welches das Schicksal der Kirche ist. Aber es ist hart und bitter, die Kunde davon den Menschen mitzuteilen. Mag es bitter sein oder nicht, Auftrag und Sendung sind gegeben. »Du musst noch einmal weissagen über viele Völker und Nationen mit ihren Sprachen und Königen.« Denn die

Kirche ist Weltkirche. Ihr Schicksal wird sich darum immer wieder erfüllen in verschiedenen Zeiten und Zonen.

Wieder ist der Bildcharakter des Folgenden höchst eigenartig. Johannes geht von Israel, seiner heiligen Stadt Jerusalem und dem Heiligtum des Tempels aus. Sie sind Vorläufer des geistigen Israel, der heiligen Kirche. Der Seher sieht die heilige Stadt den Heiden zweiundvierzig Monate lang preisgegeben. Die gleiche Zahl wird im folgenden Vers als zwölfhundertsechzig Tage angegeben. Es ist die Dreieinhalb als gebrochene Siebenzahl und somit Zahl des menschlichen Geschehens. Es liegt darin auch eine Anspielung auf die Verfolgung Israels durch Antiochus Epiphanes, die dreieinhalb Jahre dauerte, und an die Jahreswochen Daniels. Mitten in Jerusalem steht der Tempel mit dem Altar und den Betern. Das Äußere an der Kirche ist den Menschen ausgeliefert. Sie können es zertreten und misshandeln. Aber das innere, eigentliche Wesen der Kirche ist in Gottes Hand und gesichert.

Dieses Schicksal der Kirche wird nun im Einzelnen geschildert, und zwar unter dem Bild von zwei Zeugen. Zeugen sind sie, weil es die Aufgabe der Kirche ist, von Jesus Zeugnis zu geben. Wenn von zwei Zeugen die Rede ist und sie ausdrücklich zwei Ölbäume und zwei Leuchter genannt werden, so geschieht das im Anschluss an die Worte des Propheten Sacharja 4,2 und 4,11. Dort sind unter den zwei Ölbäumen die religiöse und die weltliche Autorität Israels zu verstehen. In der Kirche ist wohl am ehesten an die zwei Arten von Zeugen und von Zeugnisgeben zu denken, an die Märtyrer und die Bekenner. Mehrmals ist in der Apokalypse von diesen beiden die Rede. Sie werden beispielsweise ausdrücklich genannt und unterschieden im Bericht über das tausendjährige Reich. Andere verstehen darunter Henoch und Elija, die vor dem Ende wiederkommen sollen, oder Mose und Elija, die auf dem Tabor sichtbar wurden und mit dem Herrn über das Ende sprachen. Aber es geht ja in diesem

Abschnitt nicht um das Ende, sondern um die Kirchengeschichte des jeweiligen Hier und Jetzt, sodass diese Symbole nicht in erster Linie konkrete Gestalten meinen, sondern einfach die Kirche als Ganzes symbolisieren, die in ihren verschiedenen Gruppen Zeugnis ablegt.

Die Macht der Kirche wird zuerst aufgezeigt. Wenn Gott es nicht will, kann niemand der Kirche etwas anhaben, sondern alle Feinde werden zuschanden. Die Kirche, der die Binde- und Lösegewalt gegeben ist durch das Wort »Alles, was ihr auf Erden binden werdet, das wird auch im Himmel gebunden sein« (Mt 18,18), wird hier dargestellt in Erinnerung an Elija, der den Himmel verschließen konnte, dass kein Regen fiel, und im Andenken an Mose und Aaron, welche Gewässer in Blut verwandeln und die Erde mit widrigen Plagen schlagen konnten. Alles ist nur Symbol der geistigen Unverletzbarkeit und geistigen Macht der Kirche.

Wenn aber dann Gott die letzten Zeiten auch über die Kirche kommen lässt, das heißt, wenn diese Kirche ihr »Zeugnis beendet« hat, wird der große Abfall erfolgen und ein Triumph der Gottlosen scheinbar das Schicksal der Kirche besiegeln. Drei Namen werden hier genannt: Sodom, Ägypten und der Ort der Kreuzigung des Herrn. So verschieden alle drei sind, so haben sie das Gemeinsame, dass sie die Gegnerschaft gegen Gott zum Ausdruck bringen. Wie über Christus der Karfreitag gekommen ist, wird er auch über die Kirche kommen. Die Feinde haben bei seinem Tod triumphiert. Sie werden auch bei ihrem Sieg über die Kirche sich gegenseitig beglückwünschen. Aber wie Christus auferstanden und zum Himmel aufgefahren ist, wird auch die Kirche ihr Ostern und ihre endgültige Himmelfahrt erleben. So ist das Schicksal der Kirche mitten in der Welt und Menschheit ein höchst seltsames und erstaunliches. Es ist nur von Christus her verständlich. Denn die Kirche als fortlebender Christus muss und wird fortleidender und forttriumphierender Christus sein. Sie teilt das Schicksal ihres Herrn und Meisters. Wie das Schicksal Christi viele zur Einsicht gebracht hat, ist auch die Kirche als ein ständiges Wunder der Weltgeschichte für viele Anlass zur inneren Erkenntnis. Sie weckt die Gottesfurcht, sodass die Menschen »Gott die Ehre geben«. Wenn die Apokalypse von einem Erdbeben spricht, das den zehnten Teil der Stadt zum Einsturz bringt, sodass siebentausend Personen den Tod finden, liegt auch darin wieder eine Anspielung auf Jerusalem, das zur Zeit Christi etwa siebzigtausend Einwohner zählte. Das Bild will im ganzen Zusammenhang zu verstehen geben, dass Kirchenverfolgungen sich an den Verfolgern immer wieder rächen und dass gerade dieses Geschehen andere zur Einsicht und damit zur Einkehr und Umkehr bringt. Damit ist das zweite »Wehe« zu Ende. Aber noch folgt das dritte nicht, denn die Stunde des Gerichts ist noch nicht da.

Der Klang der *siebten* Posaune, den Johannes erst jetzt hört, wird das Gericht bringen. Nun ertönt sie und nun wird das Gericht kommen. Es ist hier in der Wirkung schon vorweggenommen, denn die Stimmen aus dem Himmel rufen: »Nun gehört die Königsherrschaft über die Welt unserem Herrn und seinem Christus; und sie werden herrschen in alle Ewigkeit.« Und die Antwort der Presbyter ist ein Dankeshymnus, dass Gott nun die Macht an sich genommen und die Herrschaft angetreten hat. Und Gott wird diesmal genannt »Herr und Gott, Herrscher über die ganze Schöpfung, der du bist und der du warst«. Es wird nicht mehr hinzugefügt »der du kommen wirst«. Denn beim Klang der siebten Posaune ist sein Kommen nicht mehr Zukunft, sondern Gegenwart. Und seine Gegenwart bedeutet dann Gericht als Strafe für die einen und Belohnung für die anderen. Bei der Eröffnung des siebten Siegels trat eine große Stille ein als Ausdruck des bangen Erwartens. Beim Klang der siebten Posaune wird der Dank und Jubel des Himmels hörbar. Aber die Stunde des Gerichts ist weder im siebten Siegel noch in der siebten Posaune angegeben. Denn zuvor soll noch das eigentliche Geheimnis enthüllt werden, das die Ereignisse im Himmel und auf Erden bestimmt. Diese Offenbarung ist Aufgabe und Inhalt des letzten und wichtigsten Abschnittes im zweiten Teil der Apokalypse.

CHRISTUS IM ABSCHNITT DER SIEBEN POSAUNEN

In diesem ganzen Abschnitt ist von Christus ein einziges Mal ausdrücklich die Rede. Und zwar erst im Schlussgesang, wo betont wird, dass Gott mit seinem Gesalbten, also mit Christus, die Herrschaft angetreten hat.

Und doch steht auch in diesem Abschnitt Christus unsichtbar, geheimnisvoll hinter allen Ereignissen.

Wenn in der Einführungsvision geschildert wird, dass der Engel zuerst an den goldenen Altar des Himmels tritt und dann erst das Feuer auf die Erde wirft, ist damit angedeutet, dass sein Auftrag von Christus stammt. Denn am goldenen Altar des Himmels amtiert Christus als Priester und als Opfer zugleich. Der Bote ist somit *sein* Bote.

Wenn der Kosmos durch die Ereignisse in den vier ersten Posaunenstößen getroffen wird, so ist es die Welt, die der Logos erschaffen hat. Gerade Johannes ist es, der im Prolog seines Evangeliums betont: »Alles ist durch das Wort geworden und ohne es wurde nichts, was geworden ist« (Joh 1,3). Wenn er nun sein eigenes Werk schädigt und schlägt, so muss ein besonders ernster Beweggrund vorhanden sein. Es geht Christus dabei um nichts Geringeres, als diesen Kosmos zu retten. Denn die Welt ist nicht bloß durch ihn, sondern, nach den Worten des Kolosserbriefes, auch auf ihn hin geschaffen, also zu seiner Ehre und Verherrlichung. Er ist in seiner Menschwerdung der krönende Abschluss des Schöpfungswerkes. Darum kann es ihm nicht gleichgültig sein, ob die Erde wirklich ihm dient oder dem Antichrist. Die Welt ist eine natürliche Offenbarung und somit ein Zeichen Gottes. Wenn der Mensch diese Offenbarung nicht mehr erkennt und dieses Zeichen des Unsichtbaren nicht mehr zu deuten weiß, muss Gott eine eindringliche Sprache sprechen. Er tut es durch die Naturkatastrophen. Sie sollen dem Menschen zum Bewusstsein bringen, dass diese Erde nicht das Letzte ist, dass sie also nicht vergöttert und vergötzt werden darf, sondern dass sie wesentlich über sich hinausweist als Schöpfung auf den Schöpfer und als gesprochen auf den sprechenden Logos. Diese Warnungsabsicht ist darum (9,20) ausdrücklich betont. Der Mensch hat den biblischen Auftrag, sich die Erde untertan zu machen. Menschenarbeit ist also Mitarbeit am Werk Gottes. Wenn die Menschen nun »die Machwerke ihrer Hände« (9,20) von Gott loslösen und gegen Gott zum Götzendienst missbrauchen, ist das ein Missbrauch des Kosmos, Schändung der Erde. Sooft darum diese Erde ihre Grenzen sichtbar werden lässt, ihr düsteres Antlitz zeigt und ihr wildes, ungestümes Wesen enthüllt, in Dürre und Trockenheit, in Meeresstürmen und Überschwemmungen, in Finsternissen aller Art, wird sie im Auftrag Gottes zum Warnsignal für den Menschen. Sie ist dann wie in Abwehrhaltung, um sich gegen den Missbrauch durch den Menschen zur Wehr zu setzen. So liegt in diesem Kapitel eine seltsame, kosmische Theologie. Naturwissenschaft allein erklärt die Dinge dieser Erde nicht. Sie kann wohl ihren physikalischen, chemischen, biologischen Ablauf untersuchen und darstellen, aber deren letzter Sinn ist religiöser Natur. Dieser Sinn wird in der Apokalypse aufgezeigt. Darum ist sie nicht nur eine Theologie der Geschichte, sondern auch eine Theologie der Erde, und zwar eine Theologie, die wesentlich christlich ist, also Christus zur Mitte hat.

Im Bericht über die Ereignisse, die durch die übrigen Posaunenstöße ausgelöst werden, ist Christus noch verborgener. Ja es behaupten hier die antichristlichen Mächte das Feld. Aus dem Abgrund steigen die Qualen auf. Satanisch ist ihr Gepräge und ihr Werk. Und doch ist auch hier Christus zu finden. Er gibt sämtlichen Posaunenengeln die Befehle. Also können die satanischen Mächte sich nur dann entfalten, wenn er es zulässt. Und ihr Wirken ist durch seinen Willen in Schranken gehalten. Er bestimmt, ob sie nur schädigen oder töten können. Und er legt die Dauer ihres satanischen Tuns fest. Noch mehr: wenn Christus den Dämonen Spielraum lässt, dann nur im Dienste seines Heilsplanes. Denn auch satanische Versuchungen und Quälereien sind letztlich als Warnung und Mahnung für die Menschen bestimmt.

So zeigt dieses Kapitel auf der einen Seite die Unheimlichkeit der Mächte des Abgrundes und ist in diesem Sinne Theologie mit negativem Vorzeichen. Andererseits aber wird gezeigt, dass Gott allein der Herr ist, *tu solus Dominus,* sodass selbst diese unheimlich geschilderten Mächte der Finsternis, gegen die man machtlos zu sein scheint wie gegen Heuschreckenschwärme und gegen ein Millionenheer feindlicher Kavallerie, doch in Wirklichkeit Christus dienen müssen. Es ist also nicht so, dass Satan durch sein Wirken Gottes Werk stören oder zerstören kann, sondern die Dämonen müssen knirschend Christus dienen.

Deutlicher wird Christus dann im Schicksal seiner Kirche sichtbar und somit im Abschnitt über die zwei Zeugen. Er ist, wie die Apokalypse immer wieder betont, der eigentliche Zeuge. Alle anderen geben von ihm Zeugnis. Und so liegt schon im Wort »Zeuge« die Wesensbeziehung zu ihm als Auftraggeber und Inhalt des Zeugnisses. Die Zeugen sind von ihm gesandt. Er steht somit hinter der Kirche, ist mit ihr verbunden. Ihr Schicksal ist sein Schicksal und sein Schicksal ist ihr Schicksal. Diese Wechselbeziehung zeigt seine innige Verbundenheit mit seiner Kirche. Im Wirken und Schicksal dieser beiden Zeugen wird sein eigenes Wirken und Schicksal noch einmal lebendig. Das Leben der Kirche ist ein Nachleben Jesu, Widerschein seines Glanzes, fernes Echo seiner Donner. Wie er Buße gepredigt hat, so auch die beiden Zeugen. Wie kein Feind Hand an ihn legen konnte, so auch nicht an die Seinen. Wie er Macht hatte, Wunder zu wirken, so auch seine Kirche. Aber wie er von Satan angegriffen und in der Kreuzigung scheinbar vernichtet wurde, so auch seine Kirche. Nicht umsonst wird an dieser Stelle nicht Satan genannt, sondern das Tier aus dem Abgrund. Das heißt in der Sprache der Apokalypse die Staatsmacht, die durch Missbrauch ihrer Gewalt im Dienste Satans steht. Durch Pilatus, den Vertreter römischer Weltmacht, ist Christus hingerichtet worden. Durch die Nachfolger des Pilatus werden die Zeugen Christi, sowohl Märtyrer wie auch Bekenner, immer wieder im Ablauf der Jahrhunderte verurteilt und gerichtet. Und so wie die Feinde Christi, Pharisäer, Schriftgelehrte und Älteste, höhnend und triumphierend sein Kreuz umstanden, so finden sich immer wieder die Kirchenfeinde zu gemeinsamem Triumph, wenn ihre Kirchenverfolgung Siege feiert, weil sie mit ihren Mitteln der Macht gegen eine machtlose Kirche einen äußerlich leichten Kampf zu führen haben. Aber wie Christus auferstanden ist, feiern auch die Seinen immer wieder Auferstehung. »Sie stellen sich wieder auf ihre Füße« (11,11). Das *resurrexit tertia die* wiederholt sich in allen Jahrhunderten. Und wie Christus seine Himmelfahrt gefeiert hat, so werden auch seine Zeugen, Zeugen des Blutes und Zeugen des Wortes, in die Herrlichkeit seines Himmels aufgenommen. Und nach dem Karfreitag des letzten Abfalls wird nicht nur Ostern, sondern auch Himmelfahrt kommen, bis die streitende Kirche völlig umgewandelt ist in die triumphierende.

So schimmert durch dieses ganze elfte Kapitel das Leben Jesu hindurch. Das Kapitel wird damit zu einer Theologie der Kirche als des fortlebenden, fortleidenden und forttriumphierenden Christus. Diese Theologie der Kirche und ihrer Geschichte zeigt, dass diese Kirche die Funktion hat, im Ablauf der Weltgeschichte Zeugnis zu geben durch ihr Wort, ihr Werk, ihr Leiden, ihr Sterben, ihr Siegen und ihr Triumphieren. Kirchengeschichte ist das Martyrium im vollen und ganzen Sinne des Wortes.

All das ist im Text mehr angedeutet als gesagt. Aber doch so angedeutet, dass jeder Deuter es deutlich machen kann und muss. Erst im folgenden Kapitel tritt es in voller Klarheit in Erscheinung.

SIEBEN ZEICHEN

DAS GEHEIMNIS IM HIMMEL UND AUF ERDEN

EINFÜHRUNGSVISION

DIE DREI ZEICHEN AM HIMMEL

CHRISTUS ALS MITTE

DIE DREI ZEICHEN AUF DER ERDE

CHRISTUS IM ABSCHNITT DER SIEBEN ZEICHEN

EINFÜHRUNGSVISION

11,19

Der Tempel Gottes im Himmel wurde geöffnet und in seinem Tempel wurde die Lade seines Bundes sichtbar: Da begann es zu blitzen, zu dröhnen und zu donnern, es gab ein Beben und schweren Hagel.

In diesem Abschnitt, der nicht zufällig die Mitte der Apokalypse bildet, geht es um die Bloßlegung des eigentlichen Geheimnisses, das im Tiefsten den Weltablauf erklärt.

Die Einführungsvision ist ganz darauf abgestimmt. Sie ist äußerlich kurz gehalten, aber innerlich sehr bedeutsam: »Der Tempel Gottes im Himmel wurde geöffnet.« Es geht somit um das eigentliche Aufschließen des Heiligtums, um die Sichtbarmachung des Unsichtbaren, um Offenbarung im vollsten Sinne des Wortes. »Und in seinem Tempel wurde die Lade seines Bundes sichtbar.« Diese Bundeslade war sonst den Blicken völlig unzugänglich. Das stufenweise Vordringen im Tempel bis zur Bundeslade wird durch eine ganze Reihe von Schranken und Absperrmaßnahmen immer schwieriger. Der Vorhof der Heiden wird durch eine unter Todesstrafe nicht überschreitbare Schranke geschlossen, sodass nur gläubige Juden weiter vordringen können. Eine weitere Schranke verbietet den Frauen näheren Zutritt. Und schließlich werden die Männer noch vom Vorhof der Priester, vom eigentlichen Tempel, ferngehalten. Im Tempel ist das Heiligtum wieder vom Allerheiligsten getrennt. Ein schwerer Vorhang schließt das Allerheiligste ab. Ein einziges Mal im Jahr ist es zugänglich. Und auch dann nur für den

Hohepriester. Und auch dieser darf nur hinein mit dem sühnenden Blut. Denn in diesem Allerheiligsten steht die Bundeslade. Aber auch hier ist alles noch von einem besonderen Geheimnis umwittert. Denn das Entscheidende an der Bundeslade ist nicht etwa ihr Inhalt, die Gesetzestafeln, der Krug mit Manna und der Stab Aarons. Sondern die Bundeslade ist ein tragbarer Thronsessel Jahwes. Das Wichtigste ist also das, was über der Bundeslade ruht, der unsichtbare Gott. So ist auch hier das letzte Geheimnis unsichtbar. Wenn somit in dieser Einführungsvision alle Schranken fallen, der Vorhang vor dem Allerheiligsten zurückgezogen und die Bundeslade sichtbar wird, so will nun der Seher von Patmos das unsichtbare Mysterium sichtbar machen.

Die Vision trifft aber nicht nur die staunenden Augen, sondern auch das Gehör. Denn krachende Donnerschläge folgen auf fahle Blitze, Erdbeben erschüttern die Erde, und das Prasseln der Hagelkörner wird hörbar. Es geht hier nicht bloß um ein helles, heiliges Mysterium, sondern auch um das Geheimnis des Dunkels und den eigentlichen Hintergrund aller Unwetter und Katastrophen. So wird hier eine Metaphysik der Geschichte bloßgelegt, das heißt ein Geschehen aufgezeigt, das hinter dem sichtbaren Naturgeschehen, also dem physikalischen Geschehen im ursprünglichen Sinne dieses Wortes, verborgen ist. Die eigentlichen Hintergründe, die nur eine Theologie der Geschichte aufzeigen kann, werden hier sichtbar.

Aber es ist nicht ein nüchtern sachliches Sprechen, sondern dem ganzen Charakter der Apokalypse entsprechend wird alles wieder in kühnen Bildern und Symbolgestalten aufgezeigt. Und zwar, wiederum der Eigenart der Apokalypse entsprechend, nicht in zeitlicher Abfolge, sondern in logischem Nacheinander. Gerade dadurch gewinnt die Darstellung das Überzeitliche und darum für alle Zeiten Gültige, das ihr als Offenbarung Gottes zusteht.

DIE DREI ZEICHEN AM HIMMEL

12,1–9

Dann erschien ein großes Zeichen am Himmel: eine Frau, mit der Sonne bekleidet; der Mond war unter ihren Füßen und ein Kranz von zwölf Sternen auf ihrem Haupt. Sie war schwanger und schrie vor Schmerz in ihren Geburtswehen. Ein anderes Zeichen erschien am Himmel und siehe, ein Drache, groß und feuerrot, mit sieben Köpfen und zehn Hörnern und mit sieben Diademen auf seinen Köpfen. Sein Schwanz fegte ein Drittel der Sterne vom Himmel und warf sie auf die Erde herab.

Der Drache stand vor der Frau, die gebären sollte; er wollte ihr Kind verschlingen, sobald es geboren war. Und sie gebar ein Kind, einen Sohn, der alle Völker mit eisernem Zepter weiden wird. Und ihr Kind wurde zu Gott und zu seinem Thron entrückt. Die Frau aber floh in die Wüste, wo Gott ihr einen Zufluchtsort geschaffen hatte; dort wird man sie mit Nahrung versorgen, zwölfhundertsechzig Tage lang.

Da entbrannte im Himmel ein Kampf; Michael und seine Engel erhoben sich, um mit dem Drachen zu kämpfen. Der Drache und seine Engel kämpften, aber sie hielten nicht stand und sie verloren ihren Platz im Himmel. Er wurde gestürzt, der große Drache, die alte Schlange, die Teufel oder Satan heißt und die ganze Welt verführt; der Drache wurde auf die Erde gestürzt und mit ihm wurden seine Engel hinabgeworfen.

Das erste Zeichen. Was bedeutet die seltsame Frauengestalt im Sonnenlicht? Die verschiedensten Erklärungen sind gegeben worden. Keine ist ohne Weiteres von der Hand zu weisen. Denn in diesen Symbolen ist die echt johanneische Darstellungskunst sichtbar, jene Kunst der Durchsichtigkeit, in der durch alles Sichtbare hindurch immer wieder etwas anderes, Unsichtbares, geschaut werden soll und umgekehrt das Unsichtbare immer wieder in anschaulichen Gestalten sichtbar gemacht wird.

Eine erste Erklärung sieht im Ganzen einen heidnischen Mythos. In der Tat ist die Gestalt einer Göttermutter und einer Sonnengöttin, die ein göttliches Kind gebiert, in verschiedensten heidnischen Mythen lebendig. Es ist dann im Grunde genommen nichts anderes als das Staunen des Menschen über das Geheimnis der Fruchtbarkeit in der ganzen Natur. Ein Staunen, hinter dem ein göttliches Geheimnis gesucht wird. Mythos ist Gestaltwerdung eines Gedankens, Dramatisierung einer Erkenntnis. Gedanken um die Erkenntnis der geheimnisvollen, schöpferischen Mutterschaft haben darum in verschiedenen Mythen ihren Niederschlag gefunden. Das Gehen zu den Müttern, die Erde als die große Mutter, das Gebären und Geborenwerden als ewig wiederkehrender, letztlich in Gott selbst ruhender Vorgang steht dahinter. Man denkt vor allem an Isis, die das göttliche Knäblein Horos gebiert und häufig mit der Sonnenscheibe dargestellt wird. Warum soll nicht Johannes, der in Kleinasien mit der griechischen Götterwelt und antiken Mythen in Berührung gekommen ist, dieses Ahnen der Menschheit andeuten, um seine erstaunliche, wunderbare Erfüllung im Christentum darzutun? Aber der Mythos ist dann nicht Inhalt des apokalyptischen Bildes, sondern nur Ausgangs- und Anknüpfungspunkt, mythischer Ansatz zum Aufzeigen christlicher Erfüllung und Vollendung.

Eine zweite Erklärung geht vom Sternenhimmel aus und hat astronomisches Gepräge. In der Tat sind hier die Übereinstimmungen zwischen dem Bild der Apokalypse und dem Sternenhimmel überraschend. »Tritt die Sonnenscheibe in das Zeichen der Jungfrau, so umkleidet sie das Sternbild mit ihrem Glanz.

Daher ist die Sonne das Kleid der Frau. Tief unten im Süden aber blinkt der Mond, daher ist er unter ihren Füßen. Unterhalb der Jungfrau findet sich das Sternbild der Hydra, die nicht selten geradezu »der Drache« genannt wird. Auf der Hydra stehen die Sternbilder des Raben mit sieben und des Bechers mit zehn Sternen. So erklären sich die sieben Köpfe und die zehn Hörner. Das Sternbild der Hydra oder des Drachen reicht vom Krebs bis hinüber zum Skorpion, das ist über vier von den zwölf oder über ein genaues Drittel der Tierkreiszeichen hin. So verstehen wir es, dass er gerade ein Drittel der Sterne mit seinem Schweif zur Erde hinunterwischt.«[13]

Es ist durchaus möglich, dass Johannes, der als orientalischer Mensch die Geheimnisse des gestirnten Himmels ganz anders zu deuten wusste als wir, in der Einsamkeit seiner Felseninsel in stillen Stunden der Nacht staunend zu diesem Himmel aufschaute und in seinen Sternzeichen und -bildern die Geheimnisse der Welt an den Himmel geschrieben fand. Aber die Gestirne sind dann nicht etwa Ursache des irdischen Geschehens, sondern wenn ein Parallelismus zwischen dem Ablauf der Gestirne und dem Geschehen der Erde besteht, dann nur, weil hinter beiden derselbe eine Gott steht, der diesen Parallelismus geschaffen hätte, um dem Menschen das Lesen am Himmel zu ermöglichen, damit er von dort das irdische Geschehen besser zu deuten vermöge. Es wäre dann der gestirnte Himmel wieder nur Anlass und Ausgangspunkt, um vom Geschehen auf der Erde zu sprechen. Johannes würde somit das, was er sagen und deuten will, mithilfe der geheimnisvollen Zeichen erklären, die er am Sternenhimmel sieht. Die Gestirne wären also auch hier

---

[13] Ludwig Köhler, *Die Offenbarung des Johannes und ihre heutige Deutung*, Zürich 1924.
Siehe Franz Boll, *Aus der Offenbarung Johannis*, Verlag B. G. Teubner, Berlin 1914. Und die Gegenschrift: J. Freundorfer, »Die Apokalypse des Apostels Johannes und die hellenistische Kosmologie und Astrologie«, in: *Biblische Studien*, Bd. 23, Heft 1, Freiburg 1929.

nicht Inhalt der johanneischen Offenbarung, sondern nur Ausdrucksmittel, formales Element zur Darstellung eines ganz anderen Inhaltes.

Eine dritte Erklärung geht von den Weisheitsbüchern des Alten Bundes aus. Dort wird die Weisheit personifiziert als eine Frauengestalt, die von Ewigkeit her ist und in besonderer Beziehung zur Weltenschöpfung und zum Ablauf des Weltgeschehens steht. Die Sapientia ist in Christus Mensch geworden, denn er ist der Logos, der im Fleisch erschienen ist. Und so könnte in einem weiteren Sinne des Wortes gesagt werden, dass diese göttliche Sapientia, die im Lichte Gottes steht, Christus geboren hat. Ja, man wird in diesem Fall mit Recht noch weitergehen und an die innertrinitarische Zeugung des Wortes aus dem Vater denken können, also an jenes Gebären im Licht. Und man wird sich dabei bewusst, dass in Gott, dem Vater, das männliche und das weibliche Prinzip verbunden sind, denn die Teilung und Spaltung in zwei Prinzipien und Komponenten beim Zeugen und Gebären ist geschöpfliche Unvollkommenheit, die im vollkommenen Schöpfer vollkommene Einheit ist.[14] Aber auch diese Erklärung kann nicht genügen. Denn was soll dann das Gebären in Schmerzen? Und was bedeutet die Flucht der Frau in die Wüste? Der Gedanke an die Sapientia kann somit höchstens etwas sein, das in der johanneischen Darstellung auch noch mitschwingt und in diesem eigenartig schillernden Bild der weiblichen Gestalt in der Sonne neben anderem angedeutet ist.

Eine vierte Erklärung sieht in der mit der Sonne bekleideten Frau das Volk Israel. Nicht zu Unrecht. Bei den Propheten ist häufig von der Jungfrau Israel die Rede. Und zugleich wird Israel immer wieder als gebärende Mutter dargestellt (z. B. Jes 66,7). Die Virgo Israel ist als Braut Jahwes fruchtbar und gebiert Söhne Gottes. Aber noch mehr! Israel ist die jungfräuliche Mutter,

---

[14] Vgl. H. M. Ferret, *L'Apocalypse de Saint-Jean*, S. 112 ff.

aus deren fruchtbarem Schoß der Messias hervorgegangen ist. Das auserwählte Volk Gottes, mit dem allein Jahwe seinen Bund geschlossen hat, ist dann wirklich ins Lichtgewand Gottes gehüllt. Und die zwölf Stämme als Nachkommen der zwölf Söhne Jakobs sind der Sternenkranz um Israels Haupt. Wer möchte bestreiten, dass Israel den Messias in Schmerzen geboren hat! Ein Blick auf die Geschichte Israels, auf die blutigen Ereignisse seiner Königszeit, auf die Zerstörung von Stadt und Tempel, auf die langjährige Verbannung, auf die ständigen Kämpfe und Schrecknisse zeigt es in voller Deutlichkeit.

Diese Erklärung der Frauengestalt im Licht ist richtig. Aber sie ist unvollständig. Was soll dann das Fliehen in die Wüste? Es widerspricht völlig dem johanneischen Denken, dass jenes Israel, aus dem der Messias hervorgegangen ist, das aber den Messias verleugnet und verworfen hat, nun gewissermaßen unter dem Schutz Gottes in Sicherheit ist. Die gleiche Apokalypse redet von der Synagoge Satans, kann also Israel nicht nur im göttlichen Licht sehen und im göttlichen Schutz geborgen wissen. Die Erklärung genügt also noch nicht.

Eine fünfte Deutung sieht in der Frauengestalt die irdische Mutter des Messias, die jungfräuliche Mutter Maria. Hatte nicht schon Jesaja (7,14) von der Jungfrau gesprochen, die empfangen und einen Sohn gebären wird und dessen Name sein wird Immanuel, Gott mit uns? Die Apokalypse betont mit voller Deutlichkeit, dass der Knabe, den die Jungfrau gebiert, der Messias ist. Denn es wird der 2. Psalm zitiert, jener messianische Psalm, der den Messias schildert als den Herrscher, der die Völker mit eisernem Stab regiert. Und es wird betont, dass das Kind der Mutter auf den Thron Gottes entrückt wird. Er ist also der Messias mit göttlicher Würde. Somit ist die Mutter, die ihn gebiert, die Jungfrau und Mutter Maria. Ihre besondere Würde wäre dann angedeutet durch den Lichtglanz, der ihr Gewand bildet. Die besonders Erwählte und Begnadete, die Einmalige und Einzigartige, könnte ohne jede Übertreibung als von der Sonne bekleidet und von Sternen umkränzt dargestellt werden. Und doch kann auch diese Erklärung nicht befriedigen. Denn das Gebären in Schmerzen widerspricht der einheitlichen Auffassung der Tradition. Und was soll die Flucht in die Wüste, die in völligem Widerspruch steht zum Tod und erst recht zur leiblichen Aufnahme der Jungfrau in den Himmel!

Eine sechste Erklärung versteht unter der Frauengestalt die Ecclesia, die Kirche. Hier fügen sich nun alle Einzelzüge zu einem geschlossenen Gesamtbild. Und hier zeigt es sich, dass alle Ahnungen der Heidenwelt, alle Vorherbilder, Skizzen und Entwürfe Israels, alle Symbole, die der denkende Geist in der Natur findet, zur vollendeten Wirklichkeit geworden sind. Die Ecclesia ist Jungfrau und Mutter zugleich. Sie ist in ihrem Schoße fruchtbar durch Gott selbst. Sie ist Kirche von Anbeginn, umfasst darum den Alten und den Neuen Bund, ist in Israel begonnen und in den Aposteln vollendet. Nicht umsonst spricht der Epheserbrief von der Kirche, die auf dem Fundament der Apostel und der Propheten aufgebaut ist. Strahlendes Sonnenlicht ist das Gewand dieser Kirche, denn sie ist göttlichen Ursprungs. Sie ist das Kommen Gottes zu den Menschen und das Wohnen Gottes in der Mitte der Menschen. Die Unfehlbarkeit ihrer Lehre, die Autorität ihres Wortes, die göttliche Kraft ihres Wirkens sind wie das Fluten des Sonnenlichtes in die Schöpfung. Die zwölf Sterne ihres Kranzes sind sowohl die zwölf Stämme Israels als auch die zwölf Apostel, die eine geistige Einheit bilden. Der Mond zu Füßen der Kirche ist die menschliche Wandelbarkeit des Denkens und Handelns, über der die Kirche unwandelbar durch den ihr verliehenen Heiligen Geist steht und thront. Der wandelbare Mond mit seinem Zyklus gilt im Altertum auch als Symbol der Frauen.

Wenn die Ecclesia über dem Mond steht, ist damit gesagt, dass sie nicht eine irdische Frau ist, sondern eine andersgeartete

Gestalt. Sie ist außerdem gebärende Mutter. Denn aus der Kirche als Israel ist der Messias körperlich hervorgegangen. Und von der Kirche als Ecclesia wird der Messias ständig neu geboren, wenn aus dem Wasser und dem Heiligen Geist die Gotteskinder gezeugt werden. In Schmerzen gebiert sie, denn sie ist auf dieser Erde verfolgt und bekämpft. Und sie leidet mütterlich um das äußere Schicksal und die innere Entwicklung all ihrer Kinder, welche Menschenkinder und Gotteskinder zugleich sind. In der Wüste weilt sie, weil ihre eigentliche Heimat der Himmel ist. Sie ist hier in der Fremde, denn die Gottesbraut ist erst zu Hause, wenn in der Parusie Gott selbst kommt, um sie heimzuführen ins himmlische Jerusalem. Aber sie ist in der Wüste gesichert, denn Gott hat ihr eine sichere Stätte bereitet durch seinen Schutz und sein sicherndes Wort, dass die Pforten der Unterwelt sie nicht überwältigen werden (Mt 16).

Es ist somit außer Zweifel, dass in diesem Symbol der sonnenbekleideten Frau die Kirche zur Darstellung kommt. Aber damit sind die anderen Erklärungen nicht ausgeschlossen, sondern sie sind miteinbezogen. Die Kirche ist die Erfüllung jener Ahnungen, die in heidnischen Mythen einen geheimnisvollen Ausdruck gefunden haben. Die Kirche hat im Sternbild der Jungfrau ein Spiegelbild im Himmel. Und die Kirche als Verwirklichung einer ewigen Idee Gottes ist die Sapientia, denn sie ist ja der fortlebende Logos unter den Menschen. Eine besondere Stellung zur Kirche hat Maria. Sie hat den physischen Christus geboren und unter dem Kreuz in Schmerzen auch den mystischen Christus. So ist die Kirche in ihr und ist sie in der Kirche. Wer Maria mit johanneischem Blick sieht, wird durch sie hindurch die Ecclesia sehen. Und wer die *Sancta Mater Ecclesia* sieht, schaut in ihr auch die *Virgo Mater Maria*. So ist die von der Sonne bekleidete Frau die Kirche, die in ihrer zeitlichen Spannweite den Alten und Neuen Bund umfasst und in ihrer geheimnisvollen Tiefe und Lebendigkeit das Verhältnis zwischen Maria und Christus weiterführt. Es ist eines der gewaltigsten, tiefsinnigsten Symbole der Apokalypse. Der Bericht vom Sündenfall (Gen 3) endet mit dem Wort des Herrn zu Satan, der »Schlange«: »Feindschaft setze ich zwischen dir und der Frau.« In der Apokalypse wird dieser Gegensatz sichtbar in den Symbolen der Frau, die die Mutter Christi, Maria, und die Mutter der Christen, die Kirche, als Einheit sehen im Gegensatz zum Drachen, der »alten Schlange«.

Das zweite Zeichen. Ihr gegenüber steht eine ebenso seltsame Symbolgestalt: ein großer feuerroter Drache mit sieben Köpfen und zehn Hörnern und sieben Kronen. Auch der Drache ist eine mythische Gestalt, halb Schlange, halb geflügeltes Monstrum. Der Seher von Patmos hat in den kleinasiatischen Städten an den Mauern von Palästen und Tempeln häufig genug derartige Figuren geschaut. Sie erinnerten ihn immer an das Symbol der Schlange im Paradies. Und darum nennt er hier auch ausdrücklich den Drachen »die alte Schlange, die Teufel und Satan heißt und die ganze Welt verführt« (12,9). Aber er gibt dem Monstrum hier noch besonders unheimliche, abstoßende und schreckliche Züge. Bezeichnend ist schon seine Farbe. Der Drache ist rot wie höllisches Feuer und wie vergossenes Blut. Er ist ja der »Mörder von Anbeginn«. Wenn er sieben Köpfe hat, so liegt darin eine äffische Imitation der sieben Geister vor dem Throne Gottes und ein Zeichen besonderer Klugheit. Wenn er dazu auf allen sieben Köpfen je eine Krone trägt, so weist er sich damit aus als »Fürst der Welt«, wie Christus selbst ihn nach dem Evangeliumsbericht des gleichen Johannes genannt hat (Joh 12,31; 14,30; 16,11). Wenn Satan im Ganzen zehn Hörner hat, so ist das Erinnerung an das siebte Kapitel im Buch Daniel, wo auch das Tier beschrieben wird, das alles frisst, zermalmt und zertritt und das ebenfalls zehn Hörner hat. Die Betonung der besonderen Kraft, die im Schwanz des Drachen liegt, erinnert an einen Riesenskorpion einerseits und an die *cauda serpentina* als besonderes

Kennzeichen satanischer Methoden. Ein Drittel der Sterne wird hinweggefegt. Das erinnert an die Plagen im Anschluss an die vierte Posaune, wo es hieß, dass ein Drittel der Sonne, ein Drittel des Mondes und ein Drittel der Sterne getroffen werden.

Hat das Bild der mit der Sonne bekleideten Frau eine besondere Schönheit von Glanz, leuchtender Majestät, Sternengefunkel und silbernem Mondlicht, so hat im Gegensatz dazu das Symbol des Drachen etwas Wildes, Unbändiges, Schreckliches und Hässliches. So ist schon in der Zeichnung, also im Formalen, der sachliche inhaltliche Gegensatz aufgezeigt. Dementsprechend erfolgt nun der Ablauf der Geschehnisse.

Das dritte Zeichen. Der Kampf des Drachen wird sichtbar, und zwar in zwei Phasen. Die erste, nicht zeitlich, sondern was seine Bedeutung anbelangt erste, ist der *Kampf Satans gegen Christus.* Der Kampf scheint eindeutig zugunsten Satans ausgehen zu müssen. Denn die Kräfteverteilung ist völlig ungleich. Satan steht in voller Bereitschaft mit seinen ganzen Kräften und seiner übermenschlichen Macht. Christus ist zwar derjenige, »der alle Völker mit eisernem Zepter regieren soll«, aber er wird als neugeborenes Kind in der Schwäche und Kleinheit des Kindes Satan gegenübergestellt. Die Gefahr scheint tödlich und der Knabe schon im ersten Augenblick verloren. So war es ja schon beim Mose, der bei seiner Geburt vom Pharao bedroht wurde. So ist es beim Jesusknaben, der durch Herodes gefährdet ist. Und so ist es bei allen Kindern Gottes, die aus dem Schoß der Kirche geboren werden und durch Satan bedroht sind. Aber da geschieht das völlig Unerwartete: »Das Kind wurde zu Gott und seinem Thron entrückt.« Er, der Mensch und Kind geworden ist, ist eben kein bloßer Mensch und kein Kind wie andere. Darum ist der satanische Angriff aussichtslos. Durch die Himmelfahrt ist Christus endgültig dem Zugriff Satans entzogen. Über das ganze Leben Jesu wird hier nichts ausgesagt. Nichts über die Versuchungen in der Wüste. Nichts über die Begegnungen zwischen Christus und Satan bei der Heilung von Besessenen. Nichts über den satanischen Judasverrat. Nichts über die Dämonien des Hasses der Feinde des Herrn. Nichts über den höllischen Triumph auf Golgotha. Sondern es wird nur das Endergebnis in dem einen kurzen Sätzlein festgehalten: »Er wurde zu Gott und zu seinem Thron entrückt.« Was besagen alle vorausgehenden Angriffe und scheinbaren Niederlagen, wenn Christus schließlich auf dem Thron Gottes selbst als Herrscher sitzt?

Und selbst die Kirche ist durch Gottes Eingreifen vor Satan geschützt. Sie ist zwar noch nicht in der Herrlichkeit ihres Herrn, sondern in der Wüste als wandernde Kirche, die das Schicksal des Volkes Israel und seiner Wüstenwanderung fortsetzt. Sie ist also noch Kirche in der Zeit und auf der Erde, noch nicht in der Herrlichkeit des Himmels. Darum die Betonung, dass sie zwölfhundertsechzig Tage lang, also dreieinhalb Jahre, das heißt während des ganzen Ablaufs der Weltzeit, behütet werden soll. So ist die entscheidende Phase des Kampfes für immer erledigt. Gegen Christus und die Kirche kommt Satan nicht an.

Die zweite Phase ist der *Kampf Satans gegen die Engel.* Gerade hier ist es deutlich, dass es nicht um zeitliche Abfolge geht. Denn der Kampf Satans gegen die Engel war vor der Geburt Christi und wird doch hier als etwas dargestellt, das nachher erfolgt ist. Wertmäßig steht dieser Kampf eben erst an zweiter Stelle.

Ist der Kampf Satans gegen den Sohn Gottes aussichtslos, so beginnt nun der Kampf gegen die Anhängerschaft Gottes. »Da entbrannte im Himmel ein Kampf.« Beide kämpfenden Gruppen werden Engel genannt. Satan und sein Anhang sind nicht ewige Prinzipien des Bösen, sondern ursprünglich Engel Gottes, aber von Gott abgefallene und darum eben gefallene und gestürzte Engel. Wenn der Führer der guten Engel Michael genannt wird, so liegt auch in diesem Namen symbolische Kraft, denn er besagt auf Deutsch »Wer ist wie Gott?«. Die Versuchung, der das Schlangensymbol des Paradieses Worte gibt, lautet: »Ihr werdet sein wie Gott.« Die Überheblichkeit des Geschöpfes, das Schöpfer sein will, ist eine Überhöhung, die zum Absturz führt, ist ein Griff nach oben, der im Fall nach unten endet. Im Gegensatz dazu steht das Erkennen und Anerkennen, dass Gott der Eine und Einzige ist und dass somit niemand ist wie Gott. Anerkennung der Einzigkeit Gottes einerseits und der Grenzen jeglicher Kreatur andererseits ist also das, worum es letztlich im geistigen Kampfe geht. Es ist die tiefste metaphysische Formel der religiös-sittlichen Auseinandersetzung in jedem Menschenleben, in der gesamten Menschheit und selbst im übermenschlichen Bereich der reinen Geister. Aber wieder wird hier sichtbar, dass ein Anrennen gegen Gott und die Seinen Lächerlichkeit ist, denn es heißt ganz einfach: »Aber sie hielten nicht stand und sie verloren ihren Platz im Himmel.« Der Sturm gegen Gott endet für den Drachen und seine Engel mit dem Sturz auf die Erde. Damit ist die zweite Phase des Kampfes zu Ende.

CHRISTUS ALS MITTE

12,10–12

Da hörte ich eine laute Stimme im Himmel rufen: Jetzt ist er da, der rettende Sieg, die Macht und die Königsherrschaft unseres Gottes und die Vollmacht seines Gesalbten; denn gestürzt wurde der Ankläger unserer Brüder, der sie bei Tag und bei Nacht vor unserem Gott verklagte. Sie haben ihn besiegt durch das Blut des Lammes und durch ihr Wort und ihr Zeugnis. Sie hielten ihr Leben nicht fest, bis hinein in den Tod. Darum jubelt, ihr Himmel und alle, die darin wohnen. Weh aber euch, Land und Meer! Denn der Teufel ist zu euch hinabgekommen; seine Wut ist groß, weil er weiß, dass ihm nur noch eine kurze Frist bleibt.

Das vierte Zeichen. Das vierte Zeichen bildet die Mitte. Schon äußerlich, formal hebt es sich von den anderen Zeichen ab. Denn es ist keine Vision, sondern eine Audition, nicht Bild, sondern hymnischer Klang. In der Mitte steht »der Gesalbte«, also Christus. Höchst seltsam ist aber dieses Lied und völlig unverständlich für jeden, der an der zeitlichen Abfolge der Ereignisse festhält. In Wirklichkeit steht Johannes mit seinen Visionen über der Zeit und überblickt darum das Ganze. Bei diesem ersten Sturz Satans sieht er im Geist den ganzen und endgültigen Sturz und beim Sieg Michaels den ganzen und endgültigen Sieg des Reiches Gottes. In diesem Blick auf das Endgültige spricht er die triumphierenden Worte: »Jetzt ist er da, der rettende Sieg, die Macht und die Königsherrschaft unseres Gottes.« Das Heil ist ein Wort, das erst seine volle Gültigkeit hat, wenn das Unheil der Sünde vorausgegangen ist und der Heiland als Heilsbringer gekommen ist. Auch die Macht Gottes ist erst dann vollends sichtbar, wenn die feindliche Macht vollends vernichtet ist. Das Reich Gottes ist erst da, wenn Gott die volle Herrschaft hat. Alle drei, das Heil, die Macht und das Reich, wird aber Christus bringen. Darum sieht der Seher auch ihn schon im Triumph und preist »die Vollmacht seines Gesalbten«. Deutlich sieht Johannes den endgültigen Sturz Satans, denn er nennt ihn den Ankläger der Brüder bei Tag und bei Nacht. Damit sind nicht die Engel gemeint, sondern es ist deutliche Anspielung auf das Buch Ijob, das Satan als den Ankläger der Menschen vor den Thron Gottes hinstellt. Um die Menschen geht es. Und zwar um diejenigen, die für den Gesalbten, also für Christus, Zeugnis abgelegt haben. Eine deutliche Anspielung auf das Kapitel über die zwei Zeugen liegt in diesen Worten. Und zwar sind beide Elemente darin enthalten, sowohl das Zeugnis des Wortes wie das Zeugnis des Blutes. Die Kraft, Satan zu überwinden, haben sie nicht aus sich selbst, sondern aus Christus, genauer aus dem Tode Christi. Denn »durch das Blut des Lammes« haben sie ihn überwunden. Darum jubelt der Himmel und alle, die darin wohnen. Das ganze Werk der Verherrlichung Gottes und der Vernichtung Satans vom ersten Beginn des Kampfes im Himmel bis zur letzten Vollendung des Kampfes auf der Erde ist hier zusammengefasst. Und als Mitte und entscheidende Kraft steht Christus da als der Geopferte. Das Kreuz von Golgotha bedeutet Vernichtung Satans und Sicherung des Reiches Gottes. Weltlich und zugleich überweltlich, zeitlich und zugleich überzeitlich ist der Tod dessen, »den sie durchbohrt haben«, und damit der Triumphzug des gekreuzigten Herrn. Reich Gottes und Reich Satans teilen sich hier. Triumphale Erhebung der Menschen, die in Einheit mit den siegenden Engeln, die eine *Ecclesia triumphans* bilden, und Sturz Satans und seines Anhanges unter Engeln und Menschen, die Heerschar des Apollyon, des Verderbers, als Gegenspieler des *Soter*, des Heilsbringers.

Dann vollzieht das Lied den Übergang zur folgenden Vision, die auf der Erde spielt, und damit den Übergang vom Himmel auf die Erde: »Weh aber euch, Land und Meer! Denn der Teufel ist zu euch hinabgekommen; seine Wut ist groß, weil er weiß, dass ihm nur noch eine kurze Frist bleibt.« Hier ist nicht mehr vom Sturz Satans die Rede, sondern vom Hinabsteigen. Er ergreift wieder die Initiative. Nach dem Kampf gegen Christus und die Engel tritt er nun an zum Kampf gegen die streitende Kirche auf der Erde. Was der Seher im Lied als Endergebnis vorausgeschaut, wird nun im Ablauf gezeigt.

DIE DREI ZEICHEN AUF DER ERDE

12,13–13,18

Als der Drache erkannte, dass er auf die Erde gestürzt war, verfolgte er die Frau, die den Sohn geboren hatte. Aber der Frau wurden die beiden Flügel des großen Adlers gegeben, damit sie in die Wüste an ihren Ort fliegen konnte. Dort wird sie eine Zeit und zwei Zeiten und eine halbe Zeit lang ernährt, fern vom Angesicht der Schlange. Die Schlange spie einen Strom von Wasser aus ihrem Rachen hinter der Frau her, damit sie von den Fluten fortgerissen werde. Aber die Erde kam der Frau zu Hilfe; sie öffnete ihren Mund und verschlang den Strom, den der Drache aus seinem Rachen gespien hatte. Da geriet der Drache in Zorn über die Frau und er ging fort, um Krieg zu führen mit ihren übrigen Nachkommen, die die Gebote Gottes bewahren und an dem Zeugnis für Jesus festhalten. Und der Drache trat an den Strand des Meeres.

Und ich sah: Ein Tier stieg aus dem Meer, mit zehn Hörnern und sieben Köpfen. Auf seinen Hörnern trug es zehn Diademe und auf seinen Köpfen Namen, die eine Gotteslästerung waren. Das Tier, das ich sah, glich einem Panther; seine Füße waren wie die Tatzen eines Bären und sein Maul wie das Maul eines Löwen. Und der Drache hatte ihm seine Gewalt übergeben, seinen Thron und seine große Macht. Einer seiner Köpfe sah aus wie tödlich verwundet; aber die tödliche Wunde wurde geheilt. Und die ganze Erde sah dem Tier staunend nach. Die Menschen warfen sich vor dem Drachen nieder, weil er seine Macht dem Tier gegeben hatte; und sie beteten das Tier an und sagten: Wer ist dem Tier gleich und wer kann den Kampf mit ihm aufnehmen?

Und es wurde ermächtigt, mit seinem Maul anmaßende Worte und Lästerungen auszusprechen; es wurde ihm Macht gegeben, dies zweiundvierzig Monate zu tun. Das Tier öffnete sein Maul, um Gott und seinen Namen zu lästern, seine Wohnung und alle, die im Himmel wohnen. Und es wurde ihm erlaubt, mit den Heiligen zu kämpfen und sie zu besiegen. Es wurde ihm auch Macht gegeben über alle Stämme, Völker, Sprachen und Nationen. Alle Bewohner der Erde fallen nieder vor ihm: alle, deren Name nicht seit der Erschaffung der Welt geschrieben steht im Lebensbuch des Lammes, das geschlachtet wurde. Wer Ohren hat, der höre! Wer zur Gefangenschaft bestimmt ist, geht in die Gefangenschaft. Wer mit dem Schwert getötet werden soll, wird mit dem Schwert getötet. Hier muss sich die Standhaftigkeit und die Glaubenstreue der Heiligen bewähren.

Und ich sah: Ein anderes Tier stieg aus der Erde herauf. Es hatte zwei Hörner wie ein Lamm und redete wie ein Drache. Die ganze Macht des ersten Tieres übte es vor dessen Augen aus. Es brachte die Erde und ihre Bewohner dazu, das erste Tier anzubeten, dessen tödliche Wunde geheilt war. Es tat große Zeichen; sogar Feuer ließ es vor den Augen der Menschen vom Himmel auf die Erde fallen. Es verwirrte die Bewohner der Erde durch die Zeichen, die vor den Augen des Tieres zu tun ihm gegeben war; es befahl den Bewohnern der Erde, ein Standbild zu errichten zu Ehren des Tieres, das die Schwertwunde trug und doch wieder zum Leben kam. Es wurde ihm Macht gegeben, dem Standbild des Tieres Lebensgeist zu verleihen, sodass es auch sprechen konnte und bewirkte, dass alle getötet wurden, die das Standbild des Tieres nicht anbeteten. Die Kleinen und die Großen, die Reichen und die Armen, die Freien und die Sklaven, alle zwang es, auf ihrer rechten Hand oder ihrer Stirn ein Kennzeichen anbringen zu lassen. Kaufen oder verkaufen konnte nur, wer das Kennzeichen trug: den Namen des Tieres oder die Zahl seines Namens. Hier ist die

Weisheit. Wer Verstand hat, berechne den Zahlenwert des Tieres. Denn es ist die Zahl eines Menschennamens; seine Zahl ist sechshundertsechsundsechzig.

Der Kampf geht auf der Erde weiter, und zwar geführt durch die satanische Trinität, nämlich Satan selbst und die zwei mit ihm vereinigten Mächte.

Das fünfte Zeichen. Der Drache verfolgt die Frau, die den Knaben geboren hatte, also die Kirche, von der es oben hieß, sie sei vom Himmel her in die Wüste geflohen. Göttlichen Ursprungs ist sie hier auf der Erde wie in der Fremde. Aber auch Satan ist nun auf die Erde herabgestiegen und herabgestürzt. Der Kampf geht somit auf einer anderen Ebene weiter, auf der Tiefebene des Irdischen. Aber wieder ist er für Satan aussichtslos. Denn die Frau wird auf den Flügeln des großen Adlers in Sicherheit gebracht. Zum Volk Israel spricht der Herr (Ex 19,4): »Ihr habt gesehen [...] wie ich euch auf Adlerflügeln getragen und zu mir gebracht habe.« So ist auch das neue, geistige Israel, die Kirche, auf den Flügeln des großen Adlers, das heißt durch den besonderen Machtschutz Gottes nicht nur vor Pharao, dem Bedrücker, sondern vor Satan, dem Verderber, in Sicherheit gebracht. Und zwar dauert diese Sicherheit eine Zeit, zwei Zeiten und eine halbe Zeit, das heißt wieder die dreieinhalb Zeiten wie oben die zwölfhundertsechzig Tage, also der Ablauf der ganzen irdischen Zeit der Schöpfung. Zwar hat die Kirche deswegen keineswegs Ruhe vor Satan. Der Drache wird im Bild zum Krokodil, das aus dem Fluss heraufsteigt und aus seinem Rachen der Frau einen ganzen Strom nachschleudert, um sie wegzuschwemmen. Aber wieder kommt Gott zu Hilfe, denn die Erde öffnet ihrerseits ihren Rachen und verschlingt den Strom. Das Bild besagt nichts anderes, als dass die Kirche durch Gott in ihrer Existenz gesichert, den Nachstellungen Satans zwar ausgeliefert, aber durch Gottes Hilfe immer wieder gerettet wird. Wie das Volk Israel beim Auszug aus Ägypten vor dem Wasser des Roten Meeres stand, dieses aber durch Gottes Eingreifen zurückwich, und wie sich das Gleiche vor dem Einzug ins Gelobte Land an den Wassern des Jordan wiederholte, so hier bei der Kirche, die durch die Wasser Satans bedroht, aber durch Gott gerettet wird. Es ist die Kirche in Sicherheit, aber nicht in Ruhe, die Kirche in Sicherheit durch Gottes wunderbaren Schutz, aber in Unruhe durch dämonische Verfolgungen. Es ist nichts anderes als die bildliche Darstellung des Wortes Christi, dass die Pforten der Unterwelt die Kirche nicht überwältigen werden. Denn auch in diesem Wort ist vom höllischen Ansturm bis zur Gefahr der Überwältigung und Vernichtung die Rede, aber es ist zugleich die Garantie des Gotteswortes, dass diese Vernichtung nicht erfolgen wird.

Eine neue Phase des Kampfes wird dadurch begründet. Denn wenn der Drache die Frau nicht vernichten kann, verfolgt er mit umso größerem Zorn »ihre Nachkommen«. So wie die Frau das Gotteskind geboren hat, das auf den Thron Gottes entrückt ist, so gebiert sie die Gotteskinder, die noch nicht in der Herrlichkeit Gottes sind, sondern auf dieser Erde dem Satan und seinem Zorn ausgesetzt sind. Durch zwei Elemente werden diese Nachkommen der Frau beschrieben: Sie halten Gottes Gebote und haben das Zeugnis Jesu. Es ist einerseits wieder eine Anspielung auf die zwei Zeugen, andererseits ein Hinweis auf die zwei Gebiete, in denen sich die Zugehörigkeit zur Frau, das heißt zur Kirche, ausweist: das Gebiet des Handelns in der Befolgung der Gebote Gottes und das Gebiet des Glaubens an das Zeugnis Jesu. Das Leben aus dem Glauben macht den Menschen zum lebendigen Glied der Kirche. Wieder steht Christus in der Mitte dieser Menschen, denn sein Zeugnis macht sie zu Zeugen. Sein Martyrium macht sie zu Märtyrern. Die Verfolgungen erreichen damit das Gegenteil dessen, was Satan will, denn sie geben dem Leben des Christen eine letzte Größe der Hingabe an Gott in und durch Jesus Christus. So erweist sich Satan wider Willen als Diener

Gottes. Sein Plan der Vernichtung wird zu einem Werk der Verherrlichung. Aber der Kampf ist gefährlich wegen des satanischen Zorns. Und dieser ist konzentriert, weil Satan »nur eine kurze Frist« gelassen ist. Denn der Ablauf der Kirchengeschichte ist eine kurze Zeit für den Seher, der die Dinge überzeitlich sieht.

Das sechste Zeichen. Die beiden folgenden Bilder deuten diesen Kampf an, und zwar nicht so sehr seinen Ablauf als vielmehr in den satanischen Kräften, die dahinterstehen. So wie Gott sein Werk vollbringt durch seinen Sohn und seine Engel von oben, so will Satan sein Werk verwirklichen durch zwei helfende Kräfte und Mächte von unten. Den Mächten des Himmels stehen die Mächte des Abgrundes gegenüber. Und zwischen beiden stehen, von oben geschützt und von unten bedroht, die Gläubigen der Kirche.

Satan ahmt die Dreifaltigkeit Gottes nach, wenn er selbst sein Wesen und seine Macht noch zwei anderen Mächten übergibt. Nicht umsonst nennt der Seher, der den Satan als Drachen schildert, dementsprechend seine Hilfskräfte Tiere, sodass dem dreifaltigen Geist Gottes eine Dreifalt satanischer Tiere gegenübersteht.

Das erste ist das Tier, das aus dem Meer aufsteigt. Es ist das Symbol *missbrauchter Staatsgewalt* im Kampf Satans gegen die Gläubigen der Kirche. Alle Einzelheiten des Symbols sind darauf ausgerichtet. Als Ganzes ist es im Anschluss an die Vision Daniels gezeichnet. Bei Daniel sind es vier Tiere: Panther, Bär, Löwe und Stier als Symbole der damaligen Weltmächte und ihrer Herrschaft. Hier bei Johannes ist alles auf ein einziges Tier vereinigt.

Es hat die Hörner eines Stieres, die Schnelligkeit eines Panthers, die Tatzen eines Bären und den Rachen eines Löwen. Angriffslust, Beweglichkeit, Kraft und Wildheit sind in eins verbunden. Das Tier hat sieben Köpfe, weil es Satan gleicht, und zehn gekrönte Hörner, um die Größe der Macht und des Herrschertums anzuzeigen. Aus dem Meer steigt es auf, denn das Meer ist der Inbegriff des Unerforschlichen, Abgründigen. Wenn das Tier auf dem Kopf gotteslästerliche Namen trägt, so ist damit die antichristliche, gegen Gott gerichtete Haltung ausgedrückt. So ist es in der ganzen Zeichnung als satanisches Gebilde erkennbar. Für Johannes ist es unmittelbar die Weltmacht Roms, die unter Domitian den Kampf gegen die Kirche des Herrn eröffnet hat. Die Bezeichnung *Dea Roma* (»Göttin Rom – die vergöttlichte Stadt Rom«, Anm. d. V.), und der stolze Titel Domitians *Dominus et Deus* (»Herr und Gott«, Anm. d. V.) sind solche gotteslästerlichen Namen.

Die Macht des Tieres ist satanischen Ursprungs. Dreimal wird das Element der Macht betont: Macht, Thron, Gewalt. Und doch liegt eine leise Ironie darin, denn Satan verleiht dem Tier Macht und Thron in dem Augenblick, in dem er seine eigentliche Macht verloren hat und von seinem Thron gestürzt ist. Wenn vom Tier gesagt wird, dass einer seiner Köpfe zum Tod verwundet war, dass die Wunde aber wieder geheilt ist, so liegt darin unmittelbar der damalige Volksglaube an *Nero redivivus* (»nach dem Volksglauben sollte Nero nach seinem Tod zurückkehren«, Anm. d. V.). Aber dahinter steht der Gedanke, dass jedes Mal, wenn ein Staat seine Macht für den Kirchenkampf missbraucht und aus irgendeinem Grund besiegt wird und verschwindet, dann doch jedes Mal eine andere Staatsmacht den gleichen Kampf wieder aufgreift. Dämonie ist die Erklärung dieser Tatsache. Das Heilen der Todeswunde ist außerdem die satanische Nachahmung des Todes und der Auferstehung Christi. Die Anbetung der Macht wird in der Apokalypse noch besonders hervorgehoben durch das ängstliche Staunen: »Wer ist dem Tier gleich und wer kann den Kampf mit ihm aufnehmen?« Diese Bewunderung steigert den Cäsarenwahn erst recht. Hochtrabende Worte und Lästerungen gegen Gott und alles, was heilig ist, sind die Wirkung. Damals, heute und immer wieder.

Der Kampf, den die missbrauchte Staatsgewalt führt, gilt den »Heiligen«, also nicht der Kirche als solcher, die unbesiegbar ist, sondern den Gläubigen dieser Kirche. Die Apokalypse betont ausdrücklich, dass das Tier Macht habe, die Gläubigen »zu besiegen«. Kirchenverfolgungen werden immer für den Augenblick siegreich sein, und nur auf die Dauer erweist sich der Glaube als der Stärkere.

Die Wirkung ist ungeheuer. »Es wurde ihm auch Macht gegeben über alle Stämme, Völker, Sprachen und Nationen. Alle Bewohner der Erde fallen nieder vor ihm.« Zu allen Zeiten und in allen Ländern wird also die Dämonie der Macht zu spüren sein und zur Entfaltung kommen. Und nur diejenigen lassen sich nicht verführen und leisten Widerstand, »deren Name nicht seit der Erschaffung der Welt geschrieben steht im Lebensbuch des Lammes, das geschlachtet wurde«. Der Kampf ist somit ein weltgeschichtlicher Kampf. Ausdrücklich wird ja auch gesagt, dass die Macht zweiundvierzig Monate dauert. Also wieder die Zahl Dreieinhalb mit Zwölf multipliziert, also wieder ein Ausdruck für die Dauer der irdischen Zeit.

Die theologische Betrachtung der Geschichte, die Johannes hier aufzeigt, hat etwas Erschütterndes. Denn die Macht des Staates ist groß. Sechsmal steht in diesen wenigen Versen der Begriff »Macht« und dazu ist er mehrfach noch bildlich ausgedrückt in den Köpfen, Kronen, Hörnern, in der tierischen Kraft, im Überwinden des Todes, im majestätischen Auftreten, im sieghaften Vorgehen usw. Diese Art Macht ist letztlich nicht menschlichen Ursprungs, sondern satanischer Herkunft. In Selbstüberhebung lästert sie Gott und bekämpft die Gläubigen, treibt also Missbrauch mit ihrem eigenen Wesen. Und all das ist universal in Raum und Zeit. Die Dämonie der Macht könnte nicht unheimlicher gezeichnet werden. Nicht die Macht an sich ist böse, sondern der Missbrauch der Macht. Zwischen Paulus, der schreibt, dass alle Macht von Gott kommt (Röm 13), und Johannes, der den Missbrauch gottgegebener Macht als satanisch bezeichnet, besteht kein Gegensatz.

Ein Zwischensatz soll den Gläubigen Ruhe und Vertrauen einflößen. Denn es wird betont, dass die Macht durch die gleichen Waffen, die sie gebraucht, umkommen wird. »Wer mit dem Schwert tötet, muss selbst durch das Schwert getötet werden.« Die Heiligen aber, also die Gläubigen der Kirche, sollen in Geduld und Glauben den Kampf bestehen.

Das siebte Zeichen. Das siebte Bild ist wieder ein Tier, äußerlich harmlos, aber innerlich womöglich noch gefährlicher, denn die Harmlosigkeit ist nur Tarnung. Es tritt auf wie ein Lamm, ist also eine Nachahmung Christi selbst. Und doch hat es Hörner, an denen zu erkennen ist, dass es auch ihm um die Macht zu tun ist. Das Verräterische aber ist seine Sprache. Es redet wie ein Drache, denn in der Sprache tut es sein Wesen kund. Es ist, wie die Apokalypse beim Endgericht ausdrücklich feststellt, der lügnerische Geist, der Pseudoprophet im Dienste staatlicher Machtgelüste. Es ist die Staatsreligion, die den Staat vergöttert. Es will die Menschen zur Anbetung der Macht verführen. Zu diesem Zweck sucht der Geist sich die Bewunderung der Menschen zu sichern. Die Wissenschaft vollbringt die Wunder der Technik, die den einfachen Menschen unbegreiflich erscheinen. Die Wunder wirken die Verwunderung und führen zu grenzenloser Bewunderung. Stellt sich dann die Wissenschaft in den Dienst des Staates, etwa als Philosophie der Macht oder als Lehre der Staatsomnipotenz, als geistige Rechtfertigung des Totalitarismus usw., so ist damit nicht nur Staatsdienst, sondern letztlich Satansdienst geleistet.

Die Apokalypse hebt besonders hervor, dass dieser Ungeist im Dienst der Propaganda steht. Denn der Geist soll dem Bild des Tieres Odem einflößen. Johannes denkt an die Kaiserbilder, die angebetet werden mussten und die darum einem jeden Christen ein Gräuel waren. Und diese Bilder, die an sich etwas Totes sind, erhalten durch die staatliche Propaganda Leben. Denn dann steht hinter diesen Bildern die geistige Forderung der Anbetung staatlicher Gewalt, der restlosen Unterwerfung unter den staatlichen Willen und letztlich die Vergötterung und Vergötzung des Staates. Daher auch der Monopolanspruch. Alle müssen das Zeichen des Staates tragen, sonst sind sie wirtschaftlich boykottiert und gesellschaftlich unmöglich.

Mit einer geheimnisvollen Andeutung schließt dieser Abschnitt, denn das Tier wird zwar nicht mit Namen genannt, aber der Zahlenwert seines Namens wird angegeben: 666. Es ist der Zahlenwert für das Wort »Kaiser Nero«. Wenn man »Kaiser Nero« mit hebräischen Buchstaben schreibt und anstelle der Buchstaben die Zahlen setzt, welche durch diese Buchstaben im Hebräischen bezeichnet werden, gibt die Summierung die Zahl 666. Es ist aber nicht nur der damalige historische Nero gemeint, sondern jeder Nero, das heißt jeder, der die Staatsmacht missbraucht zum Kampf gegen Christus und die Gläubigen. Im Zahlenwert 666 liegt noch ein anderes Element. Wir wissen aus einem sibyllinischen Text, dass das griechische Wort für Jesus damals den Zahlenwert 888 trug, also dreimal die menschliche Vollkommenheit plus eins und somit dreimal eine 7 + 1. Dementsprechend trägt Satan die Zahl 666, das heißt dreimal ein Anlauf zum Vollkommenen, mit einem dreimaligen Versagen, also dreimal eine 7 – 1.

Damit ist die satanische Trinität gezeichnet. Nicht zufällig in drei hässlichen Tierbildern: dem Bild des Drachen als des eigentlichen Feindes, dem Bild des Tieres aus dem Abgrund als Symbol der Staatsallmacht und dem Symbol des getarnten Lammes als Ausdruck einer falschen Philosophie im Dienste staatlicher Machtgelüste.

Der Kampf, den die Gläubigen zu bestehen haben, ist also kein leichter. Denn Geist und Macht und hinter ihnen Satan selbst sind die Feinde. Kein Wunder, dass diese Schilderung eingeleitet wurde durch den Ruf: »Weh aber euch, Land und Meer!«

CHRISTUS IM ABSCHNITT DER SIEBEN ZEICHEN

Auch in diesem symbolgeladenen Abschnitt tritt Christus äußerlich zurück, bildet aber doch innerlich die geheimnisvolle Mitte. Das ist schon durch die Mittelstellung des Hymnus auf seine Größe sichtbar, liegt aber auch in der Sache selbst. Und zwar sind es vor allem zwei Wahrheiten, die auf ihn hinweisen.

Als Erstes ist sichtbar, dass der Hass Satans ihm gilt.

Der Drache greift zuerst nicht die Frau an, sondern wartet, bis der messianische Knabe geboren ist. Ihm gilt sein Angriff. Ihn will er vernichten. Erst beim Erkennen dieser Unmöglichkeit wendet sich der satanische Hass gegen die Kirche. Diese ist also um seinetwillen verfolgt, nicht um ihrer selbst willen. Und erst als auch die Kirche sich als unangreifbar erweist, verfolgt Satan die Gläubigen. Wieder um seinetwillen. Sie sind als »Nachkommen« seine Brüder, darum von Satan gehasst.

Weil es letztlich um Christus geht, bietet Satan alle Mittel auf und gibt dadurch indirekt und wider Willen Zeugnis von der Macht und Größe Christi. Macht und Geist, Gewalt und List werden im Satansdienst zu einer unheimlichen Synthese, symbolisiert in den beiden Tieren. Die Dämonie der Macht und die Dämonie des Geistes bilden den dämonischen Angriff gegen Christi Macht und Christi Geist.

Satan legt auch dadurch Zeugnis für Christus ab, dass er ihn in allem nachahmt. Vom Leben Jesu wird in diesem Abschnitt nichts berichtet als Anfang und Ende, die Geburt und die Himmelfahrt. Aber durch die satanische Nachahmung schimmert das Leben und Wirken Christi durch. Satan ahmt die geistige

Dreifaltigkeit nach durch seine tierische Trinität. Und der dreimalige Anlauf zur dreimal nicht erreichten Vollkommenheit der Siebenzahl zeigt im geheimnisvollen Drei-mal-sechs den gescheiterten Versuch, ein dreimaliges Sieben zu erreichen. Auch die Inkarnation wird nachgeahmt, wenn auch halb unfreiwillig. Denn während Christus aus eigenem Willen Mensch geworden ist, wird Satan gegen seinen Willen vom Himmel auf die Erde gestürzt. Christus ist das Lamm Gottes. Satan äfft ihn nach durch die Gestalt des Tieres, das wie ein Lamm auftritt und doch wie ein Drache spricht. Christus wirkt Wunder. Und so wirkt auch Satan durch seine Hilfsmächte »Wunderzeichen«. Wie Christus sich eine Weltkirche gründet, zu der »die Kleinen und die Großen, die Reichen und die Armen, die Freien und die Sklaven« gehören, schafft sich auch Satan ein Weltreich und eine Weltherrschaft mit Anhängern aus allen Gruppen und Schichten und hat Macht »über alle Stämme, Völker, Sprachen und Nationen«. So wie Christus die Seinen zeichnet mit dem Zeichen Gottes, so lässt Satan seine Anhänger das Zeichen des Tieres tragen. Wie Christus Tote lebendig macht, will auch Satan dem Tier den Odem des Lebens einflößen. Wie Christus machtvoller König ist, »der die Völker mit eisernem Zepter regiert«, lässt auch Satan das Tier aus dem Abgrund in den zehn Hörnern die Zeichen der Macht und in den zehn Kronen den Schein des Königtums tragen. Und wie Christus gestorben, aber wieder lebendig geworden ist, muss das Tier im Dienste Satans die tödliche Wunde empfangen, aber wieder genesen. Wie Christus das Bild des unsichtbaren Gottes ist und damit die Erfüllung des Menschen, der nach Gottes Bild und Gleichnis geschaffen ist, lässt Satan das Bild des Tieres anbeten. Aber während Christus den Menschen das Leben spendet, sie zu Gott führt und den Namen Gottes verherrlicht, will Satan die Menschen töten lassen (13,15), verführt sie durch gleisnerische Worte und lästert den Namen Gottes und alles, was heilig ist.

Durch ein Zweites steht Christus in der Mitte: Er erweist sich Satan gegenüber auf der ganzen Linie als der Stärkere. Trotz der scheinbaren Ohnmacht dessen, der Kind geworden ist, wird er durch den Schutz des Allmächtigen gerettet, sodass er für Satan unnahbar ist. Er wird auf den Thron Gottes in den Himmel erhoben, während Satan entthront und vom Himmel auf die Erde gestürzt wird. Der Plan Gottes wird in Christus, Satan zum Trotz, verwirklicht. Denn wie Israel, aus Ägypten weggeführt, trockenen Fußes durch das Tote Meer schreitet und durch Gott in der Wüste in Sicherheit gebracht wird, dem Pharao und seinen Ägyptern zum Trotz, so wird die Kirche der Verfolgung Satans entzogen. Die Wasser, die der Drache ihr nachspeit, versickern und vertrocknen und die Kirche ist auf der Erde durch Gott in Sicherheit gebracht.

Und alles Große im Himmel und auf Erden, der Sieg der Engel und der gläubigen Menschen, kommt zustande durch das Blut des Lammes, also durch Christi Opfertod. Wer in das Lebensbuch des geopferten Lammes geschrieben ist, wird gerettet. Um seinetwillen achten die Gläubigen ihr Leben gering und gehen freudig in den Tod. Sie wollen für ihn Zeugnis geben. Darum gipfelt der ganze Abschnitt im Siegeslied auf den Gesalbten. Er besitzt mit Gott »das Heil, die Macht und das Reich«.

So gibt Satan durch seine missglückte Nachahmung Christi und durch seinen erfolglosen Kampf gegen Christus, die Kirche und die Gläubigen wider Willen Zeugnis, dass Christus der Größere und der Stärkere ist. Selbst Satan muss Christus verherrlichen.

DRITTER HAUPTTEIL

DIE VOLLENDUNG

SIEBEN GESTALTEN

SIEBEN SCHALEN

SIEBEN BILDER DES GERICHTS

Nun beginnen die Bilder der Endzeit. Denn »die Stunde des Gerichts ist gekommen«. Das »ewige Evangelium«, das heißt, die Frohbotschaft vom kommenden Äon wird verkündet. Der Inhalt des durch Christus geöffneten, aber uns noch verborgenen siebten Siegels wird nun gezeigt. Und was die siebte Posaune bringen sollte, wird nun geschehen. Das dritte »Wehe« war durch den Schrei des Adlers angedroht, aber jetzt erst wird es kommen. So ist der dritte Teil der Apokalypse die Schilderung der Endzeit. In drei Siebenergruppen wird sie gezeichnet. Die erste ist die Androhung des Endes im Himmel, und zwar als eine endgültige Scheidung von Gut und Böse. Diese ganze Gruppe ist zugleich wie eine einzige gewaltige Einführungsvision des dritten Gesamtteils. Die zweite Siebenergruppe bringt im Ausgießen der sieben Schalen des Zornes Gottes die unmittelbare Vorbereitung der Endkatastrophe. Es ist eine letzte Warnung und Mahnung und zugleich der Anfang vom Ende. Die dritte und damit siebte Siebenergruppe des Gesamtwerkes zeigt in erschütternden Bildern den Doppelcharakter des Endes als Vernichtung der Feinde Gottes und als Beseligung der Erwählten. Alles Feindliche, zusammengefasst im Bilde Babylons, verschwindet. Das neue Jerusalem triumphiert. Und die Apokalypse als das letzte Buch der Bibel schließt mit dem Bild vom wiedergefundenen Paradies, über dessen Verlust das erste Buch der Bibel berichtet hatte. So ist dieser dritte Teil der Geheimen Offenbarung in sich ein geschlossenes Ganzes und wächst doch wie die Baumkrone aus Stamm und Wurzel der beiden anderen Teile.

SIEBEN GESTALTEN

DROHUNGEN IM HIMMEL

EINFÜHRUNGSVISION

DIE DREI ERSTEN ENGEL

CHRISTUS ALS MITTE

DIE DREI ANDEREN ENGEL

CHRISTUS IM ABSCHNITT DER SIEBEN GESTALTEN

EINFÜHRUNGSVISION

14,1–5

Und ich sah und siehe, das Lamm stand auf dem Berg Zion und bei ihm waren hundertvierundvierzigtausend; auf ihrer Stirn trugen sie seinen Namen und den Namen seines Vaters geschrieben. Dann hörte ich eine Stimme vom Himmel her, die dem Rauschen von Wassermassen und dem Rollen eines gewaltigen Donners glich. Die Stimme, die ich hörte, war wie der Klang der Harfe, die ein Harfenspieler schlägt. Und sie sangen ein neues Lied vor dem Thron und vor den vier Lebewesen und vor den Ältesten. Aber niemand konnte das Lied lernen außer den hundertvierundvierzigtausend, die von der Erde weg freigekauft sind. Sie sind es, die sich nicht mit Frauen befleckt haben; denn sie sind jungfräulich. Sie folgen dem Lamm, wohin es geht. Sie allein unter allen Menschen sind freigekauft als Erstlingsgabe für Gott und das Lamm. Denn in ihrem Mund fand sich keinerlei Lüge. Sie sind ohne Makel.

Die Einführungsvision gilt, wie dies schon bei der Einführungsvision des zweiten Teils der Fall war, nicht nur dem ersten Abschnitt, sondern dem ganzen dritten Teil. Sie bildet einen eindrucksvollen Gegensatz zum Vorausgehenden.

Christus ist sichtbar als das Opferlamm. Der erste Hauptteil der Apokalypse begann mit dem Sichtbarwerden dessen, den sie durchbohrt haben. In der Einführungsvision des zweiten Hauptteils stand Christus als das geschlachtete Lamm vor dem Thron Gottes. Und im Eingangsbild des dritten Hauptabschnittes wird Christus wieder als das Opferlamm sichtbar. So ragt über allen drei Teilen das Kreuz Christi, aber immer als ein Zeichen des blutigen Sieges und des Triumphes durch das Opfer.

Das Lamm ist hier das wahre Lamm im Gegensatz zum getarnten Lamm des Pseudopropheten, und es ist das Symbol des Friedlichen im Unterschied zum Wilden und Hässlichen des Tieres aus dem Abgrund.

Es steht auf dem Berg und damit auf der Höhe des Sieges, während das Tier im Satansdienst aus der Tiefe des Abgrunds und der falsche Prophet vom ebenen Lande herkamen. Auf dem Berg Zion wird es sichtbar. Denn das Gericht wird nun über Babylon ergehen, sodass Jerusalems Heiligtum den Widerpart bildet zum unheiligen Babel.

Hundertvierundvierzigtausend bilden seine Gefolgschaft. Also die zwölfmal zwölftausend wieder im Anklang an die zwölf Stämme und die zwölf Apostel, aber vervielfacht durch die Tausendzahl der Fülle. Sie sind gezeichnet mit dem Namen Christi und seines Vaters, denn sie tragen durch die Taufe das seelische Kennzeichen von Vater und Sohn, denen sie im Heiligen Geist geweiht sind, während die Satansknechte mit dem Mal des Tieres gezeichnet sind. Vom Himmel her sind Musik und melodische Stimmen hörbar im Gegensatz zum dumpfen Gebrüll der Tiere. In der Einführungsvision des zweiten Hauptteils war die Majestät des Himmels hervorgehoben durch das Dröhnen gewaltiger Donner und das Rauschen vieler Wasser. Genauso hier in der Eröffnung des dritten Teils. Und wie dort die vier Wesen und die Presbyter den Hymnus auf die Herrlichkeit des Herrn anstimmten, so singen auch hier die Bewohner des Himmels vor dem Thron und den vier Wesen und den Presbytern das neue Lied der Seligkeit.

Die besonders Erwählten des Herrn, die zunächst beim Lamm stehen und seine besondere Gefolgschaft bilden, sind die Jungfräulichen, die Ehelosen. Es sind die Menschen, die in ganzer, ungeteilter Hingabe an Christus das Leben des Geistes geführt haben. Damit sind in erster Linie die »Ehelosen um des Himmelreiches willen« gemeint, deren Liebe ausschließlich dem Herrn gehört. Im weiteren Sinn gehören aber all diejenigen dazu, die ein reines Leben in den Dienst Christi stellen. Im Gegensatz zum falschen Propheten sind sie wahrhaftige Menschen, bei denen Wort und Tat übereinstimmen. Und makellos sind sie, weil sie geläutert sind durch das Blut des Lammes. Nicht aus eigener Kraft haben sie ihre Vorrangstellung erlangt, sondern sie sind als Erstlinge durch Christus erkauft, sodass die Erde für sie eine Art der Fremde und der Himmel ihre eigentliche Heimat ist.

So bildet diese Einführungsvision in scharfem Gegensatz zum Vorausgehenden und zugleich in ihrer Helligkeit, ihrem Jubelhymnus, ihrer Geistigkeit und sieghaften Größe die Einstimmung auf das Folgende.

DIE DREI ERSTEN ENGEL

14,6–13

Dann sah ich: Ein anderer Engel flog hoch am Himmel. Er hatte den Bewohnern der Erde ein ewiges Evangelium zu verkünden, allen Nationen, Stämmen, Sprachen und Völkern. Er rief mit lauter Stimme: Fürchtet Gott und erweist ihm die Ehre! Denn die Stunde seines Gerichts ist gekommen. Betet ihn an, der den Himmel und die Erde, das Meer und die Wasserquellen geschaffen hat! Ein anderer Engel, ein zweiter, folgte und rief: Gefallen, gefallen ist Babylon, die Große, die alle Völker betrunken gemacht hat mit dem Zornwein ihrer Hurerei. Ein anderer Engel, ein dritter, folgte ihnen und rief mit lauter Stimme: Wer das Tier und sein Standbild anbetet und wer das Kennzeichen auf seiner Stirn oder seiner Hand annimmt, der muss den Wein des Zornes Gottes trinken, der unverdünnt im Becher seines Zorns gemischt ist. Und er wird mit Feuer und Schwefel gequält vor den Augen der heiligen Engel und des Lammes. Der Rauch von ihrer Peinigung steigt auf in alle Ewigkeit und alle, die das Tier und sein Standbild anbeten und die seinen Namen als Kennzeichen annehmen, werden bei Tag und Nacht keine Ruhe haben. Hier muss sich die Standhaftigkeit der Heiligen bewähren, die an den Geboten Gottes und an der Treue zu Jesus festhalten. Und ich hörte eine Stimme vom Himmel her rufen: Schreibe: Selig die Toten, die im Herrn sterben, von jetzt an; ja, spricht der Geist, sie sollen ausruhen von ihren Mühen; denn ihre Taten folgen ihnen nach.

Ein *Engel* fliegt im Zenit des Himmels. Denn nun erreicht alles Geschehen seinen Höhepunkt. Die Weltgeschichte tritt in den Zenit und wird ihn nicht mehr verlassen. Denn der bisherige Äon findet damit sein Ende, der Äon der Zeit ohne Ende nimmt seinen Anfang. Dieser Engel bringt das ewige Evangelium. Das bisherige Evangelium war Frohbotschaft für die Zeit. Das neue Evangelium bringt die Frohbotschaft für die Ewigkeit. Also entscheidend Neues. Und wie das alte Evangelium jeder Kreatur zu verkünden war, so wird auch dieses neue, ewige Evangelium »den Bewohnern der Erde [...], allen Nationen, Stämmen, Sprachen und Völkern« verkündet. Die ganze Welt wird zum Weltgericht aufgeboten.

»Denn die Stunde seines Gerichts ist gekommen.« Damit ist in klarer Deutlichkeit gesagt, worum es nun im Folgenden geht. Bisher war alles Geschehen nur Ablauf der Zwischenzeit zwischen dem ersten und dem zweiten Kommen Christi. Was jetzt berichtet wird, ist die eigentliche »Krisis« der Welt, das heißt ihr Gericht. Und weil es eine Krisis ist und damit eine Scheidung, hat sie den Doppelcharakter der Furcht und der Freude. Denn die Verdammten haben Gott zu fürchten, nicht mit der Ehrfurcht religiösen Geistes, sondern mit der bangen und bebenden Furcht derer, die gerichtet werden. Die Guten aber verherrlichen Gott, denn sie werden nun die Herrlichkeit Gottes schauen und deswegen selig werden.

Mit dem Bericht über die Erschaffung des Himmels und der Erde, des Meeres und aller Wasserquellen hat das Buch der Genesis begonnen. Die Apokalypse beginnt ihren Schlussteil mit der Schilderung einer neuen Genesis des neuen Himmels und der neuen Erde, wo die Unheimlichkeit abgründiger Meerestiefe nicht mehr droht, aber dafür der Paradiesesfluss des Gottesgeistes in silberner Helle strömt.

Hatte der erste allgemein das Gericht angesagt, so verkündet der *zweite Engel* die Botschaft vom irdischen Ende all derer, die gegen Gott aufgestanden sind. Er sieht Babylon, die Große, in seinem Sturz. Jeremia (51,7) hatte verkündet: »Babel war in der Hand des HERRN ein goldener Becher, der die ganze Erde berauschte. [...] Jählings fällt Babel und wird zerschmettert.« Was Jeremia geschaut, verkündet der zweite Gerichtsengel nun als bevorstehend. Es ist Weltgericht, denn alle Völker sind berauscht worden vom Geist des Abfalls von Gott und damit, biblisch ausgedrückt, vom Geist der Unzucht, weil sie die Ehe des Bundes gebrochen und mit Irdischem gebuhlt haben, anstatt Gott die liebende Treue zu bewahren.

Der *dritte Engel* verkündet das Endschicksal der Menschen, die nicht Christus, sondern den antichristlichen Mächten gefolgt sind. Nicht nur ihre irdische Macht und Größe wird gestürzt, sondern sie werden in der Ewigkeit gestraft. Sie haben das Tier und das Bild angebetet und sein Zeichen getragen, anstatt Gott die Ehre zu geben und Abbild Gottes zu sein, sie, die doch nach Gottes Bild und Gleichnis geschaffen waren und durch die Gnade Abbilder Christi, des Vorbildes aller Menschen, sein sollten. Sie haben den Taumelwein der Sünde getrunken und müssen nun den unvermischten Zornwein Gottes trinken. Sie gehören zum Anhang Satans und der gestürzten Engel und sollen nun vor dem Angesicht der heiligen Engel gequält werden. Sie haben das Lamm bekämpft und müssen nun in der Qual der Verdammnis des Lammes Kraft und Macht und Größe anerkennen. Wie Sodom mit Feuer und Schwefel vernichtet wurde, werden sie in Feuer und Schwefel gepeinigt. Während die Seligen eingehen in die ewige Ruhe, sollen sie als Verdammte weder bei Tag noch bei Nacht Ruhe finden. Sie haben in der Sünde ihre Ruhe gesucht und die Unruhe zu Gott in falscher Geruhsamkeit verkümmern lassen. Ewige Unrast ist ihre Strafe in der Unruhe des quälenden Gewissens. Sie haben dem Geist, der im Rauch aus dem Abgrund aufgestiegen ist, Folge geleistet, und so wird nun aus ebendiesem Abgrund der Rauch ihrer Qual in alle Ewigkeit aufsteigen. Die Heiligen dagegen, die Gottes Gebote gehalten und den Glauben an Jesus in Treue bewahrt haben, finden nun ihre Geduld und Ausdauer, das feste Stehen ihrer Standhaftigkeit belohnt.

War bisher das Sterben von Schmerz und Trauer erfüllt, so sind nun die Toten seliggepriesen, die im Herrn sterben. Sie gehen ein in die wahre Ruhe, in die Freiheit von aller Mühsal, denn ihre Werke folgen ihnen nach. Was sie Gutes getan, findet seinen Lohn, wie alles, was die Verworfenen getan, seine Strafe findet. So enthält der Ruf der drei Engel Größe und Schrecken, Lohn und Strafe, Irdisches und Überirdisches des kommenden Gerichts in wenigen, aber majestätischen Worten.

CHRISTUS ALS MITTE

14,14

Dann sah ich und siehe, eine weiße Wolke. Auf der Wolke thronte einer, der wie ein Menschensohn aussah. Er trug einen goldenen Kranz auf dem Haupt und eine scharfe Sichel in der Hand.

»Dann sah ich und siehe, eine weiße Wolke. Auf der Wolke thronte einer, der wie ein Menschensohn aussah. Er trug einen goldenen Kranz auf dem Haupt und eine scharfe Sichel in der Hand.«

Wie im vorausgehenden Abschnitt nimmt Christus auch hier äußerlich in der Gliederung und innerlich in der Stellung die Mitte ein. Auf weißer Wolke erscheint er. Er hat selbst vorausgesagt: »Ihr werdet den Menschensohn auf den Wolken des Himmels kommen sehen« (Mt 26,64). Das Gewölk ist der Thron seiner Herrlichkeit. Wenn es eine weiße Wolke ist, so soll in der Sprache der Apokalypse das Sieghafte damit gezeichnet sein. Er sitzt auf der Wolke, weil sie der Richterstuhl ist, auf dem der Richter beim Fällen seines Richterspruches sitzen muss. Er ist »wie ein Menschensohn« in Anlehnung an die Daniel-Vision vom kommenden Messias. Durch seine Menschwerdung hat er das Recht zum Richten über die Menschen, die ihn als Menschen gerichtet und hingerichtet haben. Der goldene Kranz auf seinem Haupt ist das triumphale Zeichen des Sieges. Die Sichel in der Hand ist das Werkzeug der Ernte. Denn nun kommt er zum Schneiden des Korns und der Rebe. Majestät, himmlische Herrlichkeit, sieghafte Größe und Drohung des Gerichts sind in wenigen Worten symbolisch ausgedrückt.

DIE DREI ANDEREN ENGEL

14,15–20

Und ein anderer Engel kam aus dem Tempel und rief dem, der auf der Wolke saß, mit lauter Stimme zu: Schick deine Sichel aus und ernte! Denn die Zeit zu ernten ist gekommen: Die Frucht der Erde ist reif geworden. Und der auf der Wolke saß, schleuderte seine Sichel über die Erde und die Erde wurde abgeerntet. Und ein anderer Engel trat aus dem himmlischen Tempel. Auch er hatte eine scharfe Sichel. Vom Altar her kam noch ein anderer Engel, der die Macht über das Feuer hatte. Dem, der die scharfe Sichel trug, rief er mit lauter Stimme zu: Schick deine scharfe Sichel aus und ernte die Trauben vom Weinstock der Erde! Seine Beeren sind reif geworden. Da schleuderte der Engel seine Sichel auf die Erde, erntete den Weinstock der Erde ab und warf die Trauben in die große Kelter des Zornes Gottes. Die Kelter wurde draußen vor der Stadt getreten und Blut strömte aus der Kelter; es stieg an, bis an die Zügel der Pferde, eintausendsechshundert Stadien weit.

Der *vierte Engel* kommt aus dem Tempel, also von Gott her, und fordert das Gericht über die Toten. Etwas Ungestümes lag schon im Ruf der Seelen unten am Altar. Sie mussten sich aber gedulden, bis die Zahl der Erwählten voll sein würde. Nun ist sie voll. Stürmisch bricht nun die berechtigte Ungeduld durch. Es geht in erster Linie nicht um die Verurteilung der Feinde, sondern um die Beseligung der Guten. Das Werk der Schöpfung soll zur Vollendung gebracht werden. Darum überbringt der Engel nicht bloß den Willen des Vaters im Himmel an den Sohn, sondern er ist Wortträger aller, die auf die Vollendung warten. Feierlich klingt sein forderndes und bittendes Wort: »Schick deine Sichel aus und ernte! Denn die Zeit zu ernten ist gekommen: Die Frucht der Erde ist reif geworden.« Christus hatte die Jünger, die vorzeitig eine Scheidung der Geister wollten, in der Parabel vom Unkraut unter dem Weizen zurückgehalten und darauf hingewiesen, dass eines Tages die Stunde der Ernte kommen wird, in welcher die vollen Garben in die Scheune des Vaters gebracht, das Unkraut aber verbrannt wird. Nun ist die Gerichtsstunde gekommen. Wieder ist hier deutlich, dass die Apokalypse erst jetzt vom Ende und vom Gericht redet.

Der auf der Wolke Sitzende, also Christus selbst, schwingt nun seine Sichel und holt die Ernte ein. Das Getreidefeld ist das Symbol der Guten. Sie werden durch Christus selbst heimgeführt. In seiner Hand verliert die Sichel des Todes die metallische Härte und schneidende Grausamkeit. Der Gerichtstag wird zum Erntefest.

Der *fünfte Engel* kommt ebenfalls aus dem Heiligtum des Himmels, handelt also auch im Auftrag Gottes. Auch er trägt eine Sichel. Wo es um die Verworfenen geht, greift Christus nicht selbst ein, sondern sein Bote muss nach seinem Willen Gerichtsvollzieher sein.

Der *sechste Engel* kommt vom Altar des Tempels, dort, wo die Seelen der Gemordeten sind. Er hat Macht über das Feuer, denn nun kommt der große Weltenbrand des Jüngsten Tages und das Feuer der Hölle für die Verdammten. Er gibt dem Sichelengel den Auftrag, die Trauben am Weinstock der Erde zu schneiden. Und sofort wird das Gericht ausgeführt. Die dunklen Trauben sind hier das Bild der Verworfenen. Sie werden in die Kelter des Zornes Gottes geworfen. Außerhalb der Stadt wird die Kelter getreten. Nach dem Propheten Joel soll das Gericht außerhalb der Stadt vollzogen werden. Und auch Christus hat außerhalb Jerusalems in ungerechtem Gericht sein Blut vergossen.

Extra castra, betont der Hebräerbrief. Jetzt müssen sie nicht nur aus dem Becher des Zornes trinken, sondern nun wird die Kelter des Zorns getreten. Schauerlich ist dieses Gericht. Denn das Blut fließt aus der Kelter, bis es den Rossen an die Zügel steigt. Und der unheimliche, blutige Strom fließt eintausendsechshundert Stadien weit, also vierzig im Quadrat, viermal die vier Enden der Welt, mit der Zahl Hundert vervielfacht. Es ist wirkliches Weltgericht. Wenn die Herrlichkeit Gottes in ihrer Größe aufstrahlt, nimmt auch das Gericht die Maße der Unheimlichkeit an.

In kurzer Folge sind die sechs um Christus gruppierten Engel aufgetreten. Schlag auf Schlag ist ihre Botschaft gekommen. Die Ansage des Gerichts durch die ersten drei, die Aufforderung zur sofortigen Durchführung des Gerichts durch die anderen drei. Und der Richter selbst ist Christus.

CHRISTUS IM ABSCHNITT DER SIEBEN GESTALTEN

»Auch richtet der Vater niemanden, sondern er hat das Gericht ganz dem Sohn übertragen« (Joh 5,22). Damit ist gegeben, dass Christus jetzt, wo von der Stunde des Gerichts die Rede ist, stärker hervortritt.

Schon die Einführungsvision stellt ihn in die Mitte. Im Symbol des Lammes tritt er auf. Und zwar steht er jetzt für den Seher auf dem Berg Zion. Der wahre Sohn Davids hat nicht nur den irdischen Berg Zion gestürmt, sondern die himmlische Stadt Sion mit seinem eigenen Blut erobert. Und nun ist die Stunde seiner Wiederkunft gekommen und damit der Bau des neuen Jerusalem mit dem neuen Zion und somit die endgültige Erfüllung des Alten Bundes. Eine Erfüllung, die im Neuen Bund durch das erste Kommen Christi begonnen ist und durch sein zweites Kommen vollendet wird. Die zwölfmal zwölftausend sind seine Gefolgschaft. Von ihm sind sie gezeichnet. Für ihn leben sie. Sein Wort von den Ehelosen um des Himmelreiches willen hat ihnen das Ideal der Jungfräulichkeit erschlossen und so sind sie zu Menschen der ungeteilten Hingabe an ihn geworden. Sie allein können, weil sie für und mit Christus leben, das neue Lied verstehen. Er allein ist der Weg zum neuen Sion und darum kann man nur in der Verbundenheit mit ihm die Sprache der Ewigkeit und die Lieder des kommenden Äons begreifen. Christus ist es, der sich selbst seine Gefolgschaft erworben hat. Denn die erdgebundenen Menschen sind durch ihn ins Leben des Himmels gerufen worden, und die an Welt und Satan Versklavten sind durch den Preis seines Blutes für ihn und für Gott erkauft worden. So steht Christus als entscheidende Mitte in dieser

Vision. Die himmlische Stimme, deren gewaltiges Klingen wie das Rauschen vieler Wasser und das Rollen mächtiger Donner dröhnt, zeigen die Größe Christi bei seiner Wiederkunft zum Gericht in großer Macht und Herrlichkeit.

Rein äußerlich steht Christus von den sechs Engeln umgeben in der Mitte der Gerichtsandrohung. Und alles, was diese Engel sagen, hat eine Beziehung zu ihm. Der erste bringt das Evangelium des kommenden Äons. Christus hat die Frohbotschaft dieser Zeit gebracht. Er bringt auch durch seinen Engel die Frohbotschaft der Ewigkeit. Und wie sein erstes Kommen durch das *gloria in excelsis Deo* des Engelsgesangs verkündet war, so auch sein zweites Kommen durch den Ruf des Engels, dass man Gott verherrlichen solle. Von der ersten Schöpfung heißt es, dass alles durch den Logos geworden ist. Und darum soll jetzt, wo der neue Himmel und die neue Erde geschaffen werden, wieder die Anbetung dem Logos gelten, durch den alles wird. Er ist Anfang und Ende auch in diesem Sinne.

Von ihm ist auch im Wort des zweiten Engels die Rede. Der Kelch, den der Vater ihm gereicht hat, war ein bitterer Kelch, gemischt vom Zorn Gottes über die Sünde. Aber Christus hat ihn getrunken und bis zur Neige geleert. Dann hat er ihn gefüllt mit seinem Blut, dem Blut des Neuen Bundes. Wer daraus trinkt, hat den Zorn Gottes nicht mehr zu fürchten. Wer ihn aber verschmäht und den Taumelwein Babylons vorzieht, wird das Schicksal Babylons teilen und den Zornwein Gottes trinken müssen. Christus ist die Erfüllung Jerusalems und seiner eigentlichen Größe und darum auch die Erfüllung aller prophetischen Drohungen gegen Babylon und seine angemaßte Macht. Christus ist der Bringer der Gnade und damit der Erhebung des Menschen durch Gott. Babylon ist das Symbol menschlicher Überheblichkeit, die zum Sturze führt. Darum muss das zweite glorreiche Kommen Christi den endgültigen Sturz der menschlichen Hybris zur Folge haben.

Auch der Ruf des dritten Engels weist auf Christus. Christus ist das »Bild des unsichtbaren Gottes«. Wer darum in Christus ist, trägt das Zeichen Gottes. Er wird darum gerade in einer gottfeindlichen Welt ein mühevolles, unruhiges Leben führen müssen. Aber er wird durch den »Glauben an Jesus« im Herrn sterben, zur ewigen Ruhe gelangen und den Erfolg seines irdischen Wirkens schauen dürfen. Wer aber nicht für Christus ist, der ist gegen ihn und ist darum gezeichnet mit dem Zeichen des Tieres und er gehört zu den Geistern des Abgrunds, denen er Gefolgschaft leistet. Seine Heimat ist nicht das Licht, sondern der Abgrund des rauchigen Dunkels. Sein ewiges Schicksal ist nicht die Ruhe, sondern die Qual. Und all das »vor dem Lamm«, weil die Geister und Wege sich an Christus scheiden.

Der vierte Engel wendet sich mit seinen Worten unmittelbar an Christus. Christus hat die Saat der Gottesworte ausgestreut, hat das Wachstum und Gedeihen gegeben, hat von der kommenden Ernte gesprochen. Darum ist er es auch, der jetzt am großen Erntetag die Seinen zu sich heimholt. In Tränen hat er gesät, in Freude wird er ernten. Wenn die Felder wogen von reifen Ähren, geht alles auf seine Mühen zurück. Wenn die Scheunen seines Vaters sich füllen, ist es sein Werk. Und so ist die Ernte die Verherrlichung seines Lebens zur Ehre des Vaters. Er ist das Brot vom Himmel. Alle Fruchtbarkeit seelischer Fülle stammt von ihm.

Der fünfte Engel ist schweigsam, aber der sechste verleiht seinem unheimlich schweigsamen Tun Stimme und Ausdruck. Er hat einen schauerlichen Auftrag. Aber auch er weist in seinem dunklen, blutigen Tun geheimnisvoll hin auf das blutige Geschehen in und durch Christus. Christus selbst ist in die Kelter der Menschheit geworfen worden. Die Menschen haben ihn zerstampft, bis das Blut außerhalb Jerusalems, auf Golgotha, die Erde gerötet hat. Er ist auch der wahre Weinstock, aus dem die Rebzweige göttliches Leben haben (Joh 15). Er hat den neuen

Weinberg Israel angelegt, die heilige Kirche. Wer aber nicht in ihm lebt und ohne ihn leben will, der nimmt sein dunkles Traubenblut aus dem Weinstock des Antichrists und gehört zum Weinberg Satans, der in seiner Pflanzung wie in allem Christus nachahmt. Aber diese satanischen dunklen Trauben der Bosheit werden am Winzerfest des Jüngsten Tages geschnitten und in die Kelter des Zorns geworfen. Engel werden die Kelter treten, und das Blut der Sünde wird strömen, wo das Blut der Gnade verschmäht worden ist. Eine düstere Unheimlichkeit liegt über den eintausendsechshundert Stadien, das heißt über der ganzen Erde. Und wenn das Blut den Rossen bis an die Zaumzeuge reicht, ist damit gesagt, dass der Tag des Zorns, der unheimliche *Dies irae*, wohl den Triumph Christi bringt, aber auch das Dunkel des Abgrunds, die Schauer des Höllischen und das Werk des Mörders von Anbeginn sichtbar werden lässt.

Hell und strahlend hat dieser Abschnitt begonnen durch den Hinweis auf den Triumph Christi. Unheimlich und dunkel schließt er, weil das Gericht des Herrn zwei Seiten hat: Erwählung und Verdammnis, Lohn und Strafe, Sieg und Niederlage. Es bringt die Ent-Scheidung, durch die endgültig geschieden wird. Und der, an dem und durch den alles sich scheidet und entscheidet, ist Christus, die Mitte der Welt.

SIEBEN SCHALEN

DROHUNGEN AUF ERDEN

EINFÜHRUNGSVISION

DIE VIER ERSTEN SCHALEN

DIE DREI LETZTEN SCHALEN

CHRISTUS IM ABSCHNITT DER SIEBEN SCHALEN

EINFÜHRUNGSVISION

15–16,1

Dann sah ich ein anderes Zeichen am Himmel, groß und wunderbar. Ich sah sieben Engel mit sieben Plagen, den sieben letzten; denn in ihnen erreicht der Zorn Gottes sein Ende. Dann sah ich etwas, das einem gläsernen Meer glich und mit Feuer durchsetzt war. Und die Sieger über das Tier, über sein Standbild und über die Zahl seines Namens standen auf dem gläsernen Meer und trugen die Harfen Gottes. Sie sangen das Lied des Mose, des Knechtes Gottes, und das Lied zu Ehren des Lammes und sprachen: Groß und wunderbar sind deine Taten, Herr und Gott, du Herrscher über die ganze Schöpfung. Gerecht und zuverlässig sind deine Wege, du König der Völker. Wer wird dich nicht fürchten, Herr, wer wird deinen Namen nicht preisen? Denn du allein bist heilig: Alle Völker kommen und beten dich an; denn offenbar geworden sind deine gerechten Taten. Danach sah ich: Es öffnete sich der Tempel, das Zelt des Zeugnisses im Himmel. Und die sieben Engel mit den sieben Plagen traten heraus; sie waren in reines, glänzendes Leinen gekleidet und trugen um ihre Brust einen Gürtel aus Gold. Und eines der vier Lebewesen reichte den sieben Engeln sieben goldene Schalen; sie waren gefüllt mit dem Zorn des Gottes, der in alle Ewigkeit lebt. Und der Tempel füllte sich mit dem Rauch der Herrlichkeit und Macht Gottes. Niemand konnte den Tempel betreten, bis die sieben Plagen aus der Hand der sieben Engel zu ihrem Ende gekommen waren. Dann hörte ich, wie eine laute Stimme aus dem Tempel den sieben Engeln zurief: Geht und gießt die sieben Schalen mit dem Zorn Gottes über die Erde!

Als das Volk Israel unter Moses Führung der Knechtschaft Ägyptens entronnen war, das Rote Meer durchschritten hatte und von den nachdrängenden Feinden durch Gottes Hilfe gerettet war, stimmte es das große Siegeslied des Mose an.

Der Seher von Patmos sieht im Geiste ein ganz anderes Meer droben im Himmel. Es ist das Meer der Zeitlichkeit, das oben wie zu Kristall erstarrt ist, in schimmernder Helligkeit und doch zugleich wie mit Feuer vermischt, denn es geht um den purpurnen Sonnenuntergang des Weltenendes und zugleich um den Weltenbrand mit seiner unheimlichen Majestät. Aber am anderen Ufer, gerettet und in Sicherheit, stehen die Seligen, das wahre geistige Israel, und singen ein anderes Siegeslied, das alttestamentliche Symbol erfüllend und vollendend.

Es ist ein Hymnus auf die Gerechtigkeit des richtenden Gottes. Zweimal wird die Gerechtigkeit betont. Und außerdem die Wahrhaftigkeit, denn der Herr hat Gerechtigkeit versprochen. Das Gericht wird zeigen, dass er Wort hält. Und so erstaunlich ist dieses Gericht, dass alle verwundert und bewundernd Gott die Ehre geben und den Namen dessen preisen, der allein heilig ist.

Dann sieht Johannes das Portal des himmlischen Tempels sich öffnen. Sieben Engel treten hervor, und zwar, wie es der Herrlichkeit entspricht, in glänzend weißen Gewändern und goldenen Gürteln. Aber noch ist das Gericht nicht vollzogen. Darum tragen die Engel Schalen in den Händen, die vom Zorn Gottes gefüllt sind. Sie sollen das Gericht über die gottfeindliche Welt eröffnen in einer Art, die zugleich noch eine letzte Warnung und letzte Möglichkeit zur Bekehrung bietet. Vergehen auch diese letzten Zeichen, die schon der Anfang des Endes sind, ungenutzt, so können die Verworfenen nicht mehr klagen, dass sie zu wenig gewarnt worden seien. Im 75. Psalm heißt es: »Ja, in der Hand des HERRN ist ein Becher, gefüllt mit gärendem, gewürztem Wein. Er schenkt davon ein, bis zur Hefe müssen ihn schlürfen, müssen ihn trinken alle Frevler der Erde.« Von diesem Trank des Gotteszorns sind die Schalen der Engel gefüllt. Ausdrücklich wird gesagt, es seien die »letzten Plagen«. Es geht somit um Ende und Vollendung.

In der Stunde, da die Engel aus dem Tempel treten, wird dieser selbst erfüllt vom Rauch der Herrlichkeit und der Macht des Herrn. Dieser Rauch bedeckte den Sinai, um die Herrlichkeit des Herrn zu verhüllen und zugleich dem wartenden Volk zu zeigen. In der Rauchwolke zog der Herr vor Israel durch die Wüste. Und Jesaja sah bei seiner Gottesvision das Heiligtum vom Rauch der Herrlichkeit erfüllt. Das Gericht ist das Aufzeigen der Herrlichkeit Gottes: »Wenn der Menschensohn in seiner Herrlichkeit kommt.« Niemand kann jetzt in den Tempel des Herrn eintreten, bis das Ende vollzogen ist. Schlag auf Schlag werden nun die Ereignisse folgen und in kürzester Zeit ist das Gericht vollzogen.

Und nun beginnen die letzten Zeichen. Denn die Stimme wird hörbar: »Geht und gießt die sieben Schalen mit dem Zorn Gottes über die Erde!«

DIE VIER ERSTEN SCHALEN

16,2–9

Der erste ging und goss seine Schale über das Land. Da bildete sich ein böses und schlimmes Geschwür an den Menschen, die das Kennzeichen des Tieres trugen und sein Standbild anbeteten. Der zweite Engel goss seine Schale über das Meer. Da wurde es zu Blut, das aussah wie das Blut eines Toten; und alle Lebewesen im Meer starben. Der dritte goss seine Schale über die Flüsse und Wasserquellen. Da wurde alles zu Blut. Und ich hörte den Engel, der die Macht über das Wasser hat, sagen: Gerecht bist du, der du bist und der du warst, du Heiliger; denn damit hast du ein gerechtes Urteil gefällt. Sie haben das Blut von Heiligen und Propheten vergossen; deshalb hast du ihnen Blut zu trinken gegeben, so haben sie es verdient. Und ich hörte eine Stimme vom Altar her sagen: Ja, Herr, Gott und Herrscher über die ganze Schöpfung. Wahr und gerecht sind deine Gerichtsurteile. Der vierte Engel goss seine Schale über die Sonne. Da wurde ihr Macht gegeben, mit ihrem Feuer die Menschen zu verbrennen. Und die Menschen verbrannten in der großen Hitze. Dennoch lästerten sie den Namen Gottes, der die Macht über diese Plagen hat. Sie bekehrten sich nicht dazu, ihm die Ehre zu geben.

Der Bericht über die letzten Plagen greift deutlich den biblischen Bericht über die ägyptischen Plagen auf. Denn dort wie auch hier geht es um letzte Warnungen und Mahnungen vor dem entscheidenden Eingreifen Gottes zugunsten seines Volkes. Ebenso deutlich knüpft die Darstellung auch an die Schilderung der sieben Posaunen an, und zwar in vollem Parallelismus. Wie die ersten vier Posaunen treffen die ersten vier Schalen die Erde, das Meer, die Flüsse und die Sonne. Wie bei der fünften Posaune gilt die fünfte Zornesschale dem Sitz des eigentlichen satanischen Feindes. Und wie die sechste Posaune trifft auch die sechste Zornesschale die feindliche Macht, die sich am Eufrat sammelt. Während aber die siebte Posaune den Inhalt des Berichtes im Einzelnen noch nicht kundtut, wird diesmal, wo es um das Letzte und Endgültige geht, auch die siebte Plage und Katastrophe ausgeführt und geschildert. War die Wirkung der Posaunen nur eine vorläufige, sodass nur ein Teil der Erde, der Lebewesen im Meer usw. getroffen und vernichtet wurde, so geht es jetzt, am Ende der Welt, um das Endgültige und Ganze. Die Naturkatastrophen und geschichtlichen Erschütterungen durch Kriege, Revolutionen und dergleichen erlangen jetzt ihren letzten Höhepunkt.

Die *erste Schale* wird auf die Erde ausgeschüttet. Und nun wird an den Menschen, die das Zeichen des Tieres tragen und anbeten, die innere Bösartigkeit auch äußerlich sichtbar durch die bösartigen Beulen und Geschwüre. Es ist die Erinnerung an die Beulenplage in Ägypten und besagt, dass Seuchen und pestartige Krankheiten über die Menschen kommen werden.

Die *zweite Schale* wird auf das Meer ausgegossen. Das Wasser wird wie das Blut von Toten. Und diesmal heißt es nun, dass nicht bloß ein Drittel der Lebewesen im Meer sterben, sondern jedes Lebewesen im Meer. Ob es ein Naturgeschehen ist oder ob es um einen blutigen Krieg geht, der in gigantischem Ausmaß auch zur See ausgefochten wird, ist im Grunde genommen Nebensache.

Die tödliche Wirkung ist die gleiche.

Die *dritte Schale* gilt, wie die dritte Posaune, den Flüssen und Quellen. Auch sie werden zu Blut. Die Feinde Gottes, die das Blut der Heiligen und der Propheten vergossen haben, müssen nun selbst Blut trinken, wie sie es verdient haben. Darum betont die Stimme eines Engels, dass Gottes Gerichte sich gerade darin als gerecht ausweisen. Wieder hört man die Stimme der Märtyrer vom Altar her, die jetzt das gerechte Gericht Gottes mit anschauen und die Sühne, die sie gefordert haben, erhalten. Diesmal ist es nicht mehr ein Schrei der Entrüstung, sondern der Anerkennung, dass der Allmächtige in Wahrheit sein Wort gehalten und in Gerechtigkeit gerichtet hat.

Die *vierte Schale* wird auf die Sonne ausgegossen. Aber diesmal wird sie nicht verfinstert, sondern mit unerbittlicher Glut versengt sie Land und Menschen.

Aber wie der Pharao trotz aller Plagen sein Herz verhärtete und wie die Menschen im Ablauf der Weltgeschichte trotz aller Strafen Gottes nicht zur Einkehr und Umkehr geführt wurden, so gehen sie auch bei den letzten Plagen und Warnungen nicht in sich.

DIE DREI LETZTEN SCHALEN

16,10–21

Der fünfte Engel goss seine Schale über den Thron des Tieres. Da kam Finsternis über das Reich des Tieres und die Menschen zerbissen sich vor Angst und Schmerz die Zunge. Dennoch lästerten sie den Gott des Himmels wegen ihrer Schmerzen und ihrer Geschwüre; und sie ließen nicht ab von ihrem Treiben. Der sechste Engel goss seine Schale über den großen Strom, den Eufrat. Da trocknete sein Wasser aus, sodass den Königen vom Aufgang der Sonne der Weg offen stand. Dann sah ich aus dem Maul des Drachen und aus dem Maul des Tieres und aus dem Maul des falschen Propheten drei unreine Geister hervorkommen, die wie Frösche aussahen. Es sind Dämonengeister, die Wunderzeichen tun; sie schwärmten aus zu den Königen der ganzen Erde, um sie zusammenzuholen für den Krieg am großen Tag Gottes, des Herrschers über die ganze Schöpfung. Siehe, ich komme wie ein Dieb. Selig, wer wach bleibt und sein Gewand anbehält, damit er nicht nackt gehen muss und man seine Blöße nicht sieht! Die Geister führten die Könige an dem Ort zusammen, der auf Hebräisch Harmagedon heißt. Und der siebte Engel goss seine Schale über die Luft. Da kam eine laute Stimme aus dem Tempel, die vom Thron her rief: Es ist geschehen. Und es folgten Blitze, Stimmen und Donner; es entstand ein gewaltiges Erdbeben, wie noch keines gewesen war, seitdem es Menschen auf der Erde gibt. So gewaltig war dieses Beben. Die große Stadt brach in drei Teile auseinander und die Städte der Völker stürzten ein. Gott hatte sich an Babylon, die Große, erinnert und reichte ihr den Becher mit dem Wein seines rächenden Zornes. Alle Inseln verschwanden und es gab keine Berge mehr. Und gewaltige Hagelbrocken, zentnerschwer, stürzten vom Himmel auf die Menschen herab. Dennoch lästerten die Menschen Gott wegen dieser Hagelplage; denn die Plage war über die Maßen groß.

Nun wird die *fünfte* Schale auf den Thron des Tieres geschüttet, trifft also die gottfeindliche Macht, die im Dienste Satans steht. Das satanische Reich, das bisher vor den Menschen Glanz und Herrlichkeit entfaltete, verfinstert sich, wie damals die Finsternis über Ägypten hereinbrach und wie bei der sechsten Posaune der dunkle Rauch aus dem Abgrund aufstieg und alles verfinsterte. Licht ist das Zeichen Gottes, Finsternis das Reich Satans. Die Menschen müssten es erkennen, und sie erkennen es auch. Aber lieber zerbeißen sie sich ihre Zungen, als Gott die Ehre zu geben. Sie werden im Bösen verhärtet und sie lästern Gott in satanischem Geist des Neinsagens und der Auflehnung.

Die *sechste* Schale wird auf den Eufrat geschüttet, wie die sechste Posaune die teuflische Reiterei am Eufrat entfesselt hat. An jenem Schicksalsstrom sammelten sich jeweils die Heere der Feinde Israels. Dort sind auch die Parther, diese nie besiegten Feinde Roms, zu Hause. Diesmal wird der Fluss trocken gelegt, sodass die Bahn für den Feind frei ist. In der Tat holt nun die satanische Dreifaltigkeit des Drachen, des Tieres und des falschen Propheten gemeinsam zum entscheidenden Schlag aus gegen Gott und seine Heiligen. Es ist die Zeit des Antichrists, da der gebundene Drache wieder losgelassen wird. Aus ihren Mäulern gehen unreine Geister hervor, Kröten und Frösche, ein Symbol, das an die Froschplage Ägyptens erinnert und das Hässliche sichtbar werden lässt, das im Inneren der Feinde Gottes ruht. Die ganze Welt und ihre Herrscher werden jetzt aufgeboten zum Entscheidungskampf am großen Entscheidungstag, wo es heißen wird: Hier Gott, hier Satan. Sie sammeln sich in

Harmagedon, genauer Har-Megiddo, das heißt am Berg von Megiddo. Dort an jenem Berg, der die Ebene Jesreel abschließt, waren die großen Schlachten, die Israel auf jener Ebene schlagen musste, jeweils in die letzte Entscheidungsphase getreten. Die irdischen Kämpfe im irdischen Megiddo werden hier als Symbole geistiger Kämpfe unter gottfeindlichen Geistesmächten gedeutet. Bevor aber die Schlacht entbrennt, wird die Mahnung Gottes hörbar: »Siehe, ich komme wie ein Dieb. Selig, wer wach bleibt und sein Gewand anbehält, damit er nicht nackt gehen muss und man seine Blöße nicht sieht!« Die Bereitschaft auf das Kommen des Herrn zum Gericht wird gefordert. Denn wer nicht »Christus angezogen hat« und somit nicht das Gewand der Gnade trägt, wird vor den Augen Gottes und der Menschen nackt und bloß dastehen.

Und nun wird die *siebte Schale* in die Luft geschüttet. Diesmal ist es das Ende. Darum ertönt der Ruf: »Es ist geschehen.« Das Ende der Welt bricht herein. Unter Blitzen und Donnerschlägen bebt die Erde wie nie zuvor. Der Sitz des Feindes und seiner satanischen Trinität bricht in drei Teile auseinander. Die Städte schwinden, die Inseln versinken, die Berge weichen. Es ist das Ende der Erde. Die astronomische Endkatastrophe, in der die Welt untergeht, ist wie ein ungeheurer Hagelschlag, bei dem die Hagelbrocken zentnerschwer vom Himmel fallen. Alles geht zu Ende. Und nun ist es zu spät. Die Verhärtung der Bösen bleibt bestehen.

Echt johanneisch schillern hier Naturkatastrophen mit dem Ende der Erde und zugleich historisches Geschehen mit dem Ende des christusfeindlichen Römerreiches durcheinander. Denn die ganze Schilderung der sieben Schalen ist auch wie eine Andeutung des zerfallenden Rom. Wohl ist die Anbetung der Macht zu sehen, aber zugleich auch Zeichen des Untergangs (Geschwüre nach der ersten Schale). Unordnung und Grausamkeit verwandeln das Reich immer wieder in Gemetzel von Kriegen (zweite

Schale), Revolutionen und Bürgerkriege (dritte Schale). Es ist keine innere Lebenskraft zur Erneuerung mehr vorhanden (das versengte Land der vierten Schale). Müder Pessimismus greift um sich (die Finsternis der fünften Schale). Von außen mehren sich die Überfälle der Barbaren (sechste Schale). All das sind Zeichen, dass das mächtige Reich innerlich und äußerlich zerfällt, bis Gott eines Tages das eigentliche Ende bringt.

Durch das Ganze hindurch wird zugleich auch noch ein Drittes sichtbar: der ständig um sich greifende Zerfall im geistigen Reich der Gottlosigkeit. Auch hier sind die Zeichen geistiger Krankheit zu sehen, soziale, politische und wirtschaftliche Übelstände, die wie Pestbeulen am Organismus der Menschheit schwären. Auch hier immer wieder Kriege und Empörung. Auch hier trotz aller Anstrengungen keine Erneuerung von innen her. Dazu die immer weiter um sich greifende geistige Umnachtung durch die Ratlosigkeit einer falschen Philosophie. Auch hier letzte Sammlung der Kräfte und Mächte zu Entscheidungskämpfen gigantischer Weltkriege. Und auch hier eines Tages das Ende. Damit ist das Gericht da. Das siebte Siegel zeigt seinen Inhalt. Die Drohung der siebten Posaune erfüllt sich, denn die siebte Schale ist ausgegossen. Das dritte »Wehe« wird Wirklichkeit. Es bleibt bloß noch übrig, nach dem Ende der Welt das Gericht zu zeichnen.

CHRISTUS IM ABSCHNITT DER SIEBEN SCHALEN

Christus tritt in diesem Abschnitt äußerlich weniger hervor.

In seinem Auftrag lassen die Engel die letzten Warnungen an die Menschen ergehen. Aber an zwei bedeutsamen Stellen tritt er doch in eigenartiger Weise in Erscheinung.

In der Einführungsvision wird das Lied der Sieger als das Lied des Mose und ein Lied des Lammes bezeichnet. Darin liegt ein doppelter Sinn.

Es bedeutet zuerst einmal, dass auch das Lamm, also der geopferte Christus, das Lied des Sieges singt. Was Mose vollbracht hat, war Symbol dessen, was Christus zu vollbringen hatte. Christus hat das wahre Gottesvolk aus der eigentlichen Sklaverei in das wirklich gelobte Land des Himmels geführt. Und er ist selbst durch das mit Feuer vermischte Meer der Passion und des Todes geschritten. Und so ist er der eigentliche Sieger, der das Lied des Sieges singt. Er kann als Auferstandener wie kaum ein anderer sagen, dass die Werke Gottes gewaltig und wunderbar sind und dass Gott wirklich der Allmächtige ist, der selbst die unbezwingbare Macht des Todes bezwingt. Er kann wie kein anderer feststellen, dass die Wege Gottes gerecht und wahrhaftig sind. Denn wo äußerlich und scheinbar und vorläufig das Unrecht über ihn, den Gerechten, gesiegt hat, hat Gott durch die Auferweckung vom Tode der Gerechtigkeit den Triumph gegeben und sein Wort wahr gemacht. Christus kann wie kein anderer sagen, dass man den Herrn fürchten und seinen Namen preisen soll. Denn er hat selbst in den Abschiedsreden das als seine Lebensaufgabe bezeichnet, den Namen des Herrn auf der Erde zu verherrlichen. Christus weiß, dass Gott allein der Heilige ist, wie er ja auch dem reichen Jüngling gesagt hat: »Warum nennst du mich gut? Niemand ist gut außer der eine Gott.« Christus kann wie kein anderer in die Zukunft blickend mit sieghafter Freude feststellen, dass alle Völker kommen und vor Gott niederfallen werden. Denn seine Weltkirche ist das Weltreich Gottes, das Gott die Ehre gibt. Und er kann wie kein anderer sagen, dass Gottes Gericht und Gerechtigkeit offenbar geworden sind, denn er ist als sichtbar gewordener Gott der Bringer der eigentlichen Offenbarung Gottes. Seine Wiederkunft wird die letzte, größte und endgültige Offenbarung sein. Dann wird alle Welt nicht nur wissen, sondern schauen, dass Gott der Allmächtige, der Heilige und der Gerechte ist.

Aber Christus steht in diesem Triumph nicht allein. Sondern bei ihm stehen die hundertvierundvierzigtausend der besonderen Gefolgschaft, die an seinem Triumph besonderen Anteil haben und das neue Lied singen, das nur sie richtig und ganz verstehen.

So klingen hier Altes und Neues Testament, Mose und Christus, das alte und das neue Israel zusammen zum Siegeslied triumphierender Verherrlichung des allmächtigen Gottes.

Das Lied des Lammes hat aber noch eine andere Bedeutung. Es ist nicht nur das Lied, das das Lamm anstimmt, sondern das Lied, das dem Lamm gilt. Schon im Triumphlied des 12. Kapitels war davon die Rede, dass die Sieger ihren Sieg dem geopferten Lamm verdanken (12,11). Und im 14. Kapitel, wo von diesem neuen Lied die Rede ist, wird ebenfalls betont, dass die hundertvierundvierzigtausend durch das Lamm und für das Lamm, also durch und für Christus erkauft sind und somit das neue Lied zu Ehren Christi singen. Und hier endlich wird nun der Inhalt des neuen Liedes kundgetan. Somit gilt dieser Inhalt auch und in besonderer Weise dem geopferten Lamm, also Christus, dem Herrn. Denn das, was besonders betont wird, ist die Tatsache, dass Gott ein gerechter Gott sei. Gerade das wird aber nur durch Christus und in ihm sichtbar. Das Buch Ijob hat die Frage nach der Gerechtigkeit Gottes und der Gerechtigkeit des Menschen gestellt und als Antwort einfach blinden Glauben an den Wunder wirkenden Gott gefordert, aber zugleich im scheinbar zu Unrecht duldenden Ijob ein Symbol des kommenden Messias gezeichnet. Christus greift die Frage des Buches Ijob auf und löst sie durch sein eigenes Leben, Sterben und Auferstehen. Denn er ist der wahrhaft Gerechte, nimmt aber alle Ungerechtigkeit der Menschen auf sich, leistet den sühnenden Tod, durch den Gottes Gerechtigkeit sichtbar wird, denn Gott lässt das Unrecht der Menschen nicht einfach hingehen, sondern sühnt es durch das Herzblut seines eingeborenen Sohnes. Damit ist die Ordnung der Gerechtigkeit wieder hergestellt. Zugleich aber zeigt Gott durch die Auferweckung und Verherrlichung des Gekreuzigten, dass dieser durch ungerechte Menschen zu Unrecht Verurteilte durch Gott Gerechtigkeit erfährt. Und schließlich werden durch die Kraft des Kreuzes Christi die Sünder geheiligt, also die Ungerechten gerechtfertigt. Beim Gericht Gottes werden die Menschen nur gerecht befunden, wenn und weil sie durch ihre Verbundenheit mit Christus und ihre Berufung auf seinen Opfertod vor Gott hintreten. So wird das Gericht die Gerechtigkeit offenbaren, und zwar durch Christus, der die Rechtfertigung gebracht hat und als Richter seine größten Triumphe erlebt. Ihm gilt dieses Siegeslied vor allem.

Noch an einer zweiten Stelle ist in merkwürdiger Weise von Christus die Rede. Dort, wo der Feind alle Könige der Welt aufbietet zum großen Schlag gegen Christus, wird plötzlich und überraschend die Stimme Christi hörbar: »Siehe, ich komme wie ein Dieb. Selig, wer wach bleibt.« Er hat selbst sein Kommen mit dem völlig unerwarteten Kommen des Diebes verglichen (Mt 24,43). Petrus hat den großen Gerichtstag des Herrn ebenfalls als ein unerwartetes Kommen des Diebes bezeichnet (2 Petr 3,10). Und schließlich hat Christus im Sendschreiben an die Gemeinde zu Sardes (Offb 3,3) warnend gemahnt: »Denk also daran, wie du die Lehre empfangen und gehört hast! Halte daran fest und kehr um! Wenn du aber nicht aufwachst, werde ich kommen wie ein Dieb und du wirst bestimmt nicht wissen, zu welcher Stunde ich zu dir komme.« Gerade dort hat er hinzugefügt, dass diejenigen, die ihre Kleider nicht befleckt haben, dann in weißen Kleidern mit ihm wandeln werden. So betont er auch hier die Notwendigkeit der Bereitschaft. Je schlimmer die Zeiten werden, je drohender die Katastrophen, desto notwendiger die Wachsamkeit und Bereitschaft der Seinen. Sie sollen nicht nackt und bloß vor dem Gericht Gottes erscheinen, sondern die Kleider tragen, die er, Christus, der Herr, ihnen gegeben hat, das Gewand der Gnade, das Gewand, das er selbst ist, *induere Christum*. Sein Kommen zum Gericht ist dann kein Schrecken für die Seinen, denn auf dieses Kommen haben sie gewartet. Nach diesem Tag haben sie sehnsüchtig ausgeschaut, wie der Wächter in der Nacht ausschaut nach dem Aufleuchten des Tages. Die Wachen, Bereiten, mit dem hochzeitlichen Gewand des Herrn Bekleideten werden sich dann mit den Siegern droben verbinden, und sie singen alle gemeinsam das Lied des Triumphes auf die Herrlichkeit dessen, der sich für sie geopfert hat, um sie zu beseligen.

SIEBEN BILDER DES GERICHTS
AUF ERDEN UND IM HIMMEL

VIER BILDER DES GERICHTS

DREI BILDER DER VOLLENDUNG

CHRISTUS IM GERICHTSABSCHNITT

Der Endabschnitt der Apokalypse behandelt das Ende der Zeit und den Anfang der Ewigkeit und bildet somit die Krönung nicht nur des dritten Hauptteils, sondern des ganzen Werkes.

Bisher ging der Blick des Sehers immer zuerst hinauf zum Himmel, wo ihm die Pläne Gottes gezeigt wurden, dann erst auf die Erde, wo diese Pläne ihre Verwirklichung fanden. Jetzt im Endabschnitt ist es umgekehrt. Das Gericht beginnt mit der Erde und endet in der Seligkeit des Himmels. Somit ist auch hier wieder beides umfasst: Himmel und Erde, aber in umgekehrter Reihenfolge: Es geht um Erde und Himmel.

Die Durchführung weist wieder eine klare Gliederung auf. Nach vier Bildern des Gerichts folgen drei Bilder der Seligkeit, sodass die Siebenzahl wieder voll ist. Beide Gruppen beginnen mit je zwei Bildern, die jeweils seltsam ineinanderfließen und einen eigenartigen Parallelismus bilden. Bei der ersten Gruppe ist es das Bild der Hure, auf die der Engel hinweist. Dann wechselt das Bild und wird zu Babylon als Inbegriff des gottfeindlichen Weltreiches. Im zweiten Abschnitt steht der Hure die Braut Gottes gegenüber. Aber auch dieses Bild wechselt und wird zum neuen Jerusalem, dem Inbegriff der Stadt Gottes. Babylon als Hure besagt Ehebruch gegenüber Gott und damit Abfall von der Erwählung und Liebe des Herrn. Das neue Jerusalem als Braut besagt völlige Hingabe an Gott und damit Erfüllung von Erwählung und Verheißung. Und als Gesinnung steht hinter beiden die augustinische Formel: Eigenliebe bis zur Verachtung Gottes und Gottesliebe bis zur Verachtung des eigenen Ich. Die Eigenliebe endet im Tod, die Gottesverachtung im Gericht. Die Gottesliebe endet im wahren Leben und die Selbstverachtung in der wahren Erhöhung.

Der erste Teil behandelt das Gericht über die Erde, und zwar in vier Abschnitten. Nach der Zerstörung des Sitzes der feindlichen Macht folgt das Gericht über die Hilfskräfte Satans, das Gericht über Satan selbst und schließlich das Gericht über die

Menschen, und zwar als eine Scheidung von Böse und Gut und darum für Tod oder Leben. Der zweite Teil zeigt die Vollendung im Himmel, und zwar in drei kurzen, aber farbenprächtigen, eindrucksvollen Abschnitten. Zuerst wird das neue Jerusalem geschildert, dann seine Bewohner in der Verklärung und im Schlussabschnitt das neue Paradies. Damit ist die geheime Sehnsucht der Menschen und Völker erfüllt. Das, was am Anfang gewesen, aber durch die Sünde verloren wurde, ist durch die Erlösung schöner und größer wiederhergestellt. Und Gott, der das erste Paradies geschaffen hat und das neue Paradies vollendet, erweist sich als Alpha und Omega, als Anfang und Ende aller Dinge.

DIE VIER BILDER DES GERICHTS

Einführungsvision

17,1–18

Dann kam einer der sieben Engel, welche die sieben Schalen trugen, und sprach mit mir. Er sagte: Komm, ich zeige dir das Strafgericht über die große Hure, die an den vielen Gewässern sitzt. Denn mit ihr haben die Könige der Erde Unzucht getrieben und vom Wein ihrer Hurerei wurden die Bewohner der Erde betrunken. Im Geist entrückte der Engel mich in die Wüste. Dort sah ich eine Frau auf einem scharlachroten Tier sitzen, das über und über mit gotteslästerlichen Namen beschrieben war und sieben Köpfe und zehn Hörner hatte. Die Frau war in Purpur und Scharlach gekleidet und mit Gold, Edelsteinen und Perlen geschmückt. Sie hielt einen goldenen Becher in der Hand, der mit dem abscheulichen Schmutz ihrer Hurerei gefüllt war. Auf ihrer Stirn stand ein Name, ein geheimnisvoller Name: Babylon, die Große, die Mutter der Huren und aller Abscheulichkeiten der Erde. Und ich sah, dass die Frau trunken war vom Blut der Heiligen und vom Blut der Zeugen Jesu. Beim Anblick der Frau ergriff mich großes Erstaunen. Der Engel aber sagte zu mir: Warum bist du erstaunt? Ich will dir das Geheimnis der Frau enthüllen und das Geheimnis des Tieres, das sie trägt, mit den sieben Köpfen und zehn Hörnern. Das Tier, das du gesehen hast, war einmal und ist jetzt nicht; es wird aber aus dem Abgrund heraufsteigen und dann ins Verderben gehen. Staunen werden die Bewohner der Erde, deren Namen seit der Erschaffung der Welt nicht im Buch des Lebens verzeichnet sind, wenn sie das Tier erblicken; denn es war einmal und ist jetzt nicht, wird aber wieder da sein. Hier braucht es Verstand und Weisheit. Die sieben Köpfe bedeuten sieben Berge, auf denen die Frau sitzt. Sie bedeuten auch sieben Könige. Fünf sind bereits gefallen. Einer ist jetzt da, einer ist noch nicht gekommen; wenn er dann kommt, darf er nur kurze Zeit bleiben. Das Tier aber, das war und jetzt nicht ist, bedeutet einen achten König und ist doch einer von den sieben und wird ins Verderben gehen. Die zehn Hörner, die du gesehen hast, bedeuten zehn Könige, die noch nicht zur Herrschaft gekommen sind; sie werden aber königliche Macht für eine einzige Stunde erhalten, zusammen mit dem Tier. Sie sind eines Sinnes und übertragen ihre Macht und Gewalt dem Tier. Sie werden mit dem Lamm Krieg führen, aber das Lamm wird sie besiegen. Denn es ist der Herr der Herren und der König der Könige. Bei ihm sind die Berufenen, Auserwählten und Treuen. Und er sagte zu mir: Du hast die Gewässer gesehen, an denen die Hure sitzt; sie bedeuten Völker und Menschenmassen, Nationen und Sprachen. Du hast die zehn Hörner und das Tier gesehen; sie werden die Hure hassen, ihr alles wegnehmen, bis sie nackt ist, werden ihr Fleisch fressen und sie im Feuer verbrennen. Denn Gott lenkt ihr Herz so, dass sie seinen Plan ausführen: Sie sollen einmütig handeln und ihre Herrschaft dem Tier übertragen, bis die Worte Gottes erfüllt sind. Die Frau aber, die du gesehen hast, ist die große Stadt, der die Herrschaft gehört über die Könige der Erde.

Es ist auffallend, mit welcher Breite das Gericht über Babylon geschildert wird. Die Darstellung sprengt beinahe den nach festen Maßen bestimmten Rahmen und die so zuchtvoll gehaltenen Berichte über den Ablauf der Ereignisse. Die psychologische Begründung dieser Ausführlichkeit liegt darin, dass für die verfolgten und bedrängten Christen der damaligen Zeit und aller

Zeiten der feindliche Staat und überhaupt alle Christenfeindschaft sich ungestört breitmachen kann, über alle Machtmittel verfügt, unbesiegbar auftritt und unangreifbar erscheint. Und doch ist diese feindliche Macht innerlich ausgehöhlt und dem Zusammenbruch geweiht. Das soll ausführlich und in einprägsamer Deutlichkeit gezeigt werden.

Dem entspricht die Schilderung, die Johannes in dieser Einführungsvision gibt. Das christusfeindliche Rom erscheint als mächtiges Reich und ist doch innerlich schon am Zerfallen. Sein Geist ist Protzentum und Genusssucht. Innerlich ist es eine Hure. Christen werden sich nach dieser Schilderung durch den äußeren Schein der Größe, des flittrigen Glanzes und der Machtstellung nicht mehr täuschen lassen.

In einer Wüste ist diese eigenartige Gestalt sichtbar. Denn in der Gottesferne hört alles wirkliche Wachsen und Blühen auf. Wenn die christusfeindliche Macht verschwindet, bleibt nur Wüste übrig.

Die Gestalt der Hure ist in bewusstem Gegensatz zur Frau im Sonnengewand und zur Braut des Lammes gezeichnet. Eine Hure ist sie, denn Götzendienst ist geistige Unzucht, ist Ehebruch, wie das 16. Ezechiel-Kapitel es in drastischer Zeichnung darstellt. Die Hure trägt glänzende Gewänder und ist überhängt, ja geradezu vergoldet von Schmuck. Das Unschöne, Abstoßende dieses geschmacklos zur Schau getragenen Reichtums ist bezeichnend. In der Hand trägt die Hure einen goldenen Pokal der Lebenslust. Aber gefüllt ist der Becher mit Schmutz und Gräueln der Unzucht. Die Hure ist betrunken, und zwar vom Blut der Heiligen, die sie gemordet hat, und der Märtyrer des Herrn. Sie reitet auf einem scharlachroten Tier. Die schreiende, grelle Farbe drückt den Mangel an Vornehmheit und edlem Empfinden aus. Das Tier hat sieben Köpfe und zehn Hörner, ist somit dem Tier aus dem Abgrund im 13. Kapitel gleichzustellen. Die Hure ist der Geist des Antichristentums, der das Tier, das heißt die staatliche Gewalt, zu eigener Überheblichkeit missbraucht. Gotteslästerliche Namen trägt das Tier, denn es steht im Dienst Satans.

Die Hure selbst trägt auf dem Stirnband oder einem Diadem den Namen »Babylon, die Große, die Mutter der Huren und aller Abscheulichkeiten der Erde«. Der Name wird geheimnisvoll genannt. Hinter Babylon steht Rom und hinter Rom jede christusfeindliche Staatsgewalt und irdische Macht.

Die seltsame, verwunderliche Symbolgestalt wird durch den Engel noch eigens gedeutet. Das Tier ist der römische Staat, konzentriert in der Verfolgergestalt Nero, der war, aber nicht ist, von dem man glaubt, dass er wiederkommen wird, aber nur, um dann endgültig ins Verderben zu fahren. Immer wenn ein christusfeindlicher Staat verschwindet, feiert er in einem anderen wieder Auferstehung. Und doch sind sie schließlich alle der Vernichtung geweiht. Anbeter der Macht sind nur diejenigen, deren Name nicht im Buch des Lebens steht, also die Nichterwählten. Bewunderer des Erfolges sind nur äußerliche Menschen, die sich durch äußere Taten und Wirkungen blenden lassen.

Es ist die Stadt auf den sieben Hügeln und zugleich die Stadt von sieben Cäsaren, also das damalige Rom. Wenn fünf schon tot sind, ein sechster zurzeit lebt und ein siebter nur kurze Zeit bleiben wird und noch ein achter zu erwarten ist, so kann man zwar an historische Gestalten denken. Man kann etwa mit Nero, dem ersten großen Verfolger, beginnen und zu ihm noch Galba, Vitelius, Vespasian und Titus zählen. Der sechste, der noch lebt, wäre Domitian und nach dem siebten würde als der achte *Nero redivivus* kommen als Symbol aller Nero-Typen. Oder man kann die Zählung beim ersten Verfolger Caligula beginnen, der ermordet wurde, auf ihn dann Claudius folgen lassen, der vergiftet wurde, Nero, der Selbstmord verübt hat. Es folgen Vespasian und Titus: Der siebte, lebende, wäre wieder Domitian und der achte Nerva. Im Grunde genommen sind Zahlen und

Namen gleichgültig, denn es geht nicht nur um diese historischen Gestalten, sondern es geht um jeden Vertreter antichristlicher Staatsgewalt zu irgendeiner Zeit und in irgendeinem Volk. Von allen ist zu sagen, dass sie vorübergehen und ins Verderben fahren. Christen sollen sich durch die jeweils augenblickliche Macht der Verfolger nicht beeindrucken lassen.

Die zehn Hörner werden gedeutet als zehn Barbarenkönige. Sie stehen zuerst eine Zeit lang im Dienste Roms und führen darum ebenfalls Krieg gegen das Lamm, das heißt gegen das Christentum. Aber auch diese kombinierte Macht Roms und der Barbaren, die äußerlich eine Übermacht zu sein scheint, ist innerlich ohnmächtig, denn der Herr der Herren und der König der Könige wird den Endsieg haben.

Rom scheint Herrscherin der Welt zu sein, denn es thront über den Wassern, das heißt, es herrscht über die Menge von Völkern, Nationen, Stämmen und Sprachen. Aber die Barbarenkönige werden sich von Rom abwenden und es seinem Schicksal überlassen. Ja, sie werden sich gegen Rom wenden, um es zu vernichten. Denn sie schließen sich zusammen, um gemeinsam den Kampf gegen Rom zu führen und damit, ohne es zu wissen, den Plänen Gottes zu dienen. Wieder einmal zeigt es sich, dass Satan den Triumphwagen Gottes zieht und dass die scheinbar unabhängigen irdischen Mächte doch letztlich von Gott abhängig sind und als ausführende Organe Gottes dessen Ratschlüsse vollziehen.

In dieser Vision liegt eine Demaskierung der äußeren Macht, wie sie eindrucksvoller kaum gedacht werden kann. Christen, die diese apokalyptische Vision geschaut und überdacht haben, werden bei jedem machtvoll auftretenden antichristlichen Staat oder Oberhaupt an den inneren Schmutz, die Leerheit, Verworfenheit der bloß äußerlich großartig daherreitenden Hure denken und mitten in den Augenblickstriumphen dieses Gegners bereits sein Ende kennen.

Die Einführungsvision ist ein antizipiertes Gericht und wird darum jedem Christen, der die Hure reiten sieht, von vornherein das Wissen um dieses kommende Gericht vermitteln, damit dem Feind jede Gefährlichkeit nehmen und den Gläubigen die Sicherheit des Endsieges geben.

Gericht über Babylon

18–19,10

Danach sah ich einen anderen Engel aus dem Himmel herabsteigen; er hatte große Macht und die Erde leuchtete auf von seiner Herrlichkeit. Und er rief mit gewaltiger Stimme und sprach: Gefallen, gefallen ist Babylon, die Große! Zur Wohnung von Dämonen ist sie geworden, zur Behausung aller unreinen Geister und zum Schlupfwinkel aller unreinen und abscheulichen Vögel. Denn vom Zornwein ihrer Unzucht haben alle Völker getrunken und die Könige der Erde haben mit ihr Unzucht getrieben. Durch die Fülle ihres Wohlstands sind die Kaufleute der Erde reich geworden. Dann hörte ich eine andere Stimme vom Himmel her rufen: Verlass die Stadt, mein Volk, damit du nicht mitschuldig wirst an ihren Sünden und von ihren Plagen mitgetroffen wirst! Denn ihre Sünden haben sich bis zum Himmel aufgetürmt und Gott hat ihre Schandtaten nicht vergessen. Zahlt ihr mit gleicher Münze heim, gebt ihr doppelt zurück, was sie getan hat! Mischt ihr den Becher, den sie gemischt hat, doppelt so stark! Im gleichen Maß, wie sie in Prunk und Luxus lebte, lasst sie Qual und Trauer erfahren! Sie dachte bei sich: Ich throne als Königin, ich bin keine Witwe und werde keine Trauer kennen. Deshalb werden an einem einzigen Tag die Plagen über sie kommen, die für sie bestimmt sind: Tod, Trauer und Hunger. Und sie wird im Feuer verbrennen; denn stark ist der Herr, der Gott, der sie gerichtet hat.

Die Könige der Erde, die mit ihr gehurt und in Luxus gelebt haben, werden über sie weinen und klagen, wenn sie den Rauch der brennenden Stadt sehen. Sie bleiben in der Ferne stehen aus Angst vor ihrer Qual und sagen: Wehe! Wehe, du große Stadt Babylon, du mächtige Stadt! In einer einzigen Stunde ist das Gericht über dich gekommen. Auch die Kaufleute der Erde weinen und klagen um sie, weil niemand mehr ihre Ware kauft: Gold und Silber, Edelsteine und Perlen, feines Leinen, Purpur, Seide und Scharlach, wohlriechende Hölzer aller Art und alle möglichen Geräte aus Elfenbein, kostbarem Edelholz, Bronze, Eisen und Marmor; auch Zimt und Balsam, Räucherwerk, Salböl und Weihrauch, Wein und Öl, feinstes Mehl und Weizen, Rinder und Schafe, Pferde und Wagen und sogar Menschen mit Leib und Seele. Auch die Früchte, nach denen dein Herz begehrte, sind dir genommen. Und alles, was prächtig und glänzend war, hast du verloren; nie mehr wird man es finden. Die Kaufleute, die durch den Handel mit dieser Stadt reich geworden sind, werden aus Angst vor ihrer Qual in der Ferne stehen und sie werden weinen und klagen und sie werden sagen: Wehe! Wehe, du große Stadt, bekleidet mit feinem Leinen, mit Purpur und Scharlach, geschmückt mit Gold, Edelsteinen und Perlen! In einer einzigen Stunde ist dieser ganze Reichtum dahin. Alle Kapitäne und Schiffsreisenden, die Matrosen und alle, die ihren Unterhalt auf See verdienen, machten schon in der Ferne Halt, als sie den Rauch der brennenden Stadt sahen, und sie riefen: Wer konnte sich mit der großen Stadt messen? Und sie streuten sich Staub auf den Kopf, sie schrien, weinten und klagten; sie sagten: Wehe! Wehe, du große Stadt, die mit ihren Schätzen alle reich gemacht hat, die Schiffe auf dem Meer haben! In einer einzigen Stunde ist sie verwüstet worden. Freu dich über ihren Untergang, du Himmel – und auch ihr,

Heilige, Apostel und Propheten, freut euch! Denn den Urteilsspruch zu euren Gunsten hat Gott an ihr vollstreckt. Dann hob ein gewaltiger Engel einen Stein auf, so groß wie ein Mühlstein; er warf ihn ins Meer und rief: So wird Babylon, die große Stadt, mit Wucht hinabgeworfen werden und man wird sie nicht mehr finden. Die Musik von Harfenspielern und Sängern, von Flötenspielern und Trompetern hört man nicht mehr in dir. Einen kundigen Handwerker gibt es nicht mehr in dir. Das Geräusch des Mühlsteins hört man nicht mehr in dir. Das Licht der Lampe scheint nicht mehr in dir. Die Stimme von Braut und Bräutigam hört man nicht mehr in dir. Deine Kaufleute waren die Großen der Erde, deine Zauberei verführte alle Völker. Aber in ihr ist das Blut von Propheten und Heiligen gefunden worden und von allen, die auf der Erde hingeschlachtet worden sind. Danach hörte ich etwas wie den lauten Ruf einer großen Schar im Himmel, sie sprachen: Halleluja! Das Heil und die Herrlichkeit und die Macht ist bei unserm Gott. Seine Urteile sind wahr und gerecht. Er hat die große Hure gerichtet, die mit ihrer Unzucht die Erde verdorben hat. Er hat Rache genommen für das Blut seiner Knechte, das an ihren Händen klebte. Noch einmal riefen sie: Halleluja! Der Rauch der Stadt steigt auf in alle Ewigkeit. Und die vierundzwanzig Ältesten und die vier Lebewesen fielen nieder vor Gott, der auf dem Thron sitzt, beteten ihn an und riefen: Amen, halleluja! Und eine Stimme kam vom Thron her; sie sagte: Preist unsern Gott, all seine Knechte und alle, die ihn fürchten, Kleine und Große! Da hörte ich etwas wie den Ruf einer großen Schar und wie das Rauschen gewaltiger Wassermassen und wie das Rollen mächtiger Donner; die Worte waren: Halleluja! Denn König geworden ist der Herr, unser Gott, der Herrscher über die ganze Schöpfung. Wir wollen uns freuen und jubeln und ihm die Ehre erweisen. Denn gekommen ist die Hochzeit des Lammes und seine Frau hat sich bereit gemacht. Sie durfte sich kleiden in strahlend reines

Leinen. Das Leinen bedeutet die gerechten Taten der Heiligen. Jemand sagte zu mir: Schreib auf: Selig, wer zum Hochzeitsmahl des Lammes eingeladen ist! Dann sagte er zu mir: Das sind zuverlässige Worte Gottes. Und ich fiel ihm zu Füßen, um ihn anzubeten. Er aber sagte zu mir: Tu das nicht! Ich bin ein Mitknecht wie du und deine Brüder, die das Zeugnis Jesu festhalten. Gott bete an! Das Zeugnis Jesu ist der Geist prophetischer Rede.

Die erste Stufe des Gerichts trifft Babylon, das heißt das damalige, die Kirche verfolgende Rom. Dahinter steht aber, nach dem Gesetz johanneischer Durchsichtigkeit, jede irdische Macht, die während des ganzen Ablaufs der Zeit und am Ende der Welt die Kirche verfolgt. Und so wird Babylon zum Inbegriff der inkarnierten Macht Satans in ihrem Kampf gegen die in der Kirche inkarnierte Macht Christi.

Gericht ist Scheidung. Dementsprechend ist dieser Abschnitt über das Gericht Babylons in zwei parallel gestaltete Teile gegliedert. Im ersten Teil wird nach dem Fall Babylons die dreifache Klage seiner Bewunderer dargestellt. Im zweiten Teil, nach einer nochmaligen Schilderung des Falles, der dreifache Triumph der Gottesfreunde.

Der Fall wird durch die Stimme des Engels ganz einfach als vollendet mitgeteilt. »Gefallen, gefallen ist Babylon, die Große«, so wie es der Gerichtsengel (14,8) vorausgesehen und vorausgesagt hatte. Das Bild einer in Trümmer gesunkenen Stadt, in der nur hässliche Vögel wohnen, ist das Symbol der gestürzten irdischen Größe, die zum Sitz der Dämonen und der unreinen Geister wird.

Aber dieses Gericht soll nur die Bösen treffen. Darum die Aufforderung an die Guten, die Stadt noch rechtzeitig zu verlassen: »Verlass die Stadt, mein Volk!« Und nach diesem Auszug der Auftrag an die irdischen Könige für Rom und an die

Gerichtsengel für die Weltmacht am Ende der Tage, Rache zu üben und das erlittene Böse doppelt zurückzuzahlen.

In drei Wellen brandet nun die Klage der Freunde Roms heran. Man sieht sie im Geist in der Ferne stehen und ihre Klage anstimmen. Die erste Gruppe sind die Könige, die im Dienste Roms standen und Bewunderer der Weltmacht waren: »Wehe, wehe …! In einer einzigen Stunde ist das Gericht über dich gekommen.«

Die zweite Gruppe sind die Kaufleute der Erde, die den Reichtum Roms bewundert und geteilt haben. Dieser ganze üppige Reichtum wird in ihrer Klage noch einmal ausgebreitet vom Edelmetall über die Stoffe, Kleider und Lebensmittel bis zum Luxus, vom Reichtum der Herden bis zu den Sklaven und allem Glanz und Flitter. Auch hier schließt die Klage mit: »Wehe, wehe …! In einer einzigen Stunde ist dieser ganze Reichtum dahin.«

Die dritte Gruppe sind die Seefahrer, die aus der Ferne die Bedeutung Roms bewundert haben. Auch ihre Klage schließt mit: »Wehe, wehe …! In einer einzigen Stunde ist sie verwüstet worden.«

Das ganze Klagelied ist deutlich im Anschluss an das 27. Ezechiel-Kapitel gestaltet, in welchem beim Fall des mächtigen und reichen Tyrus die Klage der Freunde und Bewunderer dieser stolzen Stadt geschildert wird.

Die dreifache Klage schließt mit dem Aufruf: »Freu dich über ihren Untergang, du Himmel – und auch ihr, Heilige, Apostel und Propheten, freut euch!« Also die Gerechten des Neuen und des Alten Bundes auf Erden und die Heiligen im Himmel stimmen nicht die Klage an, sondern den Ruf der Freude.

Im zweiten Teil wird wieder zuerst der Sturz Babylons gezeichnet, und zwar durch ein eindrucksvolles Symbol. Ein starker Engel wirft einen Mühlstein ins Meer, um zu zeigen und zu sagen, dass mit ebensolchem Schwung und solcher Wucht

Babylon verworfen wird. Wieder wird es als eine tote Stadt geschildert. Die Worte haben lyrischen Klang. Man hört aus der toten Stadt weder Musik noch Arbeit noch die frohen Stimmen der Hochzeitslieder. Alles ist ausgestorben. Und nun brandet ein dreifacher Jubel herauf.

Mit Halleluja, also dem Lob des richtenden Gottes, beginnen die Scharen im Himmel ihren Jubel. Gott erweist sich als Gerechter. Denn in Gerechtigkeit hat er gerichtet. Mit einem zweiten Halleluja bewirken sie die Anbetung der Presbyter und der geheimnisvollen Wesen, die ihrerseits ins Halleluja der Anbetung einstimmen. Noch mächtiger tönt das dritte Halleluja wie das Rauschen vieler Wasser und das Rollen mächtiger Donner. Sie huldigen dem Herrn, dem Allmächtigen, der nun sichtbar seine Herrschaft angetreten hat. Die Hochzeit des Lammes beginnt.

So gewaltig ist das Gericht mit Klage und Jubel, dass Johannes niedersinkt, um staunend anzubeten, und der Engel ihn mahnen muss, dass er nicht Gott, sondern nur Gottes Bote sei.

Gericht über die Hilfskräfte Satans

19,11–21

Dann sah ich den Himmel offen und siehe, da war ein weißes Pferd und der, der auf ihm saß, heißt: Der Treue und Wahrhaftige; gerecht richtet er und führt er Krieg. Seine Augen waren wie Feuerflammen und auf dem Haupt trug er viele Diademe; und auf ihm stand ein Name geschrieben, den er allein kennt. Bekleidet war er mit einem blutgetränkten Gewand; und sein Name heißt: Das Wort Gottes. Die Heere des Himmels folgten ihm auf weißen Pferden; sie waren in reines, weißes Leinen gekleidet. Aus seinem Mund kam ein scharfes Schwert; mit ihm wird er die Völker schlagen. Und er weidet sie mit eisernem

Zepter und er tritt die Kelter des Weines, des rächenden Zornes Gottes, des Herrschers über die ganze Schöpfung. Auf seinem Gewand und auf seiner Hüfte trägt er den Namen geschrieben: König der Könige und Herr der Herren. Dann sah ich einen Engel, der in der Sonne stand. Er rief mit lauter Stimme allen Vögeln zu, die hoch am Himmel flogen: Kommt her! Versammelt euch zum großen Mahl Gottes! Fresst Fleisch von Königen, von Heerführern und von Helden, Fleisch von Pferden und ihren Reitern, Fleisch von allen, von Freien und Sklaven, von Großen und Kleinen! Dann sah ich das Tier und die Könige der Erde und ihre Heere versammelt, um mit dem, der auf dem Pferd saß, und seinem Heer Krieg zu führen. Aber das Tier wurde gepackt und mit ihm der falsche Prophet; er hatte vor seinen Augen Zeichen getan und dadurch alle verführt, die das Kennzeichen des Tieres angenommen und sein Standbild angebetet hatten. Bei lebendigem Leib wurden beide in den See von brennendem Schwefel geworfen. Die Übrigen wurden getötet mit dem Schwert, das aus dem Mund des Reiters kam; und alle Vögel fraßen sich satt an ihrem Fleisch.

Der Sitz des Feindes ist vernichtet. Daran schließt sich die Schilderung vom Kampf und Sieg über den Feind selbst. Als Erster tritt der Sieger auf. Christus wird sichtbar. Auf einem weißen Pferd, also in der Farbe der Freude und des Triumphes. Sein Name heißt »Treu«, weil er die Seinen nicht verlassen hat, und der »Wahrhaftige«, weil er jetzt sein gegebenes Wort einlöst. Er kommt als Kämpfer und Sieger, aber zugleich als Richter. Der Kampf ist symbolisiert im scharfen Schwert seines Wortes, das Gericht in den Feuerflammen seiner Augen, der Sieg in den Kronen seines Hauptes. Kampf, Sieg und Gericht beruhen auf seinem blutigen Tod am Kreuz. Darum trägt er das blutgetränkte Gewand. Es ist nicht das Blut der Feinde, sondern sein eigenes Blut, das er vergossen hat. Er allein trägt darum das blutige

Gewand. Die Heerschar seines Gefolges trägt fleckenlos weiße Mäntel. Jetzt ist das Wort erfüllt, dass er mit eisernem Stab die Völker zertrümmere (Ps 2). Und jetzt tritt er, der auf Golgotha gekeltert wurde, selbst die Zorneskelter Gottes. Dreimal wird sein Name betont. Zuerst wird er der Treue und Wahrhaftige genannt. Dann folgt der Hinweis, dass er einen Namen hat, den niemand begreift als er selbst, denn das Göttliche ist dem Menschlichen unfasslich. Dieser unfassliche Name lautet »Wort Gottes«. Der Schlussteil der Apokalypse knüpft damit an den Anfang des Evangeliums an. In beiden steht diese geheimnisvolle johanneische Formulierung vom Logos. Durch sein Wort ist er der Treue und Wahrhaftige. Durch sein Wort schlägt er die Feinde und hält er Gericht. Ein drittes Mal wird sein Name genannt: »König der Könige« und »Herr der Herrscher«. Denn jetzt in der Stunde seines Triumphes über alle Könige und Herrscher weist er sich aus als aller Könige König und aller Herren Herr.

Auf die Zeichnung des Siegers folgt die *Ansage des Sieges*. Ein Engel im Sonnenlicht ist sein Herold. Unheimlich klingt seine Siegesmeldung. Er sieht schon das Schlachtfeld nach der Schlacht, von den Leichen aller Feinde bedeckt, und ruft darum die Vögel zum Fraß. Neben dem Hochzeitsmahl der Erwählten steht hier jenes andere »Mahl Gottes«, bei welchem die Vögel sich satt fressen am Fleisch der Erschlagenen. Alles, was scheinbar groß war, liegt auf dem Schlachtfeld: Könige und Heerführer, Mächtige, Rosse und Reiter. Und Vertreter aus allen Schichten, Freie und Sklaven, Große und Kleine.

Endlich wird der *Sieg* selbst geschildert. In einem einzigen Satz wird der Gegner gezeichnet. Das Tier als Führer, die Könige der Erde in seinem Dienst und mächtige Heere in ihrer Gefolgschaft. Ein eigentlicher Kampf findet gar nicht statt. Gott braucht nicht zu kämpfen. Denn das Tier oder genauer beide Tiere, Staatsmacht und falscher Prophet, werden als Verführer entlarvt und lebendig in den Abgrund von Feuer und Schwefel geworfen. Die ganze feindliche Gefolgschaft wird durch des Logos richtendes Wort vernichtet. Wie in einer einzigen Stunde der Sitz des Feindes in Trümmer gefallen ist, so ist auch in einem einzigen Augenblick die feindliche Macht geschlagen. Die Ansage des Engels ist erfüllt. Die Vögel sättigen sich am Fleisch der Erschlagenen.

Gericht über Satan

20,1–10

Dann sah ich einen Engel vom Himmel herabsteigen; auf seiner Hand trug er den Schlüssel zum Abgrund und eine schwere Kette. Er überwältigte den Drachen, die alte Schlange – das ist der Teufel oder der Satan –, und er fesselte ihn für tausend Jahre. Er warf ihn in den Abgrund, verschloss diesen und drückte ein Siegel darauf, damit der Drache die Völker nicht mehr verführen konnte, bis die tausend Jahre vollendet sind. Danach muss er für kurze Zeit freigelassen werden. Dann sah ich Throne; und denen, die darauf Platz nahmen, wurde das Gericht übertragen. Ich sah die Seelen aller, die enthauptet worden waren um des Zeugnisses für Jesus und des Wortes Gottes willen. Sie hatten das Tier und sein Standbild nicht angebetet und sie hatten das Kennzeichen nicht auf ihrer Stirn und auf ihrer Hand anbringen lassen. Sie gelangten zum Leben und zur Herrschaft mit Christus für tausend Jahre. Die übrigen Toten kamen nicht zum Leben, bis die tausend Jahre vollendet waren. Das ist die erste Auferstehung. Selig und heilig, wer an der ersten Auferstehung teilhat! Über solche hat der zweite Tod keine Gewalt. Sie werden Priester Gottes und Christi sein und tausend Jahre mit ihm herrschen.

Wenn die tausend Jahre vollendet sind, wird der Satan aus seinem Gefängnis freigelassen werden. Er wird ausziehen, um die Völker an den vier Ecken der Erde, den Gog und den Magog, zu verführen und sie zusammenzuholen für den Kampf; sie sind so zahlreich wie die Sandkörner am Meer. Sie schwärmten aus über die weite Erde und umzingelten das Lager der Heiligen und Gottes geliebte Stadt. Aber Feuer fiel vom Himmel und verzehrte sie. Und der Teufel, ihr Verführer, wurde in den See von brennendem Schwefel geworfen, wo auch das Tier und der falsche Prophet sind. Tag und Nacht werden sie gequält, in alle Ewigkeit.

Nachdem der Sitz der feindlichen Macht und die gegnerischen Hilfskräfte vernichtet sind, erfolgt das Gericht über Satan, den eigentlichen Feind. Dieses Gericht wird in zwei Abschnitten entwickelt: zuerst eine zeitweilige Fesselung Satans, dann das endgültige Gericht über ihn.

Die *zeitweilige Fesselung* umfasst tausend Jahre, das heißt in der Sprache der Apokalypse eine sehr lang dauernde Zeit.

Im 12. Kapitel war vom Sturz Satans die Rede. Schon dort wurde aber auch gesagt, dass die Märtyrer lieber den Tod erlitten haben, als Satan zu erliegen, und dass sie durch das Blut des Lammes den Sieg davongetragen. Schon dort, wo doch zuerst nur vom Kampf im Himmel die Rede war, hatte der Bericht überzeitlichen Charakter und überblickte das ganze Wirken Satans. Außerdem war im 9. Kapitel vom »Schacht des Abgrunds« die Rede und vom »Stern, der vom Himmel her in den Abgrund gefallen war«, in eben jenen Abgrund, aus dem dann die satanischen Versuchungen wie Heuschreckenschwärme über die Menschen kamen. Satan ist also nicht bloß vom Himmel auf die Erde gestürzt, sondern er ist im Abgrund, wirkt aber vom Abgrund aus auf die Menschen der Erde.

Nun wird dieses Bild hier aufgegriffen und ausführlicher behandelt. In der Symbolsprache der Geheimen Offenbarung heißt es, dass Satan in einen Abgrund geworfen und dass dieser verschlossen und versiegelt wird, sodass Satan nicht mehr »die Völker verführen« kann. Er kann noch wirken, aber er hat nicht mehr die Herrschaft über die Völker und kann nicht verhindern, dass die Weltkirche sich über alle Völker hin ausbreitet. Diese Fesselung Satans ist durch den Tod Christi erfolgt. Darum siegen die Menschen über Satan durch das Blut des Lammes. Christus ist, wie er selbst in einem Gleichnis gesagt hat (Lk 11,20 ff.), der Stärkere, der den Starken überwältigt. Er hat vor seinem Tod erklärt: »Jetzt wird Gericht gehalten über diese Welt; jetzt wird der Herrscher dieser Welt hinausgeworfen werden. Und ich, wenn ich über die Erde erhöht bin, werde alle zu mir ziehen« (Joh 12,31 f.). Und in den Abschiedsreden erklärt der Herr triumphierend: »Der Herrscher dieser Welt ist gerichtet« (Joh 16,11). Die Dämonen selbst sagen in der Stimme des Besessenen zu Christus: »Bist du hierhergekommen, um uns vor der Zeit zu quälen?« (Mt 8,29). Die Zeit ihrer Qual beginnt erst im Endgericht. Aber schon vor dieser Zeit werden sie gequält durch die Menschwerdung und den Tod Christi. Darum stellt auch Paulus fest, Christus habe durch seinen Tod die feindlichen »Fürsten und Gewalten [...] entwaffnet und öffentlich zur Schau gestellt und über sie triumphiert« (Kol 2,15). Und noch einmal: »[...] um den zu entmachten, der die Gewalt über den Tod hat, nämlich den Teufel« (Hebr 2,14). Es ist somit eine im Neuen Testament immer wieder bezeugte Lehre, dass durch Christi Leben und Sterben die Macht Satans gebrochen sei. Diese Wahrheit ist im Symbol der Fesselung enthalten.

Ist aber Satan gebunden, so ist dementsprechend die Herrschaft Christi und der Seinen schon grundgelegt. Denn Christus ist der Richter über Satan, und darum können die Seinen an diesem Gericht Anteil haben und den satanischen Anhang verurteilen. So sieht Johannes Throne aufgestellt und dort die Märtyrer und Bekenner, also diejenigen, »die um des Wortes Gottes willen enthauptet worden waren«, und diejenigen, »die das Tier und sein Standbild nicht angebetet« haben. Sie sind zwar gestorben, aber sie sind durch den Tod hindurchgeschritten und ihre Seelen leben in der Herrlichkeit Christi. Das ist ihr erster Tod und ihre erste Auferstehung. Und nun herrschen sie mit Christus und haben Anteil an seinem Opfer »als Priester Gottes und Christi«. Diese Herrschaft dauert während dieser ganzen Weltzeit, also, apokalyptisch gesprochen, tausend Jahre. Die anderen Toten, die Satan nicht überwunden haben, haben den ersten Tod erlitten. Aber weil ihre Seelen nicht in der Herrlichkeit Christi sind, haben sie keinen Anteil an der ersten Auferstehung. Im Gegenteil! Auf sie wartet der zweite Tod, das heißt auch die Qual des Leibes nach der Auferstehung des Fleisches am Jüngsten Tag. Den Verklärten dagegen kann jener zweite Tod nichts anhaben, weil ihre Leiber ebenfalls zur Verherrlichung berufen sind.

Die tausend Jahre sind somit die Zeit der Kirchengeschichte seit dem Tod Christi bis kurz vor seiner Wiederkunft. Es ist die tausendjährige Bindung Satans, der nicht vernichtet, aber in seinem Wirken gehemmt ist durch Christi Erlösung. Und es ist die Herrschaft des auferstandenen und in Herrlichkeit verklärten Christus mit denen, die für ihn gelebt haben und in ihm gestorben sind, um schon jetzt seelisch sein ewiges Leben und seine verklärte Herrlichkeit zu teilen.[15]

Das *endgültige Gericht* über Satan wird kurz, aber einprägsam geschildert. Bevor der Herr wiederkommt, also kurz vor dem Ende der Welt, »muss [Satan] für kurze Zeit freigelassen werden«. Das heißt, es wird ihm noch einmal die volle Wirkungsfreiheit auf kurze Zeit überlassen. Es ist die Zeit des Antichrists und des großen Abfalls. Sie wird in der Apokalypse im

[15] Zur Deutung des tausendjährigen Reiches im Lauf der Geschichte vgl. Walter Nigg, *Das Ewige Reich*, Erlenbach-Zürich.

Symbol eines Krieges gegen das Volk Gottes gezeichnet, und zwar anklingend an das Wort des Propheten Ezechiel über Gog aus dem Lande Magog. Hier werden der feindliche Herrscher und das Land, aus dem er stammt, als zwei verbündete Mächte genommen und damit zum Symbol aller Kräfte und Mächte, die Satan am Ende der Zeiten gegen die Kirche Christi aufbietet. Die Kirche wird, dem Bild des Krieges entsprechend, als ein Heerlager geschildert und als das belagerte und umzingelte Jerusalem. Die Lage ist scheinbar verzweifelt und eine Rettung kaum mehr möglich. Das Christentum wird also am Ende der Zeiten bedrängt und in größter Gefahr sein, aber gerade dann erfolgt blitzartig durch die Wiederkunft Christi das Gericht. »Feuer fiel vom Himmel und verzehrte sie.« Denn Christus selbst wird wie der Blitz und wie ein verzehrendes Feuer erscheinen. Vor ihm kann kein Gegner bestehen. Das Gericht endet damit, dass Satan endgültig in den Feuer- und Schwefelpfuhl geworfen wird, dort, wo seine Hilfskräfte bereits besiegt und vernichtet liegen. Und sie werden dort alle »gequält Tag und Nacht, in alle Ewigkeit«. Es ist somit die klare und eindeutige Lehre der Apokalypse, dass es eine Hölle gibt, dass sie ewig dauert, dass sie nicht bloß ein Ausgelöschtsein, ein Nichtexistieren besagt, sondern eine ewig dauernde Qual. Und es ist weiterhin die deutliche Lehre der Apokalypse, dass nicht nur Satan in seiner Hölle sein wird, sondern »das Tier und der falsche Prophet«, das heißt diejenigen, die durch Missbrauch der Macht oder des Geistes gegen Christus und seine Kirche gearbeitet und gekämpft haben.

Nach der Apokalypse gibt es somit mehrere Phasen der Existenz Satans. Die erste ist die Phase der Herrlichkeit nach der Erschaffung. Es ist die Zeit, da Satan als Luzifer, als Engel Gottes, im Himmel lebt. Die zweite Phase ist sein innerer Abfall und sein Aufbegehren gegen Gott und zugleich das aufrührerische Wirken unter den Engeln. Die Phase endet mit dem Sturz aus der Höhe. Der dritte Abschnitt ist das Wirken Satans auf der Erde. Er kann hemmungslos die Völker verführen, sie zum Abfall von Gott und damit zum Götzendienst verleiten. Dieser Abschnitt dauert bis zum erlösenden Tod Christi auf Golgotha. Dadurch wird Satan in seinem Wirken gebunden. Mit Christi Tod beginnt die vierte Phase. Satan wirkt mit seiner Verführungskunst in dieser Zeit vor allem durch »das Tier und den falschen Propheten«, also durch die antichristlich eingestellte Staatsmacht und den lügnerisch täuschenden Geist. Die fünfte Phase ist von kurzer Dauer. Sie geht dem Weltgericht unmittelbar voraus und bringt ein erschreckendes, für die Christenheit höchst bedrohliches, freies Wirken Satans. Durch die Parusie des Herrn findet aber diese Phase ein Ende, und es beginnt der letzte, endlose Abschnitt des verurteilten und gerichteten Satans in der Qual der Hölle. So ist dieser Gerichtsabschnitt der Apokalypse inhaltlich äußerst reich und von tiefster Bedeutung und überblickt zeitlich das ganze Wirken Satans vom Augenblick seines Falles aus dem Himmel bis zum endgültigen Sturz in die Hölle. Von einem dreimaligen Sturz berichtet somit die Apokalypse: vom Sturz aus dem Himmel auf die Erde, vom Sturz von der Erde in den Abgrund und vom endgültigen Sturz in die Hölle. Die Ursache dieses Fallens ist der Abfall von Gott.

Gericht über die Toten

20,11–21,8

Dann sah ich einen großen weißen Thron und den, der auf ihm saß; vor seinem Anblick flohen Erde und Himmel und es gab keinen Platz mehr für sie. Ich sah die Toten vor dem Thron stehen, die Großen und die Kleinen. Und Bücher wurden aufgeschlagen; und ein anderes Buch, das Buch des Lebens, wurde geöffnet. Die Toten wurden gerichtet nach dem, was in den Büchern aufgeschrieben war, nach ihren Taten. Und das Meer gab die Toten heraus, die in ihm waren; und der Tod und die Unterwelt gaben ihre Toten heraus, die in ihnen waren. Sie wurden gerichtet, jeder nach seinen Taten. Der Tod und die Unterwelt aber wurden in den Feuersee geworfen. Das ist der zweite Tod: der Feuersee. Wer nicht im Buch des Lebens verzeichnet war, wurde in den Feuersee geworfen.

Dann sah ich einen neuen Himmel und eine neue Erde; denn der erste Himmel und die erste Erde sind vergangen, auch das Meer ist nicht mehr. Ich sah die heilige Stadt, das neue Jerusalem, von Gott her aus dem Himmel herabkommen; sie war bereit wie eine Braut, die sich für ihren Mann geschmückt hat. Da hörte ich eine laute Stimme vom Thron her rufen: Seht, die Wohnung Gottes unter den Menschen! Er wird in ihrer Mitte wohnen und sie werden sein Volk sein; und er, Gott, wird bei ihnen sein. Er wird alle Tränen von ihren Augen abwischen: Der Tod wird nicht mehr sein, keine Trauer, keine Klage, keine Mühsal. Denn was früher war, ist vergangen. Er, der auf dem Thron saß, sprach: Seht, ich mache alles neu. Und er sagte: Schreib es auf, denn diese Worte sind zuverlässig und wahr! Er sagte zu mir: Sie sind geschehen. Ich bin das Alpha und das Omega, der Anfang und das Ende. Wer durstig ist, den werde ich unentgeltlich aus der Quelle trinken lassen, aus der das Wasser des Lebens strömt. Wer siegt, wird dies als Anteil erhalten: Ich werde sein Gott sein und er wird mein Sohn sein. Aber die Feiglinge und Treulosen, die Befleckten, die Mörder und Unzüchtigen, die Zauberer, Götzendiener und alle Lügner – ihr Los wird der See von brennendem Schwefel sein. Dies ist der zweite Tod.

Der letzte Gerichtsakt bestimmt das Schicksal der Menschen. Wieder sieht Johannes einen großen weißen Thron. Es ist der feierliche Richterstuhl Christi, der auf diesem Throne sitzend Völker und Menschen richtet. Sein Angesicht hat an diesem Tag des Zornes etwas Erschreckendes, sodass bei diesem Anblick »Himmel und Erde fliehen und es keinen Platz mehr für sie gibt«. Das Weltgericht ist die Stunde des Weltuntergangs. Und nun treten die Toten an. Von der Erde kommen sie, das Meer muss sie herausgeben, Tod und Hades öffnen ihre Pforten. Von allen Seiten kommen sie vor den Richterstuhl des Herrn.

Gerichtet werden sie einerseits nach dem Buch des Lebens, andererseits nach den Büchern, in denen ihre Taten aufgeschrieben sind. Ein Doppeltes entscheidet somit: die Vorherbestimmung Gottes und das gute oder böse Tun des Menschen. Über das Verhältnis dieser beiden Bücher zueinander wird hier nichts Näheres ausgesagt. Es ist aber naheliegend, hier eine *praedestinatio post praevisa merita* (»Ratschluss des göttlichen Willens, der die Verdienste des Menschen berücksichtigt«, Anm. d. V.) anzunehmen, weil dann das Zusammenklingen des göttlichen und menschlichen Faktors, der göttlichen Vorherbestimmung und des menschlichen Tuns, besser gelöst ist.

Damit ist dieser Äon zu Ende. Denn »Tod und Unterwelt werden in den Feuersee geworfen«. Thanatos und Hades sind hier personifizierte Mächte. Der Tod war eine Macht des Bösen, denn er war die Folge der Sünde, und darum wird er mit allen Bösen nun an den Ort des Bösen geworfen, in den Feuersee. Auch die Unterwelt als dieses Zwischenreich der Schatten zwischen dem physischen Tod und der Auferstehung des Fleisches, also zwischen persönlichem Tod und allgemeinem Gericht, war eine Wirkung des Bösen, denn ohne die Sünde wäre der Mensch ohne Tod und Hades zu Gott entrückt worden. Zum letzten Mal tritt hier in der Apokalypse dieses Zwiegespann, dieses eigenartige Paar, Tod und Hades, gemeinsam auf, um gemeinsam in den See geworfen zu werden. Es ist der zweite Tod, von dem es keine Auferstehung gibt. Und diesem zweiten Tod, der keineswegs Vernichtung ist, sondern Qual im Feuersee, sind alle verfallen, die nicht dem lebendigen Christus angehören. Man könnte fragen, warum unpersönliche und personifizierte Mächte, wie Tod und Unterwelt, bestraft und gequält werden können. Die Apokalypse will hiermit ein Zweifaches ausdrücken. Einmal, dass es von der Stunde des Gerichts an für die Geretteten keinen Tod und keine Unterwelt mehr gibt. Und außerdem, dass alle Menschen, die im Dienst des Todes und der Unterwelt gehandelt haben und dadurch zu diesen Mächten gehören, dann im Feuersee ihre Strafe finden.

Gericht ist Scheidung. Darum muss neben dem Schicksal der Bösen und Verworfenen auch das Schicksal der Guten und Erwählten gezeichnet werden. Hieß es dort, dass Himmel und Erde fliehen und es keinen Platz mehr für sie geben werde und dass das Meer seine Toten herausgeben müsse, so heißt es hier, dass ein neuer Himmel und eine neue Erde entstehe und dass es ein Meer nicht mehr gebe, denn diese unheimliche, abgründige, ewig unruhige, das Festland bedrohende Macht darf dort nicht mehr sein, wo Ruhe und Sicherheit die Erwählten umfangen. Auf dieser neuen Erde steht das neue Jerusalem. Es beginnt die große Hochzeitsfeier des Lammes. Vom Richterstuhl Christi aus wird das Urteil hörbar: »Seht, die Wohnung Gottes unter den Menschen!« Durch diesen Richterspruch Gottes werden nun alle Verheißungen und Erwartungen erfüllt. Die Erde ist nicht mehr das Tal der Tränen. Das Land, das von Milch und Honig fließt, wird zur Wirklichkeit. Das steinerne Jerusalem geht vom bloßen Symbol über in die Erfüllung. Das Zelt Gottes, das in der Wüste zum ersten Mal aufgeschlagen wurde und das in Jerusalem als Allerheiligstes im steinernen Tempel seine Stätte hatte, wird jetzt zu seiner eigentlichen Erfüllung gebracht. Gott wohnt unter den Erwählten. Wenn Johannes im Prolog seines

Evangeliums von der Menschwerdung Gottes in Christus geschrieben hatte: »Und das Wort ist Fleisch geworden und hat unter uns gewohnt«, so wird das jetzt sichtbare und erlebnishafte Wirklichkeit für alle Berufenen und Erwählten. Jetzt ist das wahre Israel verwirklicht als Volk Gottes. Und jetzt ist der wahre ewige Bund endgültig geschlossen. Gott ist ihr Gott, und sie sind sein Volk. Wenn aber das Neue, die Wirklichkeit, die Fülle da ist, so ist das Alte, Symbolische, nur Andeutende vorüber. Das Frühere ist vergangen. Und somit gibt es weder Tränen noch Tod noch Leid noch Klage noch Schmerz. Das gehört alles dem Vergangenen, dem Früheren an. Die feierliche Überschrift über der neuen Erde, dem neuen Jerusalem, dem neuen Israel und dem neuen vollendeten Bund lautet: »Seht, ich mache alles neu.«

Der Heilsplan Gottes umfasst drei Abschnitte: der erste ist die Voraussage des Kommenden. So heißt es etwa bei Ezechiel (37,26): »Ich schließe mit ihnen einen Friedensbund; es soll ein ewiger Bund mit ihnen sein. [...] Ich werde mitten unter ihnen auf ewig mein Heiligtum errichten und über ihnen wird meine Wohnung sein. Ich werde ihnen Gott sein und sie, sie werden mir Volk sein. [...] Mein Heiligtum [ist] in ihrer Mitte [auf ewig].« Und bei Jesaja (25,8) heißt es: »GOTT, der Herr, wird die Tränen von jedem Gesicht abwischen. [...] An jenem Tag wird man sagen: Siehe, das ist unser Gott, auf ihn haben wir gehofft.« Und der gleiche Prophet schreibt (35,10): »Ewige Freude ist auf ihren Häuptern, Jubel und Freude stellen sich ein, Kummer und Seufzen entfliehen.« Der zweite Abschnitt umfasst den Beginn der Erfüllung. Es ist das Kommen des Gottessohnes als Mensch in Jesus Christus. Das Reich des Friedens hat durch die Frohbotschaft begonnen. Aber eben nur begonnen. Denn erst der dritte Abschnitt bringt die Fülle und Vollendung, beginnend mit der Wiederkunft des Herrn. Darum greift die Apokalypse, die in diesen Schlusskapiteln von ebendiesem dritten Abschnitt handelt, jene prophetischen Texte auf und zeigt sie nun in ihrer endgültigen Erfüllung und Vollendung.

Damit ist das Gericht zu Ende. Satan und seine Hilfskräfte sind besiegt, die Menschen, je nach ihrer Stellungnahme für oder gegen Satan, für oder gegen Christus, für immer gerichtet.

Dieser Abschluss wird besonders betont. Darum lautet die Stimme: »Sie [diese Worte] sind geschehen. Ich bin das Alpha und das Omega, der Anfang und das Ende.« Hier am Ende der Zeiten wird es sichtbar, dass Christus in jeder Hinsicht das Ende ist, denn er bestimmt und bedeutet Endschicksal aller Dinge und aller Menschen. Dieses Endschicksal wird noch einmal in den zwei scheidenden und entscheidenden Sätzen festgehalten: »Wer durstig ist, den werde ich unentgeltlich aus der Quelle trinken lassen, aus der das Wasser des Lebens strömt. Wer siegt, wird dies als Anteil erhalten: Ich werde sein Gott sein und er wird mein Sohn sein.« Mit diesem einen Satz ist die Erfüllung aller dürstenden Sehnsucht, der Sieg nach schweren Kämpfen, die Heimkehr der Söhne zum Vater gezeichnet. Aber auch der zweite Satz gehört zum endgültigen Spruch: »Aber die Feiglinge und Treulosen, die Befleckten, die Mörder und Unzüchtigen, die Zauberer, Götzendiener und alle Lügner – ihr Los wird der See von brennendem Schwefel sein. Dies ist der zweite Tod.« Die Feigen sind die Menschen, die in der Stunde der Bedrängnis, in der sie Zeugnis geben sollten, den Mut nicht aufbrachten, den Gott fordert. Die Ungläubigen sind die Menschen, die das Jawort zum lebendigen Gott nicht gesprochen haben. In ihrem Gefolge sind alle anderen, die in den Feuersee geworfen werden. Hier sagt die Apokalypse, dass nicht nur Satan und die Dämonen der ewigen Qual ausgeliefert sind, sondern auch die Menschen, die zu den in diesem richtenden Satz genannten Gruppen von Sündern gehören. Von einer letzten Erlösung aller, von einer Wiederherstellung des gesamten Kosmos, in welche auch die Verdammten einbezogen wären, ist hier keine Spur. Das

Gegenteil steht mit unerbittlicher Schärfe in diesem richtenden Satz Gottes. Schon in 14,9 war ausdrücklich die Rede von einer Verdammnis und ewigen Qual der Menschen, die das Zeichen des Tieres tragen. Mit Leben und Tod, Erwählung und Verdammnis, Seligkeit und Qual schließt die dramatische Schilderung des Gerichts. Vier gewaltige Bilder haben dieses Drama aufgezeigt: die Vernichtung Babylons als des Zentrums christusfeindlicher Macht, die Vernichtung des Tieres und des falschen Propheten, also der imponierenden christusfeindlichen Staatsgewalt und der eindrucksvollen und doch irreleitenden, täuschenden Gewalt des Geistes, der endgültige Sturz Satans selbst und die unerbittliche Scheidung der Menschen vor dem Richterstuhl des thronenden Christus. Damit schwinden nun alle Schatten, weichen alle grellen Blitze und hört das dumpfe Rollen der Donnerschläge und Erdbeben auf. Alles endet mit den drei letzten Visionen, die sich im Gesamtbild des neuen Jerusalem auflösen, im Licht, in der Schönheit und in paradiesischem Leben.[16]

[16] Vgl. H. Kuhaupt, *Der neue Himmel und die neue Erde,* Münster 1947.

DIE DREI BILDER DER VOLLENDUNG

Einführungsvision

21,9–11

Und es kam einer von den sieben Engeln, welche die sieben Schalen voll mit den sieben letzten Plagen getragen hatten. Er sagte zu mir: Komm, ich will dir die Braut zeigen, die Frau des Lammes. Da entrückte er mich im Geist auf einen großen, hohen Berg und zeigte mir die heilige Stadt Jerusalem, wie sie von Gott her aus dem Himmel herabkam, erfüllt von der Herrlichkeit Gottes. Sie glänzte wie ein kostbarer Edelstein, wie ein kristallklarer Jaspis.

Im 17. Kapitel begann die Schilderung des Gerichts durch die Aufforderung eines der sieben Schalenengel: »Komm, ich zeige dir das Strafgericht über die große Hure.«

Hier steht nun das parallele Gegenstück. Wieder ist es einer der sieben Schalenengel. Diesmal spricht er: »Komm, ich will dir die Braut zeigen, die Frau des Lammes.« Dort wurde der Seher in die Wüste entrückt, hier auf einen hohen Berg. Denn er soll wie Mose vom Berg aus ins Gelobte Land schauen. Dort war es die Hure als Symbol des Abfalls von Gott und der missbrauchten, zerbrochenen Liebe. Hier ist es die Braut des Lammes, das Symbol der völligen Lebensgemeinschaft zwischen Christus und seiner Kirche. Dort war es selbst gemachte, abstoßende Scheingröße im Reiten auf einem scharlachroten Tier und in aufdringlichem Schmuck. Hier ist es wahre, gottgeschenkte Größe. Die Braut kommt vom Himmel auf die Erde und sie leuchtet im Licht und in der Schönheit Gottes. Dort war es Verwerfung, hier Erwählung.

So gehören diese beiden Bilder zusammen und bilden in ihrem Unterschied und Gegensatz doch nur eine einzige, aber geschiedene und gespaltene Einführungsvision des Schlussteiles der Apokalypse. Geschieden und gespalten, weil es eben um Gericht geht mit dem Ja und dem Nein, dem Erwählen und dem Verwerfen.

Der Gedanke der Brautschaft und des Ehebruchs ist ein Bild, das der Bibel vertraut ist. Israel ist die Braut Jahwes. »Wie der Bräutigam sich freut über die Braut, so freut sich dein Gott über dich« (Jes 62,5). Der Auszug aus Ägypten ist die Heimholung der Braut, der Bundesschluss am Sinai die Hochzeit, die Eroberung Kanaans der Ausbau des eigenen Heimes (Jer 2). Der 45. Psalm von König und Königin ist das symbolische Lied der Verbundenheit Jahwes mit seinem Volk. Und das Hohelied ist der Hochgesang auf diese bräutliche Liebe zwischen Gott und seinem Volk. Umgekehrt ist das 16. Ezechiel-Kapitel die erschütternde Schilderung des religiösen Ehebruchs. Und die ersten drei Hosea-Kapitel enthalten den gleichen Gedanken im gleichen Bild.

Das Neue Testament greift diese Wirklichkeit auf. Jesus nennt sich selbst den Bräutigam. »Können denn die Hochzeitsgäste trauern, solange der Bräutigam bei ihnen ist?« (Mt 9,15). Und Johannes der Täufer weist als Freund des Bräutigams auf ihn hin: »Wer die Braut hat, ist der Bräutigam« (Joh 3,29). Die Parabel von den klugen und törichten Jungfrauen zeigt das Warten auf das Kommen des Bräutigams. Und Paulus sagt von den Gemeinden, dass er sie als reine Jungfrauen zu Christus als dem Bräutigam führen will (2 Kor 11,2). Paulus nennt die eheliche Gemeinschaft und Verbundenheit ein Zeichen und Symbol der dauernden Lebensgemeinschaft zwischen Christus und seiner Kirche (Eph 5,25).

So ist diese Vision der Braut und der Hochzeit der biblische Abschluss des kühnen Gedankens, der sich durch das Alte und das Neue Testament hindurchzieht und erst hier am Ende der Apokalypse zur Vollendung kommt.

Dann wechselt das Bild. Wie die Hure die Gestalt gewechselt hat und sich als israelfeindliches Babylon und christenfeindliches Rom entpuppte, so wird hier die Braut zur Stadt Gottes, zum neuen Jerusalem. Paulus hatte im Galaterbrief geschrieben, das irdische Jerusalem lebe mit seinen Kindern in der Knechtschaft, das himmlische Jerusalem dagegen lebe als freie Mutter mit freien Kindern (Gal 4,26). Und im Hebräerbrief heißt es: »Ihr seid vielmehr zum Berg Zion hinzugetreten, zur Stadt des lebendigen Gottes, dem himmlischen Jerusalem, zu Tausenden von Engeln, zu einer festlichen Versammlung und zur Gemeinschaft der Erstgeborenen, die im Himmel verzeichnet sind.«

Dort war Babylon als Trümmerfeld und Ruinenstadt geschildert, hier Jerusalem in unüberwindlicher Festigkeit und strahlender Schönheit. Die Schilderung dieses letzten Johannes-Abschnittes knüpft an das letzte Ezechiel-Kapitel an, wo der Prophet im Exil im Geist das neu erbaute Jerusalem schaute, so wie hier der neutestamentliche Prophet in seiner Verbannung das ewige Jerusalem schaut und schildert.

Der Gesamtanblick der herrlichen Stadt des Himmels ist wie ein einziges Geleucht und Gefunkel kostbarer Edelsteine, wie Jesaja geschrieben hat: »Aus Rubinen mache ich deine Zinnen, aus Beryll deine Tore und alle deine Mauern aus kostbaren Steinen« (54,12).

Das neue Jerusalem

21,12–21

Die Stadt hat eine große und hohe Mauer mit zwölf Toren und zwölf Engeln darauf. Auf die Tore sind Namen geschrieben: die Namen der zwölf Stämme der Söhne Israels. Im Osten hat die Stadt drei Tore und im Norden drei Tore und im Süden drei Tore und im Westen drei Tore. Die Mauer der Stadt hat zwölf Grundsteine; auf ihnen stehen die zwölf Namen der zwölf Apostel des Lammes. Und der Engel, der zu mir sprach, hatte einen goldenen Messstab, um die Stadt, ihre Tore und ihre Mauer zu messen. Die Stadt war viereckig angelegt und ebenso lang wie breit. Er maß die Stadt mit dem Messstab; ihre Länge, Breite und Höhe sind gleich: zwölftausend Stadien. Und er maß ihre Mauer; sie ist hundertvierundvierzig Ellen hoch nach Menschenmaß, das der Engel benutzt hatte. Ihre Mauer ist aus Jaspis gebaut und die Stadt ist aus reinem Gold, wie aus reinem Glas. Die Grundsteine der Stadtmauer sind mit edlen Steinen aller Art geschmückt; der erste Grundstein ist ein Jaspis, der zweite ein Saphir, der dritte ein Chalzedon, der vierte ein Smaragd, der fünfte ein Sardonyx, der sechste ein Sardion, der siebte ein Chrysolith, der achte ein Beryll, der neunte ein Topas, der zehnte ein Chrysopras, der elfte ein Hyazinth, der zwölfte ein Amethyst. Die zwölf Tore sind zwölf Perlen; jedes der Tore besteht aus einer einzigen Perle. Die Straße der Stadt ist aus reinem Gold, wie aus klarem Glas.

Durch die ganze Apokalypse flossen wie in unterirdischem Strom, aber von Zeit zu Zeit immer an die Oberfläche kommend, die hellen Wasser der Freude. Alle sieben Briefe des ersten Abschnittes schlossen mit einer Verheißung von Sieg, Triumph und Seligkeit. Bei der Beseligung der Auserwählten in der zweiten

Siebenergruppe leuchtete schon die Endvision auf, in der es hieß, dass das Lamm sie zu den Wasserquellen des Lebens führe und dass Gott von ihren Augen jede Träne abwische. Im Abschnitt von den sieben Posaunen lautete der Schluss: »Nun gehört die Königsherrschaft über die Welt unserem Herrn und seinem Christus.« Das Gefolge des Lammes sang das neue Lied vor dem Thron des Herrn. Selbst die Engel mit den Schalen des Zornes trugen glänzend weiße Linnen und goldene Gürtel. Und dieser unheimliche Abschnitt begann mit dem neuen Siegeslied des Mose.

Und nun durchbricht dieser Strom endgültig alles dunkle Gestein und fließt hell und breit durch das neue Jerusalem. Alles ist in Freude getaucht. Die Frohbotschaft kommt zu ihrem Finale. Das *Gloria in excelsis Deo,* das bei der Geburt Christi begonnen, bricht jetzt in vollem Jubel aus.

Alles ist hier zusammengefasst in das eine große Bild des neuen Jerusalem als der Stadt Gottes, als Reich Gottes mit der endgültigen Herrschaft Gottes. Nun werden Israels Träume erfüllt, aber anders, größer, als seine Vorstellungen waren, denn nun wird Jahwe wirklich König über alle Völker. Der Sinai-Bund wird vollendet durch das Blut des Lammes. Wenn dort Mose mit den siebzig die Herrlichkeit des Herrn auf dem Berg schaute, so ist es jetzt das ganze Volk Gottes, das zum Festmahl geladen ist, um im ewigen Bund an der Herrlichkeit Gottes teilzuhaben. Jerusalem als Sitz Gottes, als Stadt des Tempels, als geheimnisvolle Mitte des erwählten Volkes ist hier vergeistigt und verklärt als das ewige Sein der Menschen und Völker in der Herrlichkeit Gottes. Immer wieder haben die Propheten von einem neuen Jerusalem geschrieben, in welchem der wahre König David auf ewigem Thron ein ewiges Königtum besitzen wird (Ps 89,4; Jes 9,6; Jer 23,5; Ez 34,23; 37,24 usw.). Diese Voraussage beginnt mit Christus und erfüllt sich am Ende der Zeiten.

In drei Bildern wird diese letzte Vision gezeigt. Das erste ist der Anblick des neuen Jerusalem von außen. Wie die Wallfahrer aus der Ferne kommend zuerst die aufragenden Mauern und Tore der heiligen Stadt sahen, so soll auch hier der Beschauer zuerst von außen die aufragende Höhe, die unbesiegliche Festigkeit und die strahlende Schönheit des ewigen Jerusalem bewundern. Der zweite Teil führt nach innen. Dort wird zuerst das neue Jerusalem in seinem inneren Raum betrachtet und dann vor allem die Menschen und Völker, die hineinpilgern und darin leben. Der dritte Abschnitt zeigt, dass dieses neue Jerusalem zugleich das neue Paradies ist. Mit dem Paradies hat das erste Buch der Bibel begonnen. Mit dem Paradies schließt das letzte Buch der Bibel. Der Kreis schließt sich. Alles rundet sich zu einem Ganzen durch Gott, auf dessen Schöpfungs- und Heilsplan alles zurückgeht, und durch Christus, das geopferte Lamm, der den Menschen das verlorene Paradies durch sein Herzblut wiedergewonnen hat, und durch den Geist, der vom Vater und vom Sohne ausgeht und heiligend und beseligend alles und alle durchströmt. So endet die Apokalypse mit der Verherrlichung des einen und dreifaltigen Gottes.[17]

---

[17] P. Paul Gächter S. J., Innsbruck, hat in den *Theological Studies* eine interessante Studie veröffentlicht: »The Original Sequence of Apocalypse 20–22«. Darin entwickelt er in Auseinandersetzung mit dem Apokalypse-Kommentar von R. H. Charles den Gedanken, dass die zweimalige Schilderung eines neuen Jerusalem, 21,1 ff. und 21,9 ff., ursprünglich in anderer Reihenfolge und mit anderer Sinngebung gedacht sei. Johannes habe seine Vision mündlich weitergegeben, ein Redaktor habe sie dann aus dem Gedächtnis gesammelt und schriftlich fixiert. So erkläre sich das Durcheinander, das unleugbar auf den letzten Seiten der Apokalypse vorhanden sei. P. Gächter vertritt die These, dass die zweite Schilderung des neuen Jerusalem an die erste Stelle gehöre und dass sie identisch sei mit dem tausendjährigen Reich, also mit der Herrschaft Christi im Himmel, zusammen mit den Verklärten. Daher auch die Schilderung von Stadtmauern, welche doch die Notwendigkeit eines Schutzes voraussetzten, das Hereinströmen von Völkern in den Himmel usw. Dagegen gehöre das neue Jerusalem, 21,2, an die zweite Stelle, denn es schildere das endgültige Gottesreich, wenn alle Feinde vernichtet seien.

Es ist nicht zu bestreiten, dass diese Umstellung vieles für sich hat. Denn manche Schwierigkeiten lösen sich dann von selbst, die Gedankenführung wird leichter und logischer.

Wenn wir uns trotzdem an den bisherigen Text halten, so geschieht das aus dem Grunde, weil ein immerhin so starker Eingriff in den bisher überlieferten

Der Bau der himmlischen Stadt fällt auf durch die Größe und Festigkeit. Eine gewaltige, hohe Mauer gibt ihr die äußere und innere Einheit. Die *Ecclesia una* kommt hier zur Vollendung. Zu gleicher Zeit ist die Mauer aber nach allen vier Himmelsrichtungen durch je drei Tore durchbrochen, sodass die Stadt nach allen Seiten hin offen steht, nicht ausschließlich nur nach einer Richtung zugänglich ist, sondern für alle, die den Ruf Gottes hören und ihm folgen. Die Katholizität der Kirche findet hier ihre Vollendung. Die Mauer ist auf zwölf gewaltigen Grundsteinen aufgebaut. Auf ihnen sind die Namen der zwölf Apostel eingemeißelt. Wenn dann zugleich auf den Toren die Namen der zwölf Stämme Israels stehen, so ist damit ersichtlich, dass die Kirche auf dem Fundament der Apostel und Propheten aufgebaut

---

Text nur dann gestattet ist, wenn unausweichliche und zwingende Gründe dazu nötigen. Wir hätten keine Bedenken, einen »Redaktor« anzunehmen und somit die Frage nach der ursprünglichen eigentlich johanneischen Konzeption zu stellen. Aber es will uns scheinen, dass auch die Reihenfolge, wie sie bisher im Text stand, einen vernünftigen Sinn gibt und vertreten werden kann. Dass Johannes zweimal vom neuen Jerusalem spricht, aber jeweils unter einem anderen Aspekt, entspricht durchaus der Art, die sich auch sonst in der Apokalypse findet. Dass die Reihenfolge nicht chronologisch ist, steht ebenfalls nicht im Widerspruch zur Apokalypse, die sich ja auch sonst nicht an die Chronologie hält, wie P. Gächter z. B. mit Recht bei der Erklärung der Fesselung Satans ausführt. Die erste Schilderung des neuen Jerusalem steht im Zusammenhang mit dem Gerichtsgedanken und stellt das Schicksal der Erwählten dem unmittelbar vorausgehenden Schicksal der Verworfenen gegenüber. Weil das Schicksal beider ewig ist, ist notwendig vom ewigen Jerusalem die Rede. Bei der zweiten Schilderung geht es nicht mehr um Gericht, sondern um die endlose Zeit. – »Sie werden herrschen in alle Ewigkeit« (22,5). – Dieses endgültige, ewige Jerusalem hat schon hier in der Zeit begonnen durch die Herrschaft Christi mit den Verklärten, wird dann erweitert durch den neuen Himmel und die neue Erde und dauert fort durch alle Ewigkeit. So ist die Schilderung der Mauern und Tore, die übrigens in der johanneischen Zeichnung keineswegs den Eindruck von Kampf machen, durchaus verständlich. Das Ganze schließt mit der Paradiesschilderung, die den natürlichen und gegebenen Abschluss bildet. So will es uns scheinen, dass die Reihenfolge, wie sie im überlieferten Text zu finden ist, einen Sinn hat und ohne Gewalt sinnvoll gedeutet werden kann. Überzeugender klingen die Darlegungen P. Gächters über die letzten Verse 20,8 ff.

ist (Eph 2,20). Die *Ecclesia apostolica* wird hier sichtbar. Und wenn endlich Engel als Torwächter aufgestellt sind, die nichts Unreines hereinlassen, so wird darin die *Ecclesia sancta* sichtbar. So ist die Struktur dieses neuen Jerusalem die Vollendung der *Una sancta catholica et apostolica Ecclesia.*

Dann werden die *Maße* der himmlischen Stadt angegeben. Sie ist ein Kubus, ebenso lang wie breit wie hoch. Das Allerheiligste in der Stiftshütte und im Tempel war ebenfalls ein solcher Würfelbau, denn das war für den Orientalen das Bild des völligen Gleichmaßes, der ausgeglichenen Harmonie und somit der Vollkommenheit schlechthin. Zugleich wird hier aber angegeben, dass die Maße je zwölftausend Stadien betrugen, also die Zwölferzahl der Söhne Jakobs und der Apostel ins Tausendfache und somit, apokalyptisch gesehen, ins schier Endlose sich dehnend. Das Maß der Mauer beträgt hundertvierundvierzig Ellen, also zwölfmal zwölf, wieder als symbolische Zahl. So ist dieses neue Jerusalem in seinen Maßen in Erfüllung aller Wünsche und Vorstellungen als unübersehbar groß dargestellt. Vielleicht ist auch gemeint, dass das neue Jerusalem die »Stadt auf dem Berge« sei. Dieser Berg ist ebenso lang wie breit und hoch.

Nach der Zeichnung des äußeren Anblicks, der Angabe der Maße, wird noch das Material geschildert. Johannes gibt das kostbarste Material an, das er kennt: reines Gold und funkelnde Edelsteine. Die Grundsteine bestehen aus zwölf verschiedenen Edelsteinen. Die zwölf Tore sind aus Perlen. Die Straßen sind aus Gold wie durchsichtigem Glas, und die Mauern sind aus hellem Jaspis, wie schon im Buch Tobit verheißen war (13,16). So ist der Anblick der Festigkeit, Größe und Schönheit überwältigend.

Das Innere des neuen Jerusalem

21,22–27

Einen Tempel sah ich nicht in der Stadt. Denn der Herr, ihr Gott, der Herrscher über die ganze Schöpfung, ist ihr Tempel, er und das Lamm. Die Stadt braucht weder Sonne noch Mond, die ihr leuchten. Denn die Herrlichkeit Gottes erleuchtet sie und ihre Leuchte ist das Lamm. Die Völker werden in diesem Licht einhergehen und die Könige der Erde werden ihre Pracht in die Stadt bringen. Ihre Tore werden den ganzen Tag nicht geschlossen – Nacht wird es dort nicht mehr geben. Und man wird die Pracht und die Kostbarkeiten der Völker in die Stadt bringen. Aber nichts Unreines wird hineinkommen, keiner, der Gräuel verübt und lügt. Nur die im Lebensbuch des Lammes eingetragen sind, werden eingelassen.

Eine zweite Vision führt ins Innere Jerusalems.

Der Seher sucht das Größte und Wichtigste in Jerusalem, den Tempel, findet ihn aber nicht. Denn nun ist das Ganze ein Tempel. Es gibt nichts Pro-fanes mehr, denn das Ganze ist ein *Fanum,* ein Heiligtum des Herrn. Alles verliert sich in Gott hinein. Gott ist die sichtbare Mitte und so ist alles im Allerheiligsten. Der Seher erlebt eine zweite Überraschung. Er findet weder Sonne noch Mond noch künstliches Licht. Auch das braucht es nicht mehr. Die Herrlichkeit Gottes und Christi ist so strahlend hell, dass davon alle erleuchtet sind. Wer in Gott lebt, hat nicht nur das Licht der Gnade, sondern auch das Licht der Glorie.

Wohl aber sieht Johannes die Bewohner der himmlischen Stadt, des verklärten Gottesreiches. Völker wandeln darin. Es geht also nicht mehr um das eine erwählte Volk, sondern hier ist Raum für alle. Es ist die verklärte Weltkirche, und die Könige der Erde sind hier nicht mehr Herrscher, denen alle huldigen, sondern sie sind Anbeter, welche huldigen. Alles, was es an irdischer Größe und Schönheit gibt, wird hier hineingetragen. Es geht hier nicht mehr um nationale Größe, sondern um die *gloria Dei*. Die große Einheit des Weltfriedens ist hier erreicht, denn Völker und Könige sind eines Herzens und eines Sinnes, weil sie dem Einen huldigen, der aller Könige König und aller Völker Herrscher ist. Und hier zeigt sich nun der Reichtum der Schöpfung in vollem Glanz. Denn die Eigenart eines jeden Volkes und einer jeden Rasse ist hier ein Beitrag zur bunten Fülle und zum Aufzeigen des Schöpfungsreichtums des unendlichen Gottes. Eigenschaften des Körpers, des Geistes und des Herzens klingen hier zusammen zur Symphonie des Ewigen. War beim Sturz Babylons das Klagelied von Königen, Kaufleuten und Seefahrern vernehmbar, dass so viel Macht, Reichtum und Schönheit verloren sei, so ist hier im Gegenteil die Freude sichtbar, dass so viel Macht, Reichtum und Schönheit zusammenkommen. Und alles ist jetzt in ruhigem Besitz. Man braucht die Tore nicht mehr zu schließen und die Unheimlichkeit drohender Nächte ist geschwunden. Es gibt nichts Unreines mehr, keine Feinde und keinen Irrtum, denn alle, die hier sind, sind im Buch des Lebens aufgezeichnet, das der allwissende und wählende Christus geschrieben hat.

So steht das neue, vollendete Jerusalem in Glanz, Reichtum und lebendiger Fülle vor dem Seher. Und jetzt erst rundet sich die Vision ab und bringt das Ganze zu einem geheimnisvollen Abschluss.

Das neue Paradies

22,1–5

Und er zeigte mir einen Strom, das Wasser des Lebens, klar wie Kristall; er geht vom Thron Gottes und des Lammes aus. Zwischen der Straße der Stadt und dem Strom, hüben und drüben, steht ein Baum des Lebens. Zwölfmal trägt er Früchte, jeden Monat gibt er seine Frucht; und die Blätter des Baumes dienen zur Heilung der Völker. Es wird nichts mehr geben, was der Fluch Gottes trifft. Der Thron Gottes und des Lammes wird in der Stadt stehen und seine Knechte werden ihm dienen. Sie werden sein Angesicht schauen und sein Name ist auf ihre Stirn geschrieben. Es wird keine Nacht mehr geben und sie brauchen weder das Licht einer Lampe noch das Licht der Sonne. Denn der Herr, ihr Gott, wird über ihnen leuchten und sie werden herrschen in alle Ewigkeit.

Denn nun wird Jerusalem zum neuen *Paradies*. Ein Strom lebendigen Wassers wird sichtbar. Am Laubhüttenfest hatte der Herr gesagt: »Wer Durst hat, komme zu mir und es trinke, wer an mich glaubt! Wie die Schrift sagt: Aus seinem [des Messias] Inneren werden Ströme von lebendigem Wasser fließen« (Joh 7,37). Und am Jakobsbrunnen hat Christus zur Samariterin gesprochen: »Wer aber von dem Wasser trinkt, das ich ihm geben werde, wird niemals mehr Durst haben; vielmehr wird das Wasser, das ich ihm gebe, in ihm zu einer Quelle werden, deren Wasser ins ewige Leben fließt« (Joh 4,14). Das Wasser des Lebens ist nichts anderes als der Geist Gottes. Denn die Propheten hatten verkündet, dass die Zeit kommen wird, da der Herr seinen Geist ausgießt über alles Fleisch. Die aus den Tiefen der Erde aufquellenden Wasser, deren silbern sprudelndes Nass Wüsten in Gärten verwandelt und überall Blühen und

Leben weckt, sind ein Symbol des aus den Tiefen Gottes strömenden Geistes, *qui a Patre filioque procedit.* Darum heißt es hier in der Apokalypse, dass der Lebensquell am Thron Gottes und des Lammes aufbricht. Er geht vom Vater und vom Sohn aus. Der Heilige Geist Gottes erfüllt die verklärten Menschen und schenkt ihnen ewiges Leben. Der Paradiesesstrom, von dem im Buch Genesis die Rede war, wird hier als Geist Gottes sichtbar.

Vom Baum des Lebens waren Adam und Eva vertrieben worden. Nun ist der Baum des Lebens wieder zugänglich. Und er ist nicht nur einmal, in der Mitte des Paradieses, zu finden, sondern überall begegnet man ihm auf beiden Ufern des Lebensstromes. Der Lebensbaum ist Christus, denn er hat das tote Holz des Kreuzes zum lebendigen und Leben spendenden Baum gemacht, an dessen hartem Geäst die süßen Früchte der Erlösung reifen. Es ist der Baum *qua vita mortem pertulit et morte vitam protulit*, der Baum, an dem das Leben starb und Leben durch den Tod erwarb. Nun trägt der Lebensbaum an zwölf Monaten Früchte, das heißt dauernd. Hier gibt es kein Welken und darum keinen Hunger. Es gibt keinen müden Herbst, denn es ist ewiger Frühling. Des Baumes Blätter dienen den Völkern zur Heilung. Der Geist, der aus Christus als dem lebendigen Stamm wächst, dient schon hier den Völkern zur Heilung. Denn das Christentum ist aufbauende, Leben weckende Kraft. In der Verklärung gibt es überhaupt keine Krankheit, kein Siechtum und kein Nachlassen der Kräfte mehr, denn da zeigt es sich, was es heißt, dass alle Rebzweige am Weinstock Christi sind und dass alle durch Christus Kraft und Leben haben.

Nichts Verfluchtes gibt es mehr. Im Paradies war der Fluch die Vertreibung. Denn der Fluch über die Schlange, über Eva und Adam und die Erde bedeutete den Verlust des Paradieses. Nun ist der Fluch aufgehoben. Darum ist das Paradies durch den neuen Adam, Christus, und die neue Eva, die Kirche, wieder zugänglich. Die Hybris der Gottwerdung des Menschen ist durch die Demut der Menschwerdung Gottes überwunden.

Die Bilder vom neuen Jerusalem und vom neuen Paradies enden am Thron Gottes und in der Huldigung vor Christus. Das Ende der johanneischenVisionen ist die *visio beatifica.* Alle Schauungen enden in der Anschauung Gottes und Christi. Die Menschen, die im Paradies nach dem Bilde Gottes geschaffen wurden, sind jetzt im neuen Paradies als Abbilder Gottes kenntlich. Darum tragen sie »seinen Namen auf der Stirn«. Und hier, wo Christus, das Licht der Welt (Joh 8,12), die Mitte bildet, ist eine Nacht und ist Dunkelheit nicht mehr möglich. Im Paradies hieß es, dass der Mensch herrschen solle über alles Getier des Feldes. Darum heißt es jetzt im neuen Paradies, dass die Seligen als Herrscher leben in alle Ewigkeit. Im Prolog seines Evangeliums hatte Johannes von Christus geschrieben: »In ihm war Leben und das Leben war das Licht der Menschen.« Darum bedeutet das endgültige Hinfinden zum lebendigen Christus Leben im Lichte Gottes. Und weil er der Herr ist, ist das Verbundensein mit ihm ein Herrschen. Der Auftrag im Paradies war ein Herrschen: »Füllt die Erde und unterwerft sie.« Aber die Herrscher wurden an die Erde versklavt. Jetzt, im neuen Paradies, wird die Herrschaft Wirklichkeit in und mit Christus, dem Herrn aller Herrscher. So wie es am Ende des ersten Gerichtsteiles gelautet hatte, dass Satan und sein Anhang als Besiegte gequält werden »in alle Ewigkeit«, so heißt es jetzt, dass Christus und die Seinen als Sieger im Lichte herrschen »in alle Ewigkeit«.

Damit verliert sich die Vision des Sehers von Patmos hinein in die Herrlichkeit des Herrn und in die Ewigkeit der Ewigkeiten. Der Blick geht in unendliche Räume und uferlose Zeiten.

Wer Johannes in dieser Vision gefolgt ist, weiß wieder, dass er Wanderer ist zu einer ewigen Heimat, Pilger zu einem fernen Heiligtum, Segler zu neuen Gestaden. Der Blick in die Ewigkeit weckt das ewige Heimweh.

CHRISTUS IM GERICHTSABSCHNITT

Gericht besagt Scheidung von Böse und Gut. Dementsprechend ist die Christusgestalt im Gerichtsabschnitt der Apokalypse einerseits majestätisch schrecklich, andererseits von lockender Schönheit.

Beim Gericht über Babylon steht Christus noch völlig im Hintergrund. Es handelt sich noch um ein irdisches Geschehen. Es wird nur zum Abschluss feierlich festgestellt, dass seine Worte »wahrhaft und gerecht« sind. Dann aber wird Christus sichtbar. Denn jetzt geht es um das Hintergründige beim Gericht über die geheimen Mächte Satans und über diesen selbst. Christus tritt in der eigenartigen Gestalt des siegenden Kämpfers auf. Der Kampf liegt hinter ihm. Er hat äußerlich auf Golgotha sein blutiges Ende gefunden. Aber jetzt hat die Stunde seines sichtbaren Triumphes geschlagen. Mit besonderer Eindringlichkeit wird hervorgehoben, dass es sein richtendes Wort ist, das die Entscheidung bringt. Sein Name lautet »Wort Gottes«. Das Schwert aus seinem Munde, mit dem er die Völker schlägt, ist sein Wort. Und durch dieses Schwert werden die Feinde geschlagen.

Während des zeitlichen Ablaufs der Geschichte hat Christus unsichtbar geherrscht. Sein tausendjähriges Reich war ein Reich der Verborgenheit. Aber die Seinen haben in königlichem Priestertum an der Herrschaft des ewigen Königs und Priesters teilgenommen. Jetzt wird seine Herrschaft sichtbar. Er sitzt auf dem weißen Thron und Richterstuhl und scheidet die Geister.

Jetzt wird aber auch seine Inkarnation, sein sichtbares Wohnen und Weilen inmitten der Menschen, das während seines irdischen Lebens nur kurze Zeit gedauert hat und dann in der

Verborgenheit der Kirche und der Eucharistie weiterging, ein sichtbarer Dauerzustand. Er lebt in der Mitte seines Volkes. Alle Prophezeiungen sind nun erfüllt, alle Verheißungen verwirklicht. Die Zeit der himmlischen Hochzeit ist gekommen. Er führt seine Braut, die heilige Kirche, heim. Er ist ihr Heiligtum, ihr Licht. Er ist der Baum des Lebens und das Geheimnis des Paradieses.

An Christus scheiden sich die Geister. Wer nicht für ihn ist, ist wider ihn. Wer nicht mit ihm sammelt, der zerstreut. Die Unsichtbarkeit dieser Scheidung wird sichtbar am Jüngsten Tag. Er ist »der Weg und die Wahrheit und das Leben« (Joh 14,6). Wer also nicht in seiner Nachfolge stand, lief auf Abwegen und stürzt nun in den Abgrund. Er huldigte dem Irrtum und der Lüge und teilt nun das Schicksal des »falschen Propheten«. Er verschmähte das wahre Leben und ist nun dem zweiten Tod verfallen. Wer dagegen sein Leben auf Christus hingeordnet hat, ist den steilen und steinigen Weg gegangen, der aber zum neuen Jerusalem führt. Hat in Tränen gesät, um nun in Freuden zu ernten. War ein Todgeweihter und hat nun das ewige Leben gefunden. Hat im Hell-Dunkel des Glaubens sein Leben verbracht, um nun alles Dunkel zu verlassen und das ewige Licht zu finden. Hat nicht an irdische Paradiese geglaubt und nun das Paradies des Himmels gefunden. Ist durch Trübsal und Leiden geschritten, um nun in leidloser Seligkeit zu leben.

So zeichnet dieser Gerichtsabschnitt das Leben und die Weltgeschichte als ein verborgenes Gericht, dessen Ergebnis am Ende der Zeiten aller Welt sichtbar wird. So erweist sich Christus hier nicht nur als das A, sondern als das Z. An Christus scheiden sich die Schicksale der Menschen und der Völker.

SCHLUSSWORT DER GEHEIMEN OFFENBARUNG

22,6–21

Und der Engel sagte zu mir: Diese Worte sind zuverlässig und wahr. Gott, der Herr über den Geist der Propheten, hat seinen Engel gesandt, um seinen Knechten zu zeigen, was bald geschehen muss. Siehe, ich komme bald. Selig, wer an den prophetischen Worten dieses Buches festhält! Ich, Johannes, habe dies gehört und gesehen. Und als ich es hörte und sah, fiel ich dem Engel, der mir dies gezeigt hatte, zu Füßen, um ihn anzubeten. Da sagte er zu mir: Tu das nicht! Ich bin nur ein Mitknecht wie du und deine Brüder, die Propheten, und wie alle, die sich an die Worte dieses Buches halten. Gott bete an! Und er sagte zu mir: Versiegle dieses Buch mit seinen prophetischen Worten nicht! Denn die Zeit ist nahe. Wer Unrecht tut, tue weiter Unrecht, der Unreine bleibe unrein, der Gerechte handle weiter gerecht und der Heilige strebe weiter nach Heiligkeit. Siehe, ich komme bald und mit mir bringe ich den Lohn und ich werde jedem geben, was seinem Werk entspricht. Ich bin das Alpha und das Omega, der Erste und der Letzte, der Anfang und das Ende. Selig, die ihre Gewänder waschen: Sie haben Anteil am Baum des Lebens und sie werden durch die Tore in die Stadt eintreten können. Draußen bleiben die Hunde und die

Zauberer, die Unzüchtigen und die Mörder, die Götzendiener und jeder, der die Lüge liebt und tut. Ich, Jesus, habe meinen Engel gesandt als Zeugen für das, was die Gemeinden betrifft. Ich bin die Wurzel und der Stamm Davids, der strahlende Morgenstern. Der Geist und die Braut aber sagen: Komm! Wer hört, der rufe: Komm! Wer durstig ist, der komme! Wer will, empfange unentgeltlich das Wasser des Lebens! Ich bezeuge jedem, der die prophetischen Worte dieses Buches hört: Wer etwas hinzufügt, dem wird Gott die Plagen zufügen, von denen in diesem Buch geschrieben steht. Und wer etwas wegnimmt von den prophetischen Worten dieses Buches, dem wird Gott seinen Anteil am Baum des Lebens und an der heiligen Stadt wegnehmen, von denen in diesem Buch geschrieben steht. Er, der dies bezeugt, spricht: Ja, ich komme bald. – Amen. Komm, Herr Jesus! Die Gnade des Herrn Jesus sei mit allen!

In einem Epilog erfährt das Buch eine dreifache Bestätigung. Zuerst durch den Engel. Er beteuert, dass die Worte zuverlässig und wahr seien und dass er, der Engel, vom Herrn aller prophetischen Geister gesandt sei, die geheimnisvolle Kunde dessen, was in Bälde geschehen soll, zu bringen. Die zweite Bestätigung erfolgt durch Christus selbst. Er betont mit eigenen Worten: »Siehe, ich komme bald. Selig, wer an den prophetischen Worten dieses Buches festhält!« Das »Bald« gilt für den Einzelmenschen im Tod und für die Menschheit in der Parusie. Und schließlich fügt Johannes selbst noch eine Bestätigung bei und sagt, dass er selbst alles mit eigenen Augen gesehen und mit eigenen Ohren gehört habe. Das Geschaute und Gehörte war für ihn so überwältigend, dass er anbetend niederfallen wollte und dass der Engel ihm sagen musste, er sei nur eine himmlische Erscheinung, es sei noch nicht Gott selbst, dem allein Anbetung gebühre. Der Engel antwortete mit der Aufforderung, die Weissagungen bekannt zu machen, damit in der Zwischenzeit, bis zu ihrer Erfüllung, die Gerechten in der Gerechtigkeit wachsen und die Heiligen in der Heiligkeit, während Ungerechte ihr Unrecht noch weiter unter Beweis stellen werden und die Unreinen weiter ihrer Unreinheit verfallen.

Nach dieser feierlichen dreifachen Bestätigung ergreift noch einmal Christus das Wort. Zum zweiten Mal sagt er: »Siehe, ich komme bald.« Seine letzten Worte greifen auf die ersten der Einführungsvision zurück. Wie dort wiederholt er hier, dass er der Erste und der Letzte ist, Anfang und Ende. So greifen Anfang und Ende dieses geheimnisvollen Buches ineinander, weil eben Christus beide verbindet. Christus selbst preist die, die den Weg zum Paradies und damit zum Baum des Lebens und die Straße nach Jerusalem, der Stadt Gottes, finden. Wehe aber denen, die draußen bleiben müssen! Er, Jesus, hat selbst die Botschaft durch seinen Engel gesandt. Er, der Spross und Stamm Davids, als Israels Krönung und Erfüllung. Er ist der strahlende Morgenstern, der den ewigen Tag heraufführt. Darum wird die Sehnsucht nach diesem seinem Kommen wach. Von oben her hört man den Ruf der Sehnsucht, denn der Geist und die bräutliche Kirche rufen lockend und einladend: Komm! Und von unten her hört man den gleichen Ruf aus der noch streitenden Kirche: Komm! Und die Antwort wird durch Christus selbst gegeben: Wer Durst hat, komme! Und wer Sehnsucht hat, hole das lebendige Wasser seines heiligen und heiligenden Geistes.

Das Gesetz Israels wurde mit Segen und Fluch beschlossen. Fluch für jeden, der es nicht hält, Segen für jeden, der es erfüllt. So schließt auch die Apokalypse. Denn jedem, der etwas hinzufügt, werden die sieben letzten Plagen der Apokalypse angedroht. Und jeder, der etwas wegnimmt, wird gewarnt, denn er könnte selbst seinen Anteil am Baum des Lebens und am ewigen Jerusalem verlieren.

Noch einmal, zum letzten Mal, spricht Christus bestätigend und bekräftigend: »Ja, ich komme bald.« Dreimal hintereinander steht in diesen Schlussversen die Verheißung des Herrn: Ich komme bald! Und so weckt sie zum letzten Mal das sehnsüchtige Echo: Komm, Herr Jesus!

Die Apokalypse hat von diesem Kommen berichtet. Es soll die Sehnsucht nach diesem Kommen wecken. Und so ist dieses Wort »Komm, Herr Jesus« zum Kennwort der Urchristenheit geworden. Man vernahm diesen Ruf in den Städten Kleinasiens zur Zeit der Verfolgung. Er tönte geheimnisvoll und feierlich durch die Katakomben Roms. Man schrieb ihn auf die Gräber der Märtyrer. Man flüsterte ihn sich gegenseitig zu in Stunden der Bedrängnis. Er hat die Christenheit nicht mehr verlassen, denn mit der Apokalypse wird er immer wieder hörbar und lebendig, wenn die Christenheit in dunklen Zeiten wieder zu diesem geheimnisvollen Trostbuch greift.

Die Apokalypse ist ein Brief. Darum schließt sie auch, wie die Briefe der Antike, mit einem Segenswort: »Die Gnade des Herrn Jesus sei mit allen!«

So steht Jesus im letzten Satz, und zwar als der Herr, von dem alle Gnade ausgeht und durch den alle geheiligt werden.

DAS CHRISTUSBILD DER GEHEIMEN OFFENBARUNG

Es kann sich hier nicht darum handeln, das Ergebnis der einzelnen Abschnitte einfach zu wiederholen und zusammenzustellen. Sondern es geht darum, das Gesamtbild im Unterschied zur Christusgestalt anderer neutestamentlicher Schriften und in sich selbst in seiner Besonderheit zu skizzieren.

Die *Synoptiker* zeichnen das irdische Leben und Wirken Jesu. Die Apokalypse setzt das als bekannt voraus, berührt es kaum, sondern betont nur immer das Wichtigste jenes irdischen Lebens, nämlich den Opfertod des Opferlammes. Dort, wo die Synoptiker ihre Schriften schließen, beim Hinweis auf die Verklärung und Himmelfahrt des Auferstandenen und bei der Sendung der Seinen in die Welt, ist der Ansatzpunkt der Apokalypse. Denn sie zeichnet den verklärten Christus, der den Seinen, die in der Welt Bedrängnis erleben, Beschützer und Sieg verleihender Herr ist.

Matthäus hat in seiner Schrift Jesus als den Christus gezeichnet, das heißt als den vom Alten Testament verheißenen und nun in Jesus gekommenen Messias. In der Apokalypse ist ebenfalls vom Gesalbten die Rede, aber hier ist die Tatsache, dass Jesus dieser Gesalbte ist, bereits zur allbekannten Selbstverständlichkeit geworden. Die Messianität wird nicht mehr bewiesen. Es geht in keiner Weise um eine Apologie wie bei Matthäus. Johannes bemüht sich nirgendwo, den Nachweis zu erbringen, dass sich die alttestamentlichen Prophezeiungen erfüllen und damit Jesus als den Messias ausweisen. Anstelle dieses apologetischen Bestrebens tritt hier einfach die Tatsache, dass jene Prophetentexte, die beim ersten Kommen Jesu noch nicht zur Erfüllung gelangten, bei seinem zweiten Kommen ihre herrliche Erfüllung finden werden. Die Parusie ergänzt als zweiter und letzter Advent das Geheimnis von Nazareth und Bethlehem als dem ersten und vorläufigen Advent. Das zeigt sich im Kommen des neuen Jerusalem, in der Erfüllung des *Canticum Mosis*, im Anbrechen der Fülle des messianischen Reiches ohne Schmerz, Leid, Tränen und Tod. So ergänzt die Apokalypse die gewaltige, leidenschaftliche Matthäusschrift und bildet mit ihr ein Ganzes. Was die Propheten als künftig vorausgesagt, zeigt Matthäus als in Verwirklichung begonnen und schildert die Apokalypse als in Herrlichkeit sich vollendend.

Markus schildert den Herrn als den Mann aus dem Volk und im Volk, der vor allem durch seine Wunder Verwunderung und Bewunderung weckt. In der Apokalypse liegt das alles schon weit zurück. Es geht nicht mehr um das Hirten- und Fischervolk in den galiläischen Bergen und am See Genezareth. Es geht um die gesamte Menschheit. Das Auftreten des Herrn in Weltgeschichte und Weltgericht weckt hier vor allem Furcht und Ehrfurcht.

Der Evangelist *Lukas* sieht als Arzt in Christus vor allem den Heilenden und somit den Heiland der Menschen. In der Apokalypse sind die Worte Christi ein Warnen, Mahnen und Drohen, aber auch ein Ermutigen und Verheißen. Er ist nicht der, der die Wunden heilt, sondern der Richter, der die Feinde vernichtet und den Duldern Siegeskränze reicht.

Das Christusbild der Apokalypse steht somit nicht im Gegensatz zu den Synoptikern, aber es ergänzt sie. Die Synoptiker haben die mächtigen Brückenpfeiler der Menschwerdung und des irdischen Lebens Christi mitten in den Strom der Geschichte gestellt, den ersten Bogen vom Ufer Gottes bis zu diesem

Brückenpfeiler gewölbt. Die Apokalypse wölbt den zweiten Bogen zum anderen Ufer der kommenden Welt, und es zeigt sich, dass beides die Ufer Gottes sind und dass Christus als Pontifex nicht nur der Brückenbauer ist von der Ewigkeit, die hinter uns liegt, hinüber zur Ewigkeit, die sich vor uns dehnt, sondern die Brücke selbst, auf der die Völker über die fließende Zeitlichkeit sicheren Fußes hinwegschreiten können. Denn von Gott ist die Menschheit ausgegangen und zu Gott kehrt sie zurück. Nur wer die Brücke verschmäht, wird von der Strömung mitgerissen in den zweiten Tod der Gottesferne.

Die Berührungen der Apokalypse zum *Johannesevangelium* sind mannigfach. Man spürt überall den gleichen Verfasser, spürt aber auch, dass seine Blickrichtung dort und hier eine andere ist. Für beide bezeichnend ist das Geheimnisvolle, das Enthüllende und Verhüllende, die Sprache des Mysteriums. Und für beide gilt das Gesetz der Durchsichtigkeit[18], dass nämlich hinter allem Sichtbaren, von dem die Rede ist, etwas anderes, Unsichtbares steht, das eigentlich und letztlich gemeint ist. Beiden Schriften gemeinsam ist die Bezeichnung Christi als Logos, als Wort Gottes. Im Evangelium ist es der Logos, der aus der Herrlichkeit beim Vater hervortritt und in die Welt hineinstrahlt. In der Apokalypse ist es der Logos, der als König der Könige mit den Seinen heimkehrt in die Herrlichkeit des Vaters. Im Evangelium führt der Täufer Jesus bei den Jüngern ein mit dem Wort: »Seht das Lamm Gottes, das die Sünde der Welt hinwegnimmt!« In der Apokalypse wird Christus immer wieder sichtbar als das geopferte Lamm, *agnus occisus*. Im Evangelium verheißt Christus den ersten Jüngern, dass sie »den Himmel geöffnet und die Engel Gottes auf- und niedersteigen sehen über dem Menschensohn« (1,51). Die Apokalypse öffnet diesen Himmel und in ihr steigen Gottes Engel immer wieder vom Himmel auf die Erde

[18] Vgl. S. 13 und 15.

und von der Erde zum Himmel. Im Evangelium ist von der Hochzeit zu Kana die Rede, die Apokalypse spricht von der Hochzeit des Lammes, in welcher das Zeichen von Kana seine Vollendung findet. Im Evangelium säubert Christus den Tempel und weist dabei geheimnisvoll hin auf seine Auferstehung und Herrlichkeit (2,19). Die Apokalypse zeigt Christus als den Richter, der als Auferstandener und Verherrlichter den geistigen Tempel endgültig säubert und das neue Jerusalem als Heiligtum seines Vaters errichtet. Im Nikodemus-Gespräch des Johannesevangeliums ist von der Wiedergeburt aus dem Wasser und dem Geiste die Rede. Durch sie sollen die Menschen »ewiges Leben haben« (3,16). In der Apokalypse vollendet »der vom Himmel herabgestiegen ist: der Menschensohn [und der] in den Himmel hinaufgestiegen [ist]« (Joh 3,13), die Wiedergeburt zum Leben in seliger Ewigkeit. Was Jesus im Evangelium zur Samariterin gesprochen, das vollendet er in der Apokalypse. »Wer aber von dem Wasser trinkt, das ich ihm geben werde, wird niemals mehr Durst haben; vielmehr wird das Wasser, das ich ihm gebe, in ihm zu einer Quelle werden, deren Wasser ins ewige Leben fließt« (Joh 4,14). Die Apokalypse schildert dieses ewige Leben mit dem Lebensstrom, der am Thron Gottes seine Quelle hat und das neue Paradies durchströmt. Im Anschluss an die Heilung des achtunddreißigjährigen Kranken hat Christus im Evangelium die erstaunlichen Worte gesprochen: »Denn wie der Vater die Toten auferweckt und lebendig macht, ebenso macht auch der Sohn lebendig, welche er will. Denn auch der Vater ist es nicht, der jemand richtet; sondern er hat das Gericht ganz dem Sohne übertragen, damit alle den Sohn ebenso ehren, wie sie den Vater ehren. Wer den Sohn nicht ehrt, ehrt auch den Vater nicht, der ihn gesandt hat. Wahrlich, wahrlich ich sage euch: Wer mein Wort hört und dem glaubt, der mich gesandt hat, der hat ewiges Leben und kommt nicht ins Gericht, sondern ist aus dem Tode ins Leben hinübergegangen. [...] Wahrlich, wahrlich

ich sage euch: Es kommt die Stunde, ja sie ist jetzt schon da, wo die Toten die Stimme des Sohnes Gottes hören werden, und die, welche auf sie hören, werden leben. […] und es werden hervorgehen: die einen, die das Gute getan haben, zur Auferstehung für das Leben, die anderen aber, die das Böse betrieben haben, zur Auferstehung für das Gericht« (5,21 ff.). Die Apokalypse erfüllt diese Verheißung von Gericht, Auferstehung und ewigem Leben durch den Menschensohn. Im Evangelium bereitet Jesus die Jünger und das Volk durch das Wunder der Brotvermehrung und des Wandelns über den Wassern vor auf die große Verheißungsrede der Eucharistie, wo er sich als das Brot des Lebens bezeichnet. In der Apokalypse verheißt Jesus der Gemeinde zu Ephesus: »Wer siegt, dem werde ich zu essen geben vom Baum des Lebens, der im Paradies Gottes steht« (2,7). Und der Gemeinde von Pergamon gibt er das Versprechen: »Wer siegt, dem werde ich von dem verborgenen Manna geben« (2,17). Im letzten Abschnitt der Apokalypse erfüllen sich diese Worte, denn im neuen Jerusalem steht der Lebensbaum, der ständig seine Früchte trägt. Wenn Christus dann über die Wasser der Endzeit schreitet, wird er den Menschen sich selbst als diesen Baum des Lebens geben und ihren Hunger stillen. Dann wird es sich zeigen: »Wer mein Fleisch isst und mein Blut trinkt, hat das ewige Leben und ich werde ihn auferwecken am Jüngsten Tag« (Joh 6,54). Und dass das Wort Christi sich erfüllt: »So wird jeder, der mich isst, durch mich leben« (Joh 6,57).

Am Laubhüttenfest ruft Jesus in die Menge: »Wer Durst hat, komme zu mir und es trinke, wer an mich glaubt! Wie die Schrift sagt: Aus seinem Inneren werden Ströme von lebendigem Wasser fließen« (Joh 7,37 f.). In der Apokalypse ruft der gleiche Christus: »Wer durstig ist, den werde ich unentgeltlich aus der Quelle trinken lassen, aus der das Wasser des Lebens strömt« (21,6). Und dann lässt er einen Strom lebendigen Wassers vom Throne Gottes und des Lammes aufquellen (22,1).

Und zum letzten Mal, diesmal nicht als Verheißung, sondern als Erfüllung, spricht er das Wort: »Wer durstig ist, der komme! Wer will, empfange unentgeltlich das Wasser des Lebens!« (22,17).

Beim gleichen Laubhüttenfest des Johannesevangeliums macht Jesus einen Blinden sehend und nennt sich selbst das Licht der Welt. In der Apokalypse ist das Lamm die Leuchte im neuen Jerusalem. Und alles ist dann in das Licht der Herrlichkeit Gottes getaucht (21,23). Im Gleichnis vom guten Hirten (Joh 10) spricht Jesus davon, dass er der gute Hirt sei, der für die Seinen das Leben gibt, dass er sie führe und dass einmal eine Herde und ein Hirt sein werde. Auch diese Worte erfüllen sich in der Apokalypse. Denn »das Lamm [...] wird sie weiden und zu den Quellen führen, aus denen das Wasser des Lebens strömt« (7,17), und dann werden sie sein Volk sein, und Gott wird unter ihnen wohnen. Er führt sie ins neue Paradies zum Strom lebendigen Wassers und zum Baum des Lebens.

Die Erweckung des Lazarus vom Tod zum Leben ist vom gewaltigen Christus-Wort begleitet: »Ich bin die Auferstehung und das Leben. Wer an mich glaubt, wird leben, auch wenn er stirbt, und jeder, der lebt und an mich glaubt, wird auf ewig nicht sterben« (Joh 11,25 f.). Die Apokalypse zeichnet Christus als den, der die Schlüssel über Tod und Unterwelt in Händen hält, selbst tot war, aber wieder lebendig ist, die Toten zum Leben ruft, ihre Namen in seinem Lebensbuch aufgezeichnet hat, sie vor dem zweiten Tod bewahrt und ihnen ewiges Leben schenkt. Im Evangelium zieht Jesus feierlich in Jerusalem ein. »Gesegnet sei er, der kommt im Namen des Herrn, der König Israels! – Fürchte dich nicht, Tochter Zion! Siehe, dein König kommt« (12,13.15). In der Apokalypse kommt er als König aller Könige, aber diesmal nicht mehr in schlichter Demut, auf dem Esel reitend, sondern hoch zu Ross, umgeben von den weiß gewandeten Reitern seines Gefolges. Anlässlich des Suchens der Heiden nach ihm sagt er im Evangelium: »Jetzt wird Gericht gehalten über diese Welt; jetzt wird der Herrscher dieser Welt hinausgeworfen werden« (12,31). Die Apokalypse greift dieses Wort auf und schildert die Bindung Satans auf tausend Jahre und schließlich das Gericht, durch das Satan endgültig hinausgeworfen ist, denn »der Teufel [wird] in den See von brennendem Schwefel geworfen« (20,10).

In den Abschiedsreden des Johannesevangeliums weist der Herr immer wieder hin auf seine Wiederkunft und dass er hingehe, den Seinen eine Wohnung zu bereiten. Wohl wird die Welt die Seinen hassen und verfolgen, aber sein Geist wird sie stärken, seine Liebe sie einen. Er schließt alles mit den Worten des hohepriesterlichen Gebetes: »Vater, lass jene, die du mir gegeben hast, bei mir sein, dort wo auch ich bin, damit sie meine Herrlichkeit sehen« (17,24). All das erfüllt sich in der Apokalypse. Sie ziehen ein in die Wohnung, die er ihnen bereitet hat. Sie sehen ihn wieder. Sie haben teil an seiner Herrlichkeit. Und alles endet in der Liebe der ewigen Hochzeit des Lammes.

Im Passionsbericht des Johannesevangeliums wird in eigenartiger Weise auf Maria hingewiesen, die unter dem Kreuze stand und zur Mutter des Johannes, des einzigen anwesenden Apostels, und also zur Mutter der Kirche wird. In der Apokalypse wird die mit der Sonne bekleidete Frau das göttliche Kind und die Söhne Gottes gebären. Es ist jene eigenartige Frauengestalt, in der Maria und die *Ecclesia* eins werden, weil Maria in der Kirche eine besondere Stellung und Funktion hat, die Kirche ihrerseits Maria in besonderer Weise ehrt: »Siehe da, deine Mutter.« Der Passionsbericht gipfelt im Bericht über die Kreuzigung des Herrn, wobei zwei Züge besonders betont werden. Einmal, dass ihm die Gebeine nicht zerbrochen werden, weil er ja das fehlerlose Osterlamm ist. Dann aber, dass ihm die Seite durchbohrt wird, aus der Blut und Wasser fließt, sodass alle aufschauen zu ihm, den sie durchbohrt haben (19,31 ff.). Beides erfüllt sich in der Apokalypse, denn da erscheint Christus als das fehlerlose Lamm, *agnus occisus,* und als der, zu dem sie aufschauen, auch die, die ihn durchbohrt haben (1,7).

Den Berichten des Evangeliums über die Auferstehung und Verherrlichung Jesu wird das letzte Kapitel beigefügt, in welchem ausdrücklich von der Wiederkunft des Herrn die Rede ist, und zwar ist es Johannes, zu dem dieses Wort gesprochen wird. Er ist es auch, der in der Apokalypse diese Wiederkunft des Herrn schildert. So gehen die Verbindungslinien zwischen dem Evangelium und der Apokalypse des Johannes beinahe Kapitel für Kapitel hin und her.

Und doch hat das Christusbild der Apokalypse andere Züge, die das Evangelium ergänzen.

Viel Gemeinsames hat dieses Christusbild naturgemäß mit dem *paulinischen.* Wie Paulus betont auch Johannes in der Geheimen Offenbarung aus dem Leben Jesu vor allem das Opfer des Kreuzes. Paulus betont dabei mehr den Gedanken der Sühne, Johannes mehr den der Läuterung, denn im Blut des Lammes waschen die Menschen ihre Kleider. Aber es ist nicht das irdische Leben Jesu, das bei Paulus im Vordergrund steht, sondern es ist der in der Kirche fortlebende Christus. So ist er ihm, Paulus, zum ersten Mal begegnet vor den Toren von Damaskus. In der Stimme »Saulus, warum verfolgst du mich?« hat der Kirchenverfolger die Einheit von Kirche und Christus erkannt. Eine Einheit, auf die er immer wieder zurückkommt unter dem Bild von Haupt und Gliedern und die er vor allem im Epheserbrief entwickelt. Die Einheit nimmt bei ihm auch das Bild der Brautschaft an, denn er schreibt im 2. Korintherbrief, dass er die Gemeinde wie eine reine Jungfrau Christus als dem Bräutigam zuführen will, und er entwickelt im Epheserbrief den großen Gedanken, dass die liebende Einheit von Mann und Frau in der Ehe nur Abbild der Liebe zwischen Christus und seiner Kirche sei. Die Apokalypse entwickelt diesen Gedanken im Bild von der Hochzeit des Lammes und von der Kirche, die sich als Braut schmückt zur Feier dieser Hochzeit.

Bei Paulus und bei Johannes hat Christus kosmische Größe. Der Völkerapostel stellt diese Wahrheit vor allem im Kolosserbrief dar, während die Apokalypse zeigt, dass das Naturgeschehen der Erde, Hagelschlag, Blitze und Donner, Überschwemmungen, Hungersnot usw., im Dienste Christi und seines Heilsplanes stehen. Etwas vom Seufzen der Kreatur geht durch die Schriften dieser beiden großen Mystiker. Bei beiden ist Christus der *Kyrios,* der souveräne Herr aller Menschen und Völker. Johannes sieht ihn auf dem Throne Gottes sitzen. Und während Paulus ihm den Namen »Herr« gibt, sucht Johannes das womöglich noch zu überhöhen durch die Bezeichnung »Herr der Herren«. Der Hebräerbrief spricht von Christus als dem Priester und von der himmlischen Liturgie. Dieser Gedanke findet sich noch ausführlicher in der Apokalypse, wo alttestamentlicher Tempeldienst, blutiges Kreuzesopfer von Golgotha, die Huldigung der Menschheit vor dem geopferten Lamm und die Huldigung des Lammes selbst vor der Herrlichkeit des Vaters in der *liturgia coelestis* ihre letzte Größe und Schönheit finden. Gemeinsam ist beiden Aposteln auch die starke Betonung des Gnadenhaften. Bei Paulus vor allem im Römerbrief und seiner Prädestinationslehre, bei Johannes in der Betonung, dass nur die gerettet werden, deren Namen im Buch des Lebens und des Lammes geschrieben stehen. Dabei ist bei Paulus die seinshafte Verbundenheit mit Christus durch seine ständig wiederkehrende Formel »In Christus Jesus« stärker betont, während bei Johannes Christus zwar auch mitten in den Gemeinden steht, aber doch von ihnen wieder eine gewisse Distanz hat.

Sowohl bei Paulus wie bei Johannes spielt das geschichtliche Denken, und zwar im Sinne der Heilsgeschichte, eine große Rolle. Aber in verschiedener Weise. Bei Paulus ist der Grundgedanke, dass zuerst die Juden erwählt waren, dass dann ihr Abfall zur

Berufung der Heiden geführt hat, bis am Ende der Zeiten die Kirche aus Juden und Heiden zum Vollalter Christi herangewachsen ist. Über dieser paulinischen Geschichtsauffassung liegt ein großer Optimismus. Besonders ist es die Heidenwelt, in die der Apostel erobernd Ausschau hält. Denn noch hat diese Heidenwelt nicht Stellung bezogen. Sie ist wie ein Brachland, das nun umgepflügt wird. Rom als Hauptstadt des heidnischen Imperiums wird von Paulus in seinem Römerbrief besonders geehrt und gewürdigt, während der Apostel den Juden gegenüber harte und scharfe Worte spricht. Denn sie bekämpfen ihn und seine Botschaft. Bei Johannes liegen die Akzente schon anders, denn in der Zwischenzeit ist Jerusalem zerstört, der Tempel verbrannt und Israel als einheitlich geschlossene Macht vernichtet worden. Die Apokalypse redet zwar auch noch von der »Synagoge Satans«, aber das sind nur letzte Nachhutgefechte eines bereits gewonnenen Krieges. Ist also Johannes den Juden gegenüber weniger schroff, weil die Stellung nicht mehr umkämpft ist, so sind dafür seine Worte gegen die Heidenwelt umso schärfer. Es ist nicht in erster Linie ein Predigen und Erobern, nicht einmal eigentlich ein Kämpfen, sondern es ist mehr ein Dulden und Ausharren.

Denn die Heidenwelt hat den Widerstand gegen die Kirche organisiert und führt ihn leidenschaftlich und mit allen Mitteln der Macht, und zwar ist es gerade jenes Rom, das den Ausgangspunkt und die Mitte der Verfolgung bildet. Diesem Rom als dem neuen Babylon, das gegen das neue Israel aufgestanden ist, gelten darum die Drohungen der Apokalypse. Schon im Johannesevangelium zittert eine leise Melancholie, in der Apokalypse bricht sie völlig durch in der Erkenntnis, dass die Christenheit den Weg Christi gehen muss und durch blutiges Geopfertwerden Anteil haben muss am geopferten Lamm. Hier sind die Unterschiede zwischen Paulus und Johannes besonders deutlich. Die Trennung von Israel ist vollzogen. Die Heidenwelt ist nicht erobert, sondern sie ist der Verfolger, der an die Stelle der Juden getreten ist. Die Kirche steht allein und muss allein durchhalten und in Geduld warten, bis der Herr wiederkommt, um dann erst die Kirche aus Juden und Heiden zu bringen. Johanneisch ausgedrückt: die mit dem Zeichen Gottes Besiegelten aus allen zwölf Stämmen Israels und die Schar der Erwählten, die niemand zählen kann, zu einem einzigen, unübersehbaren Chor des Lobpreises und der Verherrlichung auf den Thronenden und auf das geopferte Lamm zu vereinen. Dieser Gedanke an die Wiederkunft Christi in der Parusie nimmt bei Paulus, vor allem in den beiden Thessalonikerbriefen, einen breiten Raum ein. Er spricht vom Antichrist und vom großen Abfall, vom Mysterium der Bosheit und von der glorreichen Wiederkunft des Herrn. Die Apokalypse entwickelt diesen Gedanken noch weiter in der Lehre von der Fesselung Satans und seiner Loslassung am Ende der Zeiten und vor allem in den Schilderungen der sieghaften, triumphalen Wiederkunft des Herrn, die dann erst das Blatt der Geschichte wendet, um den geduldigen Optimismus des Glaubens, der in dieser Zeitlichkeit durch den Pessimismus des Duldens gedämpft ist, zu einem einzigen Jubellied der Freude ausklingen zu lassen.

So ist das Christusbild der Apokalypse nicht nur in seinen wesentlichen Zügen, sondern in vielen Einzelheiten mit den anderen neutestamentlichen Schriften verbunden und verwandt, besonders mit dem vierten Evangelium und den Paulusbriefen. Und doch hat es seine eigene Art.

Diese *Eigenart* zeigt sich schon in der merkwürdigen Form der Darstellung. Alles ist geheimnisvoll, verhalten, halb enthüllt, halb verhüllt. Bisweilen ist Christus unmittelbar sichtbar. Dann wieder ist in geheimnisvollen Andeutungen nur vom Thronenden die Rede oder von dem, der auf dem Richterstuhl sitzt. Dann wieder, und zwar besonders häufig, ist es die eigenartige johanneische Bildersprache, in welcher Christus geschildert wird. Und zwar ist es nicht ein einziges, durchgehendes Bild, sondern die Bilder wechseln. Bald ist der Herr auf der Erde, bald wieder im Himmel. Bald mitten in seinen Gemeinden, dann wieder auf dem Berg Zion. Einmal auf dem Thron Gottes, dann auf einer weißen Wolke. Jetzt mit dem blitzenden Schwert, dann wieder mit der scharfen Sichel. Einmal als Lamm, dann wieder als Reiter auf weißem Pferd. Manchmal spricht und handelt er selbst, dann wieder durch seine Engel. Bald ist er der Richter, dann wieder der Mahner. Einmal der Geopferte, dann wieder der Kämpfer und Sieger. Gerade diese wechselnde, bunte Fülle gibt der apokalyptischen Christusgestalt etwas Schillerndes, schwer zu Fassendes, immer wieder Entgleitendes. Gibt ihr andererseits eine besondere Fülle, einen Reichtum, eine geheimnisvolle Nähe und doch ferne Größe.

Was ist nun das inhaltlich Charakteristische dieses Christusbildes? Es ist *Christus als Herr der Geschichte.*

Geschichte wird nach der Überzeugung der Bibel nicht entscheidend bestimmt durch Edikte der Cäsaren, Kämpfe der Legionen, Intrigen der Politiker. Auch nicht durch philosophische Auseinandersetzungen zwischen der Stoa und Epikur oder den Jüngern der Akademie und des Peripatos. Auch nicht durch wirtschaftliche Maßnahmen und soziale Umwälzungen. Sondern Geschichte ist dasjenige Geschehen, das mit dem letzten Urgrund und Ziel aller Dinge zusammenhängt. Also ein Geschehen, das zu Gott in Beziehung steht. Alles Geschehen geschieht entscheidend aus Gott, ist also ein Wirken Gottes, aber auch durch eine Entscheidung der Menschen, nämlich durch ihr Mitwirken oder ihr Nichtmitwirken oder auch durch das Wirken gegen Gott. Hinter dem äußeren Ablauf des Geschehens stehen diese Entscheidungen, die den Wert oder Unwert des Geschehens bestimmen.

Darum ist Geschichte, biblisch gesehen, Heils- und Unheilsgeschichte. Von dieser ist in der Apokalypse die Rede, und Christus wird sichtbar als ihr Herr. Und zwar gilt das von allen drei Abschnitten.

Christus ist der Herr der damals gegenwärtigen Geschichte. Wenn in der Einführungsvision des ersten Hauptabschnittes Christus gezeichnet wird als wandelnd inmitten der sieben Leuchter, also der sieben Gemeinden, so steht damit Christus mitten in seiner Kirche und ist an ihrem Schicksal und ihrer Geschichte beteiligt.

Er ist der Urheber, denn die Gemeinden sind sein Werk. Er hat die Kirche gegründet, ihr die Sendung in die Welt gegeben. Die Auseinandersetzung zwischen Kirche und Welt ist seitdem das wesentlichste Thema der Geschichte. Die Entfaltung der Kirche in der Welt und die Stellungnahme der Welt zu ihr ist seit Christus das entscheidende Geschehen.

Christus bildet durch seine Gegenwart auch die Mitte des Geschehens. Er ist zwar unsichtbar zugegen, aber deshalb nicht weniger wirklich. Von ihm gehen die Kräfte aus. Wer die Kirche verfolgt, verfolgt ihn. Wo die Kirche versagt, entzieht sie ihm die Ehre. Wo aber Heiligkeit wächst, wird er verherrlicht.

Und Christus ist der Vollender jener Gegenwart. Darum schließen alle sieben Briefe mit einer Verheißung, die in die Zukunft weist. Und er ist endlich der Richter des Geschehens. Er fällt das autoritative Urteil. Er verteilt Lob und Tadel. Alles geschieht vor seinem durchdringenden Blick und wird gerichtet nach seinem scheidenden und entscheidenden Wort. Er ist somit des Geschehens Urheber, Mitte, Vollender und Richter.

Christus ist aber auch der Herr des gesamten Ablaufs der Geschichte. In ihrem zweiten Hauptteil greift die Apokalypse über die Einzelgemeinden und überhaupt über die Kirche hinaus und umfasst mit ihrem Blick den Ablauf der Geschichte bis zum Ende der Zeiten. Christus ist der Herr dieses ganzen Ablaufs.

Er kennt den Plan. Das versiegelte Buch öffnet er. Den Plan Gottes tut er in großen Strichen kund, aber so, dass jeder Leser spürt, dass nur ein Teil offenbart wird, während Christus das Ganze kennt.

Christus bestimmt auch den Ablauf. Nicht umsonst werden die Ereignisse durch Posaunenstöße kundgetan. Es ist die Tuba des Herolds, die das Kommen des Herrn kundtut. In allen Naturkatastrophen kommt geheimnisvoll und unsichtbar Christus selbst. Wenn auch hier der Gegenspieler, Satan, mit seinen Helfershelfern große Macht entfaltet, so wird doch gezeigt, dass ihm das Feld durch Christus freigegeben wird, dass er also nur so weit und so lange wirken kann, wie der Herr es zulässt.

Auch in diesem zweiten Hauptteil der Apokalypse wird sichtbar, dass Christus die Mitte des Geschehens bildet. Und zwar sind es seine Geburt, sein Leiden und seine Himmelfahrt, die als die wesentlichen Ereignisse betont werden.

Seine Geburt: Denn er ist das Knäblein, das durch die Schmerzen der Frau geboren wird. Die Tatsache seiner Geburt bringt die großen Zeichen am Himmel hervor und löst den leidenschaftlichen Kampf auf der Erde aus.

Sein Leiden: Denn der Drache lauert ihm auf, um ihn zu verschlingen. Alle Verfolgung ist satanischen Ursprungs, beginnt bei Christus selbst und wird weitergeführt an seiner Kirche.

Die Himmelfahrt: Denn er wird entrückt auf den Thron Gottes und lebt somit unangreifbar in der Herrlichkeit. Dieses sein Geschehen in den drei Etappen Geburt, Leiden, Himmelfahrt erneuert sich ständig in der Gesamtkirche und im einzelnen Christen. Denn diese Kirche gebiert immer wieder aufs Neue Kinder Gottes. Diese sind dauernd den satanischen Verfolgungen ausgesetzt, werden aber immer wieder in die Herrlichkeit des Himmels entrückt. Damit sind die Etappen des Christenlebens und der inneren Geschichte der Kirche angedeutet. Geschichte ist somit ein Geschehen, das Himmel und Hölle umfasst, Gott und Satan, und alle Mächte Gottes: Israel, die Kirche, die Engel, die Gläubigen, aber ebenso alle Mächte Satans: missbrauchte Macht und missbrauchten Geist.

Christus ist aber auch Herr in der Vollendung der Geschichte. Der dritte Hauptabschnitt der Apokalypse zeigt das. Denn Christus ist es, der als Richter kommt. Er bestimmt die Stunde des Gerichts, sendet die Engel des Gerichts, lässt die letzten Warnungen ergehen, vernichtet die Verworfenen. In seinem Auftrag wird der Sitz Satans auf Erden zerstört, werden alle Mächte, die in Satans Dienst gestanden haben, geschlagen und verworfen, wird Satan selbst bezwungen und werden alle Toten gerichtet. Christus ist es aber auch, der die Erwählten beseligt. Er vollzieht die neue Schöpfung, gestaltet und erleuchtet das neue Jerusalem und bildet das Glück der Menschen im neuen Paradies. Anfang und Ende dieser Welt und die Schöpfung einer neuen Welt liegen in seinen Händen. Wie Johannes in seinem Evangelium geschrieben hatte, dass alles durch das Wort geworden sei, so schreibt er in der Apokalypse, dass alles durch sein Wort neu werde. So ist er der Herr der Welt. Und er erweist sich in der Vollendung als der Herr Israels. Denn die Geschichte Israels vom Auszug aus Ägypten und dem Durchgang durchs Rote Meer, vom Bund am Sinai und der Besitzergreifung des Gelobten Landes, der Eroberung Jerusalems und dem Bau des Tempels ist nur Skizze und Vorherbild dessen, was Christus bringt und vollendet: den Auszug aus der Knechtschaft Satans, den Durchgang durch das Meer des Todes mit dem neuen Siegeslied des Mose am Ufer der Ewigkeit, die Gründung des vollendeten Bundes in der Hochzeit des Lammes mit seiner Kirche, die Besitzergreifung des Landes der Seligen und die Eroberung des neuen Jerusalem, das ein einziger Tempel ist. Und das Lamm ist die Leuchte. Alles erweist sich als eine geschlossene Einheit des Geschehens. Und Herr dieses Geschehens ist Christus.

So ist er der Herr der Geschichte, damals, immer und dereinst in der Vollendung.

Diese Herrschaft hat der Herr sich errungen und erkämpft durch seinen Opfertod als *agnus occisus.* Wenn er darum sichtbar als Herr erscheint, werden sie aufschauen als zu ihm, den sie durchbohrt haben. *Agnus occisus et redivivus.* Sein Tod war nur Durchgang. Und darum ist der Tod für den Christen nur Durchgang in Herrschaft und Herrlichkeit. *Victor quia victima.* Durch Unterliegen siegt er. Durch Sterben lebt er.

Alle Könige der Erde müssen im Tod ihre Krone niederlegen und ihre Throne verlassen. Alle Herrscher dieser Welt müssen im Sterben ihre Herrschaft drangeben. Nur Christus nicht. Bei ihm ist der Tod das Sichtbarwerden seiner königlichen Macht in Auferstehung und Herrlichkeit. Bei ihm ist das Sterben die eigentliche Kraft seiner Herrschaft. »Der Gesalbte hat seine Herrschaft angetreten.« Und darum ist Christus der König der Könige und der Herr der Herrscher.